suhrkamp taschenbuch 618

Helm Stierlin, geboren 1926, studierte Philosophie und Medizin in Heidelberg, Freiburg und Zürich. Von 1957 bis 1974 arbeitete er als Psychiater und Psychotherapeut hauptsächlich in den Vereinigten Staaten. In der Zeit von 1966 bis 1974 betrieb er klinische Forschung am National Institute of Mental Health in Bethesda, und zwar mit den Schwerpunkten Schizophrenie, Psychopathologie der Adosleszenz sowie Familientherapie. Seit Herbst 1974 ist er an der Universität Heidelberg als Leiter der Abteilung für psychoanalytische Grundlagenforschung und Familientherapie tätig. – Wichtige Veröffentlichungen: *Conflict and Reconciliation. A Study in Human Relations and Schizophrenia*, 1968; *Das Tun des Einen ist das Tun des Andern*, 1971; *Separating Parents and Adolescents*, 1974; *Adolf Hitler*. Familienperspektiven, 1975; *Eltern und Kinder im Prozeß der Ablösung*, 1975; *Eltern und Kinder*. Die Dynamik von Trennung und Versöhnung, 1976; *Delegation und Familie*, 1978.

Das Gleichnis vom verlorenen Sohn steckt das Leitthema dieses Buches ab: den dramatischen Prozeß der Trennung und Versöhnung von Eltern und Kindern im Jugendalter. In diesem Drama geht es um Tod und Wiedergeburt, Verlust und Wiedervereinigung, Verzweiflung und Freude, Entzweiung und Versöhnung. Um das Drama zu beschreiben, entwirft Stierlin einen theoretischen Bezugsrahmen, in dem die Interaktionsmodi der Bindung und Ausstoßung sowie der Prozeß der Delegation wichtig werden.

Auch bei anscheinend radikalen Trennungen heranwachsender Kinder von ihren Eltern bleiben unsichtbare Bindungen bis ans Lebensende weiterbestehen, Bindungen, in die u. a. Gefühle der Dankbarkeit, Rache, Scham und Schuld, der Verpflichtung und Beauftragung sowie ein Verlangen nach Wiedergutmachung und nach vorenthaltener Gerechtigkeit einfließen können.

Helm Stierlin
Eltern und Kinder

Das Drama von Trennung und Versöhnung im Jugendalter

Suhrkamp

Diese Ausgabe ist bis auf das »Vorwort zur neuen Ausgabe 1976«, das »Vorwort zur erweiterten Neuausgabe 1980« und das 11. Kapitel »Überlegungen zur Familientherapie Jugendlicher« textidentisch mit der unter dem Titel *Eltern und Kinder im Prozeß der Ablösung* in der Reihe *Literatur der Psychoanalyse* im Suhrkamp Verlag, Frankfurt am Main 1975, erschienenen Ausgabe.
Titel der Originalausgabe: *Separating Parents and Adolescents.* Zuerst erschienen im Verlag Quadrangle/The New York Times Company. Aus dem Englischen von Ellen Katharina Reinke und Wolfgang Köberer.

suhrkamp taschenbuch 618
Erste Auflage 1980

Druck: Nomos Verlagsgesellschaft, Baden-Baden
Printed in Germany
Umschlag nach Entwürfen von
Willy Fleckhaus und Rolf Staudt

3 4 5 6 7 8 – 93 92 91 90 89 88

Inhalt

Meiner Mutter

Vorwort zur neuen Ausgabe 1976

Dies Buch, das erst vor wenig mehr als einem Jahr im deutschen Sprachbereich eingeführt wurde, erscheint jetzt unter einem neuen Titel. Warum? Die Antwort ist einfach: der alte Titel bringt in meinen Augen den hier wesentlichen Tatbestand – daß es im Drama der Generationen eine wirkliche Ablösung nicht geben kann – nicht voll zur Geltung. Ich meine vielmehr, daß auch bei anscheinend radikalen Trennungen heranwachsender Kinder von ihren Eltern unsichtbare Bindungen bis ans Lebensende weiterbestehen, Bindungen, in die u. a. Gefühle der Dankbarkeit, Rache, Scham und Schuld, der Verpflichtung und Beauftragung sowie ein Verlangen nach Wiedergutmachung und nach vorenthaltener Gerechtigkeit einfließen können. Daher ziehe ich es heute vor, von einer Dynamik der Trennung und (geglückten oder mißglückten) Versöhnung bzw. einem Prozeß der wechselseitigen Individuation und Abgrenzung zu sprechen. Dieser Prozeß spielt sich auf einer kognitiven, emotionalen und ethischen Ebene ab. Im optimalen Falle vollzieht sich dabei eine gegenseitige Befreiung, die reifere Formen einer wechselseitigen Abhängigkeit sowohl widerspiegelt als auch hervorbringt. Anderenorts sprach ich hier von einer positiven Gegenseitigkeit. Bleibt die Krise jedoch ungelöst, dann stagniert die Dynamik der Trennung und Versöhnung und es verhärten sich Formen einer negativen Gegenseitigkeit.

Zur Beschreibung dieses Prozesses bedarf es eines Bezugsrahmens, der sowohl die Anteile der Partner – d. h. der Eltern und Kinder – als auch die des übergreifenden Systems erfaßt. Mein Beitrag zu diesem theoretischen Rahmen, wie ich ihn hier und in anderen Schriften entwickelt habe, zentriert sich um das Konzept der Delegation (daher ist auch die Rede von einem »Delegationsmodell«) und um das der Interaktionsmodi: In diesen Konzepten erschließt sich eine transgenerationell zum Zuge kommende Motivations- und

Beziehungsdynamik, die auf bekannten psychoanalytischen Begriffen aufbaut, sie aber zugleich transzendiert.

Das Konzept der Delegation, muß ich allerdings anmerken, besitzt für mich heute einen etwas anderen Stellenwert als in diesem Buche zum Ausdruck kommt. Denn gegenwärtig verstehe ich unter Delegation nicht mehr einen Interaktionsmodus, der den Interaktionsmodi der Bindung und Ausstoßung, wie im folgenden beschrieben, vergleichbar wäre. Vielmehr stellt sich mir darin eine übergreifende Beziehungsdynamik dar, die durch vielerlei Faktoren – u. a. auch durch bestehende Interaktionsmodi der Bindung und Ausstoßung – beeinflußt werden kann.

Diesen abweichenden Gesichtspunkt entwickelte ich bereits in meinem zwei Jahre später geschriebenen Buch: *Adolf Hitler – Familienperspektiven* (suhrkamp taschenbuch 236), sowie einer Reihe von Aufsätzen der letzten Jahre. Diese späteren Arbeiten versuchen auch, den sich aus meinem Modell ergebenden therapeutischen Perspektiven gerechter zu werden, die hier nur in groben Strichen angedeutet werden konnten. *Eltern und Kinder* stellt daher bestenfalls einen Anfang dar.

Juni 1976 *Helm Stierlin*

Vorwort zur erweiterten Neuausgabe 1980

Seit der ersten Veröffentlichung von »Eltern und Kinder« vor etwa sechs Jahren entwickelte ich das darin dargestellte Interaktionsmodell weiter. Es schien mir daher sinnvoll, diese Neuausgabe um ein Kapitel zu erweitern. Es skizziert die hauptsächlichsten neuen theoretischen Perspektiven und leitet daraus Konsequenzen für die Therapie Jugendlicher und ihrer Familien ab. Leser, die sich in diese Thematik vertiefen möchten, verweise ich auf mein »Delegation und Familie«, Suhrkamp, 1978, sowie die zweite Auflage von »Das erste Familiengespräch« (Mitautoren I. Rücker-Embden, N. Wetzel, M. Wirsching), Klett, 1980.

Januar 1980 *Helm Stierlin*

Einleitung

Als der verlorene Sohn nach Hause zurückkam, sprach er zu seinem Vater:
»... Vater, ich habe gesündigt gegen den Himmel und vor dir; ich bin hinfort nicht mehr wert, daß ich dein Sohn heiße.«
Aber der Vater sprach zu seinen Knechten: »Bringet das beste Kleid hervor und tut es ihm an und gebet ihm einen Fingerreif an seine Hand und Schuhe an seine Füße, und bringet ein gemästet Kalb her und schlachtet's; lasset uns essen und fröhlich sein! *Denn dieser mein Sohn war tot und ist wieder lebendig geworden; er war verloren und ist gefunden worden.«*
Da ward der ältere Sohn zornig und beklagte sich bei seinem Vater. »Siehe, so viele Jahre diene ich dir und habe dein Gebot noch nie übertreten; und du hast mir nie einen Bock gegeben, daß ich mit meinen Freunden fröhlich wäre. Nun aber dieser Sohn gekommen ist, der dein Gut mit Huren verschlungen hat, hast du ihm ein gemästet Kalb geschlachtet.« Er aber sprach zu ihm: »Mein Sohn, du bist allezeit bei mir, und alles, was mein ist, das ist dein. Du solltest aber fröhlich und guten Muts sein; denn dieser dein Bruder war tot und ist wieder lebendig geworden; er war verloren und ist wieder gefunden worden.« (Lukas 15, 21-24 und 29-32; Kursivierung vom Autor.)

Das Gleichnis vom verlorenen Sohn steckt das Leitthema dieses Buches ab: den dramatischen Prozeß der Ablösung von Eltern und Kindern in der Adoleszenz. In diesem Drama geht es um höchste Einsätze. Seine Elemente sind Tod und Wiedergeburt; Verlust und Wiedervereinigung mit dem, was uns am teuersten ist; tiefste Verzweiflung und Freude; Entzweiung und Versöhnung.

Hinter diesen Elementen werden Fragen sichtbar, die das Wesen der Liebe und des Gehorsams, der gegenseitigen Entwicklung und Befreiung in Familien betreffen. So könnten wir zum Beispiel die Frage stellen: Wurde der ungehorsame Sohn von seinem Vater um so mehr geliebt, weil er für tot gehalten wurde und so unerwartet zurückgekehrt ist, *oder liebte ihn dieser gerade darum mehr, weil er in seinem Ungehorsam in einem tieferen Sinne gehorsamer war als sein wohlgeratener Bruder?* Ist es möglich, daß er fühlte, daß das Leben seines Vaters schal und ohne Höhepunkte verlief und daß er ihm mit seinem verschwenderischen Lebenswandel stellvertretend die entbehrten Höhepunkte verschaffen konnte?

Konnte er gefühlt haben, daß er durch sein Fortgehen und seine Wiederkehr, durch die Erschütterung und den Schmerz, den er seinem Vater zufügte, bei ihm einen lange überfälligen Reifungsprozeß und seine Selbstentwicklung in Gang setzte? Kurzum, hat er vielleicht durch sein äußerlich als Auflehnung erscheinendes Verhalten gegen seinen Vater insgeheim dessen innerste Erwartungen erfüllt – wie verborgen, verleugnet und ambivalent diese auch immer gewesen sein mögen? Solchen Fragen möchte ich mich im folgenden zuwenden.

Heute würde man den verlorenen Sohn einen Ausreißer (runaway) nennen, seine Geschichte hat nichts von ihrer Bedeutung verloren. So gibt es heute allein in den USA jährlich zwischen 600 000 und einer Million Jugendliche, die von zu Hause weglaufen. Wie auch beim ›Verlorenen Sohn‹ tritt die Bedeutung ihres Handelns erst vor dem Hintergrund des Verhaltens ihrer zu Hause gebliebenen Geschwister und insbesondere ihrer Eltern klar hervor. Zusammen mit ihren Geschwistern und ihren Eltern erst geben uns diese Ausreißer die Möglichkeit, den Ablösungsprozeß wie unter einem Vergrößerungsglas zu beobachten. Aus diesem Grund werde ich mich immer wieder dem auffallenden Bild des Ausreißers zuwenden.

Ich stütze mich im folgenden auf eine langjährige psychotherapeutische und psychoanalytische Zusammenarbeit mit Eltern und Jugendlichen, die sich im Ablösungsprozeß befanden, wie auch auf eine wissenschaftliche Untersuchung am National Institute of Mental Health (NIMH)[1], die vor fast sechs Jahren begonnen wurde. Das Interesse dieser Studie galt

1 US-amerikanisches Forschungskrankenhaus in Bethesda bei Washington, D.C.

ursprünglich leistungsschwachen Jugendlichen beiderlei Geschlechts und umfaßte die Untersuchung von 40 Familien.[2] Ich ging von der Annahme aus, daß bei sog. ›Versagern‹ (›underachievers‹) mit überdurchschnittlicher Häufigkeit seelische Entwicklungsstörungen zu beobachten sein müßten, und es war mein Ziel, die Bedingungen aufzufinden, die eine solche Entwicklung verhindern oder vorantreiben. Meine Mitarbeiter und ich nahmen in das Programm sehr leistungsschwache Jugendliche im Alter von 14 bis 16 Jahren auf. Alle Familien nahmen an einer gemeinsamen Therapie teil, die sich über einen Zeitraum von mindestens drei Monaten erstreckte. In den darauffolgenden fünf Jahren wurden katamnestische Interviews durchgeführt. Die Weiterentwicklung des Projekts brachte seine Umwandlung von einem ambulanten in ein stationäres Vorgehen. Die gestörten Jugendlichen wurden in Einzeltherapie genommen, während die ganze Familie mindestens einmal wöchentlich an einer Familientherapie teilnahm. Wir boten den Eltern auch Ehepaartherapie, den Geschwistern (wo ratsam und möglich) Einzeltherapie und den stationär aufgenommenen Jugendlichen ein umfassendes und intensives Milieutherapie-Programm an. Darüber hinaus wurden alle beteiligten Familienmitglieder in diagnostische Interviews und verschiedene andere Forschungsvorhaben einbezogen.
Nachdem das Forschungsprogramm ungefähr zwei Jahre gelaufen war, wurde ich von der subtilen Dynamik des Ablösungsprozesses beunruhigt und gefangengenommen. Zur gleichen Zeit fiel mir die zunehmende Zahl von Ausreißern auf, die das Programm durchliefen. Diesen Ausreißern, aber auch ihren zu Hause gebliebenen Geschwistern und vor allem ihren Eltern, verdanke ich wohl die wesentlichsten Einsichten in die Ablösungsprozesse von Jugendlichen.
Ganz allmählich entwickelte sich hieraus ein Bezugsrahmen, der ein tieferes und komplexeres Verständnis der Ablösungsprozesse von Heranwachsenden möglich machte, als es die bereits existierenden Theorieansätze erlaubten. Der Bezugs-

2 Die Ergebnisse der Untersuchung, die in diesem Buch mitgeteilt werden, sind bereits in verschiedenen Fachzeitschriften veröffentlicht worden.

rahmen eröffnete neue therapeutische Ansätze – für gestörte jugendliche Ausreißer, für zu Hause gebliebene Jugendliche und für ihre Eltern – und warf ein für mich neues Licht auf wichtige seelische Entwicklungsstörungen wie etwa die Schizophrenie, Soziopathie und den Narzißmus.

Die folgenden Kapitel widme ich der Entwicklung dieses begrifflichen Rahmens und seiner Illustration mit klinischen Fallberichten. In der Art einer Umrißzeichnung möchte ich jedoch dem mit dieser Thematik unvertrauten Leser die wesentlichen Elemente bereits an dieser Stelle darstellen.

Auf allen Ebenen ist der Ablösungsprozeß durch das Zusammenspiel zentripetaler und zentrifugaler Kräfte gestaltet, die sich dialektisch aufeinander beziehen. Eine erste Ebene betrifft die Lebensumstände und die Partnerbeziehung von Eltern im mittleren Lebensalter. Überwiegen die zentripetalen Kräfte, dann schließen sich diese Eltern in erstickender Nähe aneinander an; überwiegen die zentrifugalen Kräfte, so können sie zwar freier atmen, sind jedoch in der Gefahr einer gegenseitigen Entfremdung und Entwurzelung. Das Zusammenspiel zentrifugaler und zentripetaler Kräfte in einer Ehe gibt auch dem Ablösungsprozeß zwischen den Generationen eine besondere Gestalt. Dieser Ablösungsvorgang zwischen den Generationen – wobei dessen konflikthafter Aspekt nur einen Teil ausmacht – ist das eigentliche Thema dieses Buches. Von zentraler Bedeutung ist dafür das Konzept der *Beziehungsmodi* (transactional modes). In allen Phasen des Ablösungsprozesses spiegeln diese Beziehungsmodi das Zusammenspiel und/oder die relative Dominanz der obengenannten zentrifugalen und zentripetalen Kräfte. Als grundlegende organisatorische Strukturen formen sie die mehr an die Oberfläche tretenden spezifischen Eltern-Kind-Interaktionen. Wenn altersspezifische Beziehungsmodi entweder unzeitgemäß, zu intensiv oder in inadäquater Verbindung mit anderen auftreten, dann leiden darunter die Entwicklung des Selbst und die wechselseitigen Ablösungsprozesse von Eltern und Kindern.

Ich unterscheide drei wesentliche Beziehungsmodi: *die Bindung, die Delegation und die Ausstoßung.*

Überwiegt der *Bindungsmodus,* dann bewirkt die elterliche Interaktion mit den Kindern deren Festhalten im elterlichen Gesichtskreis, und sie bleiben im Familienghetto eingeschlossen.
Herrscht der *Delegationsmodus* vor, dann kann sich ein Kind zwar aus dem elterlichen Gesichtskreis entfernen, bleibt aber durch die lange Leine der Loyalität an seine Eltern gebunden. Als Delegierte ihrer Eltern müssen diese Jugendlichen Aufträge (missions) ausführen (z. B. stellvertretend für Abwechslung sorgen), die sie in verschiedenste Konflikte verwickeln.
Wo schließlich der *Ausstoßungsmodus* vorherrscht, kommt es zu einer durchgängigen Vernachlässigung und Zurückweisung der Kinder, die von ihren Eltern als Belastung und Hindernis bei der Verfolgung ihrer eigenen Ziele erlebt werden. Es entsteht eine starke zentrifugale Kraft, die viele dieser Kinder in einen vorzeitigen Ablösungsprozeß drängt.
Ich werde zeigen, daß alle diese Modi Reflex und Auslöser unterschiedlicher Arten des Ausreißens oder der Gebundenheit sind. Mit diesem begrifflichen Konzept ausgerüstet, werde ich mich in Teil II den Problemen der Schizophrenie und Bindungslosigkeit bzw. Verwahrlosung zuwenden. In meinen Augen handelt es sich hier um Extreme der conditio humana – Extreme, die auch extrem gestörte Beziehungen zu enthüllen vermögen.
Zum Schluß widme ich mich der Entwicklung des Konzepts der ›Befreiung auf Gegenseitigkeit‹ und dem des ›liebevollen Kampfes‹. Beide gestalten sich zwangsläufig unterschiedlich, je nachdem, welcher Beziehungsmodus die Eltern-Kind-Beziehung bestimmt. Die Schlußkapitel stellen schließlich den von den Eltern verleugneten oder verhinderten Ablösungsprozeß von ihren eigenen Eltern in den Mittelpunkt und zeigen, wie dieses Erbe der eigenen Vergangenheit dazu führen kann, die Jugendlichen für etwas verantwortlich zu machen, was ihnen von den eigenen Eltern angetan wurde. Dieser Gesichtspunkt leitet zu dem umfassenden Thema der psychischen Ausbeutung und Befreiung über, das ich in späteren Arbeiten ausführlicher erörtern will.

Teil I

1. Kapitel: Ein dialektisches Modell des Ablösungsprozesses

Die Ablösungsvorgänge in der Adoleszenz sind Teil eines Beziehungsprozesses, der sich zwischen zwei Parteien – Eltern und Kindern – abspielt. Dieser Prozeß verläuft nach dem Modell einer sich allmählich in Richtung auf gegenseitige Selbst-Entwicklung und Differenzierung im emotionalen, kognitiven und moralischen Bereich weitenden Spirale. Optimal führt diese Spiralbewegung zur relativen Unabhängigkeit aller Beteiligten, einer Unabhängigkeit jedoch, die zugleich eine reife Beziehungsform bedeutet.

Ein in solcher Weise ideal verlaufender Ablösungsprozeß stellt freilich nicht die Regel dar. Vielmehr sind die Beziehungen von dramatischen Bewegungen erfüllt. Statt einer kontinuierlichen Entwicklung beobachten wir dann diskontinuierliche Episoden; statt der sich kreisförmig vorantreibenden Beziehungsentwicklung sehen wir ein disharmonisches Hin und Her gegensätzlicher Kräfte. Statt sich allmählich wandelnder Positionen oder Schicksale begegnen wir jähen Verkehrungen ins Gegenteil, oder aber wir werden Zeugen von Zeiten unfruchtbarer Stagnation.

Welches Bild sich uns bietet – ob eine allmählich wachsende Differenzierung oder ein stürmisches Drama –, hängt natürlich davon ab, was der einzelne Jugendliche und seine Familie füreinander bedeuten. Aber es hängt darüber hinaus auch von unserem Blickpunkt und von dem begrifflichen Rahmen ab, mit dem wir erfassen wollen, was wir sehen. Der begriffliche Bezugsrahmen entscheidet darüber, welche Daten ausgewählt und zu einem bedeutsamen und in sich schlüssigen Ganzen integriert werden. Je weniger unmittelbar faßbar und je komplexer, je größer die Interdependenz der zu beobachtenden Daten ist, desto höheren Ansprüchen muß der begriffliche Rahmen gerecht werden.

Im folgenden schlage ich einen begrifflichen Ansatz vor, der für die Elemente des Dramas und ihr komplexes Kräftespiel mit seinen plötzlichen Positionsverschiebungen, wie sie in der Phase der Ablösungsprozesse von Heranwachsenden auffallen, eine erklärungstiftende Potenz besitzt. Mit diesem Ansatz lassen sich insbesondere Vorgänge zwischen solchen Eltern und Kindern verdeutlichen, die psychiatrische Hilfe suchen; er besitzt jedoch auch allgemeine Gültigkeit für das Verständnis der Beziehungen in mehr oder weniger normal erscheinenden Familien.

Mein Ansatz wurde durch die philosophischen Schriften Hegels, insbesondere sein berühmtes Kapitel über ›Herrschaft und Knechtschaft‹ in der *Phänomenologie des Geistes* (1806) beeinflußt.[3] Dort beschreibt Hegel das Paradigma einer dyadischen Beziehung zwischen einem herrschenden und einem unterworfenen Partner – wie etwa zwischen Gefängniswärter und Gefangenem, Schwarzem und Weißem, dominierendem Mann und unterjochter Frau –, worin jeweils sowohl komplementäre wie auch antagonistische, komplexe psychologische Kräfte ins Spiel kommen. Hierbei offenbart sich dann ein dialektisches Moment: Es kommt notwendig zu Verschiebungen von Positionen, als deren Folge die psychologische Zusammensetzung der Beziehung sich plötzlich und dramatisch ändern kann. Das Verhältnis von Einsatz und Befriedigung in der Beziehung für jeden der beiden Partner wird davon betroffen. Im Hegelschen Paradigma scheint z. B. anfänglich nur der Herr wirkliche Befriedigung zu kennen, weil er seine Herrschaft genießt, während der hart arbeitende, ausgebeutete Knecht front. Hegel zeigt aber, daß der Genuß des Nichtstuens für den Herrn in dem Maße schal werden kann, als der Knecht jeden Anreiz zu sinnvoller Arbeit untergräbt. Der Herr findet sich daher zunehmend in die Lage eines gelangweilten Müßiggängers versetzt, dessen ›Freuden‹ umschlagen in die mühevolle Aufgabe, die Zeit totzuschlagen. Der Knecht hingegen, wenn auch nicht frei und zur Arbeit gezwungen, kann die Erfahrung von Befriedigungen machen, von denen sein Herr nichts weiß. Er kann z. B. den rhythmi-

3 Vgl. Helm Stierlin, *Das Tun des Einen ist das Tun des Andern*, Frankfurt 1971.

schen Wechsel von Arbeit und Ruhe genießen oder Befriedigung aus der Bewältigung einer schwierigen Aufgabe ziehen. Eine ähnliche Umkehrung kann sich im Hinblick auf die psychologischen und damit auf die Macht-Verhältnisse ergeben. Am Anfang erscheint der Herr unabhängig und mächtig, während der Knecht vollkommen abhängig und ohnmächtig ist. Je weiter die Entwicklung der Beziehung jedoch voranschreitet, desto abhängiger wird der Herr und erhöht damit die psychologische Macht des Knechtes über ihn, den Herrn. Dies geschah und geschieht noch typischerweise bei vielen weißen Herren im US-amerikanischen Süden, die von ihren ›mächtigen‹ Haussklaven (und im gleichen Atemzug von ihren ›schwachen und fügsamen‹ Frauen) zunehmend abhängiger werden.

Durch dieses dialektische Konzept menschlicher Interaktionen eröffnet sich eine Perspektive, die eine Erweiterung gegenüber dem klassischen psychoanalytischen Konzept der Objektbeziehungen bringt. An anderem Ort habe ich die wesentlichen Elemente der psychoanalytischen Theorie der Objektbeziehungen erörtert (1971). Diese Theorie leitet sich ab aus Freuds Triebbegriff, demzufolge eine Triebbefriedigung nicht gleichsam im personenleeren Feld erfolgt, sondern stets auf einen reagierenden Anderen bezogen ist.[4] Dieser Andere bzw. seine psychische Repräsentanz wurden demgemäß mit dem Begriff ›Objekt‹ gekennzeichnet.

In dem Maße, in dem die psychoanalytische Theorie komplexer wurde, differenzierten sich auch die Formen der Objekte z. B. in innere und äußere, Teile und Ganze, reale und phantasierte Objekte. Gleichzeitig richtete sich das Interesse auf die verschiedenen möglichen Beziehungsformen zwischen

4 Vergl. Ricœur (1969): »...gerade der Triebbegriff, grundlegender als alle Hilfsvorstellungen der Topik, unterscheidet sich von dem gewöhnlichen Instinktbegriff in dem Maße, wie der Trieb sich an einen Anderen wendet. Und so ist es nicht möglich, daß die Abfuhr der Spannungen in einem isolierten Apparat die letzte Bedeutung der Lust sein kann. Damit hat man lediglich die einsame Lust der autoerotischen Sexualität definiert. Schon seit dem *Entwurf einer Psychologie* (in: *Aus den Anfängen der Psychoanalyse,* London 1950) nannte Freud ›Befriedigung‹ jene Lustqualität, welche die Hilfe des Mitmenschen erheischt.«

dem Subjekt und seinen Objekten, wie zwischen den Objekten selbst. Ein komplexes Interaktionsmodell nahm damit langsam Gestalt an. Dieses Interaktionsmodell begrenzte jedoch den Blick insofern, als der (objektbezogene) Einzelne, und nicht die Interaktionen mehrerer Individuen (die sich auch auf Objekte beziehen, selbst aber wiederum auch Objektcharakter für andere annehmen können), im Zentrum psychoanalytischen Fragens verblieb.

In den letzten Jahrzehnten wurden zahlreiche Versuche unternommen, mit dieser Begrenzung der psychoanalytischen Theorie fertig zu werden. Die Gründe hierfür scheinen mir auf der Hand zu liegen: Indem unsere Welt kleiner wird und die Übervölkerung zunimmt, muß das Problem der menschlichen Beziehungen – zum Mitmenschen wie zu allen Lebewesen – immer dringlicher werden. Um überleben zu können, muß die Menschheit das Bewußtsein des Aufeinanderangewiesenseins entwickeln. Die Notwendigkeit, ökologisch zu denken, wirkte sich notgedrungen auch auf die psychoanalytische Theorie aus, führte hier jedoch zu noch mehr ungelösten Fragen.

Während diese Fragen in der analytischen und populärwissenschaftlichen Literatur noch diskutiert werden (wobei eine Antwort nicht in Sicht scheint), haben sich eine Reihe konkurrierender begrifflicher Ansätze herausgeschält, die die hier zum Zuge kommenden Beziehungsprozesse zu erklären versuchen. Der wichtigste unter diesen Ansätzen ist die Systemtheorie, die von den neueren Ideen der Kybernetik[5] beeinflußt ist. Der systemtheoretische Ansatz hat bereits auf alle sozialen Systeme, insbesondere aber auf die Familie, Anwendung gefunden und sich hier in vieler Hinsicht als brauchbar erwiesen. So hat er das Verständnis der Beobachtung ermöglicht, daß Symptome wie z. B. eine Depression unter den verschiedenen Familienmitgliedern ›herumgereicht‹ werden und dabei immer

5 I. w. S. Theorie über »... bestimmte wesentliche allgemeine Eigenschaften von Klassen dynamischer Systeme in verschiedenen Bereichen der Wirklichkeit – Regelung, Selbstorganisation und Selbstreproduktion, Informationsverarbeitung und -speicherung, strategisches Verhalten ...« aus *Wörterbuch der Kybernetik*, Hrsg. Georg Klaus, 2. Aufl., Frankfurt 1971.

Teil eines geschlossenen Systems, d. h. der Familie, bleiben. Jedoch hat auch die Systemtheorie deutlich Grenzen, wie das vorstehende Beispiel zeigt. Sie bleibt aus ihrer Sicht einem Bild menschlicher Interaktionen verhaftet, das zu statisch und zu vereinfachend ist. Viele Systemtheoretiker vernachlässigen bis heute die tieferen und meist unbewußten Schichten von Schuldgefühl und Pflichtgefühl, die in zwischenmenschlichen Systemen wirksam sind[6]; sie vergessen, daß biologische und soziale Systeme wie Familien nicht geschlossen sind, daß sie vielmehr Bestandteile aufweisen, d. h. individuelle Mitglieder, die sich im Laufe der Zeit verändern, reifen, entwickeln, differenzierter werden und sowohl untereinander als auch mit der Außenwelt ständig in einer Austauschbeziehung stehen. Obwohl sie Begrenzungen haben, bleiben solche lebenden Systeme doch für den Austausch mit der Außenwelt offen, und es ist vor allem dieser Austausch, der besser verstanden und beschrieben werden muß.

Ein solcher Austausch ist ein kompliziertes Geschehen und impliziert *Bewegung*, *Veränderung*, *Differenzierung* und *Ablösung*. Will man diesen Momenten gerecht werden, so muß man zu ihnen einen dialektischen Zugang finden.

Ich habe an dieser Stelle nicht die Absicht, diesen dialektischen Ansatz abstrakt-theoretisch zu erläutern oder abzuleiten. Seine Wirkungsweise und seine Erklärungskraft müssen aus der Anwendung des Ansatzes auf die Einsichten gewonnen werden, denen die folgenden Kapitel des Buches gewidmet sind.

Dennoch seien einige orientierende Bemerkungen erlaubt. In seiner ursprünglichen, allgemeinen Bedeutung bezieht sich der Begriff *Dialektik* auf die Suche nach Wahrheit durch Diskussion. So verstanden sind Platos ›Dialoge‹ wie auch Kants ›Kritik‹ Übungen in der dialektischen Methode. Während diese allgemeine Bedeutung von Dialektik in manchen philosophischen Schulen noch vorherrscht, muß für unsere Diskussion die Einschränkung des Begriffs in der Folgezeit durch

6 Ivan Boszormenyi-Nagy (1972, 1973) ist in meinen Augen der einzige Autor, der bisher den tieferen Systemaspekten der Familie gerecht geworden ist.

Hegel und Marx Bedeutung haben. Für Hegel ging es hierbei um eine Bewegung von Ideen, d. h. einen geistigen Prozeß, während Marx, indem er Hegel ›vom Kopf auf die Füße‹ stellte, der Bewegung materieller, d. h. sozio-ökonomischer Kräfte den Vorrang gab. Er warf Hegel vor, sich in einem nebulösen *Überbau* zu verlieren, statt sich der Analyse der materiellen *Basis,* auf der der idealistische Hegelsche Überbau ruht, zuzuwenden. Teilweise in Anlehnung an Hegel und Marx beschreibe ich im folgenden die Bewegungen teils antagonistischer, teils komplementärer Kräfte, die jedoch weder dem Hegelschen Überbau noch der Marxschen Basis zugehören. Ich konzentriere mich vielmehr auf das, was H. Kilian (1971) *Mittelbau* genannt hat und was jene intrapsychischen und interindividuellen Kräfte einschließt, die zwischen den beiden genannten Strukturen anzusiedeln wären. Und innerhalb dieses Mittelbaus bin ich insbesondere an einem Sektor interessiert – an jenem, der Eltern und ihre heranwachsenden Kinder umfaßt.

Es liegt in der Natur dieses Ansatzes, daß er extreme Entwicklungen und Konstellationen stärker in Erscheinung treten läßt als alltägliche. Dennoch besitzt er auch für diese alltäglichen Erscheinungen Erklärungskraft. Der Leser sollte sich vergegenwärtigen, daß die Mehrzahl aller Beziehungs- und Ablösungsprozesse bei Jugendlichen, einschließlich der sogenannten ›normalen‹, irgendwo zwischen den Extremen anzusiedeln ist, die den Gegenstand dieses Buches ausmachen.

Es sei schließlich noch darauf hingewiesen, daß der dialektische Ansatz eine grundlegende methodologische Spannung und Doppelsinnigkeit in sich birgt. Die jeweiligen Beziehungspartner werden hier als aktiv Handelnde und Mitwirkende in einem dynamischen Beziehungsprozeß gesehen. *Ihre* (bewußten bzw. unbewußten) Absichten, *ihre* Handlungen, *ihr* Leiden, *ihre* Mitteilungen an und Wahrnehmungen von den anderen sind der Gegenstand dieses Buches. Gleichzeitig umfaßt hier jedoch der Beziehungsprozeß mehr als eine Summe solcher Einzelbeziehungen. Der dialektische Ansatz läßt uns Kräfte und Strukturen erkennen – oder wenn man will:

Systemeigenschaften –, die die Beiträge der einzelnen Beteiligten transzendieren.

Wird der dialektische Ansatz auf das Studium der Ablösungsprozesse von Jugendlichen angewendet, so impliziert dies einen wiederholten Wechsel der Untersuchungsperspektive von den Jugendlichen zu den Eltern und vice versa, wenn charakteristische Dynamiken ins Bild treten und zum Gegenstand der Analyse werden. Somit wird bis in die Form der Darstellung versucht, etwas von der dynamischen Gegensätzlichkeit der psychologischen Kräfte zu vermitteln, die deren Gegenstand sind.

In diesem Buch lege ich die Betonung vor allem auf den Beitrag der Eltern zum Ablösungsprozeß – im Gegensatz zu einer umfangreichen interaktionistischen und psychoanalytischen Literatur, in der wesentlich die Heranwachsenden als Initiatoren, Akteure und Leidtragende des Ablösungsprozesses beschrieben werden. Insbesondere liegt mir daran zu zeigen, welchen Beitrag die Eltern im dialektischen Beziehungsdrama leisten, wie sie die hier wirkenden komplexen und widersprüchlichen Kräfte beeinflussen und wie sie von ihnen beeinflußt werden. Aber ungeachtet dieser Akzentsetzung auf den Beitrag der Eltern kommt auch der Jugendliche, der sich im Ablösungsprozeß befindet, zu Wort, und ich beginne meine Darstellung dieser Problematik, indem ich ihm das folgende Kapitel widme.

2. Kapitel:
Ausreißen als Ablösungsversuch in der Adoleszenz

Gerade die jugendlichen Ausreißer geben uns, wie ich bereits dargelegt habe, den Bezugsrahmen, mit dem wir den Ablösungsprozeß in seiner ganzen Bedeutung erforschen können. Diesen Bezugsrahmen will ich im folgenden entwickeln. Ich möchte zeigen, wie jugendliche Ausreißer, die verlorenen Söhne und Töchter unserer Tage – ebenso wie ihre Pendants, die zu Hause bleiben – die zentralen Momente der Ablösungsproblematik von Jugendlichen deutlich hervortreten lassen. Ich werde mich dabei zunächst auf den Anteil der Jugendlichen am Drama der Ablösung konzentrieren und den der Eltern später diskutieren. Als Einführung fasse ich einige wichtige Erkenntnisse über die Adoleszenz zusammen.

Nach dem psychoanalytischen Entwicklungsmodell erlangt der Jugendliche Autonomie und Identität dadurch, daß er Konflikte internalisieren und tolerieren lernt und sich aktiv Partner und Wertvorstellungen außerhalb seiner Familie sucht. Dieser Drang nach Autonomie bezieht seine Kraft und seine Form sowohl aus sozialen Erwartungen wie auch aus psycho-physiologischen Reifungsprozessen, die sich auf die gesamte Existenz des Jugendlichen auswirken. Seine aggressiven und libidinösen Triebe gewinnen an Intensität, seine Abwehrorganisation strukturiert sich um, und seine Beziehungsschicksale nehmen zu. A. Freud (1946), P. Blos (1970, 1973), E. Erikson (1971) und andere haben diese Prozesse weitgehend beschrieben.

Darüber hinaus beginnt in der Adoleszenz die endgültige Reifung bestimmter intellektueller Funktionen, der differenzierten Wahrnehmungs- und moralischen Fähigkeiten, vor allem im Laufe des 13. und 14. Lebensjahres. B. Inhelder und J. Piaget (1958), J. Adelson (1971), J. Kagan (1971) und L. Kohlberg und C. Gilligan (1971) haben dieses Stadium der intellektuellen Entwicklungen in ihren Untersuchungen belegt. Danach ist der Jugendliche infolge dieses Reifungsprozesses und einer Ausweitung seiner Zeitperspektive – zum ersten Mal in seinem Leben – in der Lage, komplexe reversible logische Operationen auszuführen und mittels Reflexion und Phantasie alternative Handlungs- und Zielvorstellungen durchzuspielen. Zur gleichen Zeit erweitert er seinen Sprachschatz in bezug auf altruistische Motive, und sein Verständnis der psychologischen Komplexität nimmt zu. Er erlebt nun Gefühlsbewegungen als bedeutungsvolle Vorgänge seines Selbst und nicht mehr als Korrelate äußerer Ereignisse; dadurch ist er zunehmend in der Lage, einander widersprechende Einstellungen, Intentionen, Bedürfnisse und Motive bei sich selbst, und was besonders wichtig ist, bei anderen, zu differenzieren und zu klären.[7]

In diesem Stadium der Entwicklung treten auch Verschiebungen und Transformationen der Loyalitätsbindungen auf. Solche Verschiebungen und Transformationen sind relativ. Obwohl der Jugendliche versucht, seinen Eltern treu zu bleiben, muß er eine Distanz zu ihnen gewinnen und die elterlichen Introjekte modifizieren, um sich relativ frei von Schuldgefühlen Personen und Wertvorstellungen außerhalb seiner Familie zuwenden zu können (sie mit Objektlibido besetzen). Auf diese Weise ›löst‹ er schließlich seinen ›Ödipus-Komplex‹.

Diese Entwicklungen, die dem Prozeß der Adoleszenz inhärent sind, muß man nun im Zusammenhang mit der US-amerikanischen Gesellschaft (bzw. den westlichen Industriegesellschaften) sehen. Diese Gesellschaft, geschüttelt von einem sozialen Umbruch ohnegleichen, wirkt auf vielen Ebenen darauf ein, ob und auf welche Weise der Jugendliche Autonomie erlangt.

Verschiedene Aspekte stehen dabei im Vordergrund: Weil ihre Institutionen, Wertvorstellungen und identitätsfördernden Strukturen einer solch rapiden Veränderung unterworfen sind, kann diese Gesellschaft immer weniger einen festen

7 Dies trifft im allgemeinen zu. Jedoch scheinen sich Jugendliche hinsichtlich des Grades der Reifung von kognitiven Fähigkeiten voneinander zu unterscheiden. D. Shainberg (1970) hat darauf hingewiesen. S.a. R. Shapiro (1968).

Grund und Bezugspunkt für etwas abgeben, was sich, in Hegels Worten, »an und für sich verändert« – vor allem die Adoleszenz. Statt einen solchen festen Grund zu bieten, toleriert – und institutionalisiert sogar in einigen Bereichen – diese Gesellschaft eine unbeständige Jugendkultur, oft *Gegenkultur* genannt.

Diese Jugendkultur verspricht und repräsentiert einen neuen Lebensstil und Wertvorstellungen, die, wenn auch oft nur vage, mit Lebensstil und Wertvorstellungen der Elterngeneration in Konflikt stehen. Gleichzeitig ist sie für viele Jugendliche eine Alternative zum Leben zu Hause; das heißt, sie entwickelt sich zu einer zeitweiligen oder dauernden Zuflucht für Jugendliche, die früh von zu Hause ausgezogen oder ausgerissen sind. Die Jugendkultur wird so zur ›Ausreißerkultur‹. Die Existenz dieser Ausreißerkultur wirkt sich auf die Handlungen zahlreicher Jugendlicher aus. Im Unterschied zum Kleinkind, das im Guten wie im Bösen auf seine Eltern angewiesen ist, kann ein Jugendlicher heutzutage aus seiner Familie ausbrechen und dennoch damit rechnen, daß er sich irgendwie durchschlagen kann, besonders in den warmen Sommermonaten. Die Frage lautet also: Wann und warum entscheidet sich ein Jugendlicher dafür, von zu Hause auszureißen? Um diese Frage zu beantworten, müssen wir zunächst die Ausreißerkultur etwas näher betrachten.

Die Ausreißerkultur

Die Subkultur der Ausreißer ist stark geprägt durch die spezifischen geographischen und historischen Bedingungen der USA. Dazu zählen z. B.: ein Land, weit und offen, das nach Entdeckungen ruft; große Mobilitätsmöglichkeiten (Besitz von Autos und Motorrädern); die Einöden der Vorstädte, deren Trostlosigkeit in grellem Widerspruch zu den Bedürfnissen der jugendlichen Phantasie steht; Massenmedien, die ein Bohème-Leben, das sich früher nur in Enklaven der Metropolen verbarg, als wünschenswert, normal und erreichbar darstellen; allgemeiner Wohlstand, dessen Überfluß selbst den Ärmsten noch das Leben ermöglicht[8]; schließlich gibt es, wie man weiß, auch andere Ausreißer, deren Freunde, Freunde von Freunden etc. – sie stellen heutzutage ein großes, informelles Netz von Unterstützung überall in den USA. Diese und andere Faktoren haben ein neues – und gleichzeitig sehr altes – Nomadenleben im Dschungel des Wohlstands hervorgebracht, ein Leben, das, auch wenn es in mancher Beziehung rücksichtslos hart sein kann, doch Romantik, Abenteuer und Freiheit verspricht.

Trotzdem bringt allein die Existenz einer Subkultur von Ausreißern Jugendliche nicht dazu, von daheim fortzulaufen. Wir müssen zusätzlich eine Neigung oder Bereitschaft zum Ausreißen annehmen und dazu ein schwieriges und leidvolles Familienleben, dem der Jugendliche entfliehen muß. Und wir können auch von einer Neigung sprechen, zu Hause zu bleiben, d. h. *nicht* wegzulaufen – obwohl das Leben dort unerträglich scheint und das Ausreißen theoretisch durchführbar wäre. Dieser doppelte Aspekt des heutigen Ausreißerproblems – daß es auf Jugendliche, die weglaufen, *und* auf Jugendliche, die *nicht* weglaufen, einen Einfluß hat – veranlaßt uns über die Bedeutung zu reflektieren, die Erfolg und Versagen beim Weglaufen von daheim zukommt.

Erfolg und Mißerfolg beim Ausreißen

Wenn ich hier von Erfolg beim Ausreißen spreche, denke ich an Jugendliche, denen es zumindest ›gelingt‹, sich eines pathologischen Modus der Ablösung von den Eltern überhaupt zu bedienen, der ihnen von der heutigen Gesellschaft vorgezeichnet scheint. Indem sie davonlaufen, entkommen sie ihren Eltern und machen sich vorzeitig selbständig. Solch ein erfolgreiches Ausreißen – d. h. die Herstellung einer geographischen

8 Einem Artikel von *Life* zufolge lebte die Manson-Familie – alles Ausreißer, zumeist Mädchen – von Essensresten, die sie aus den Abfalltonnen von Supermärkten sammelten und in ›schmackhafte Mahlzeiten‹ verwandelten.

Distanz zwischen sich und den Eltern und/oder die frühe Unabhängigkeit – bedeutet aber nicht notwendigerweise Erfolg im zukünftigen Leben. Oft ist genau das Gegenteil der Fall. Auch gibt es Unterschiede darin, wie ›erfolgreich‹ das Ausreißen ist. Die Jugendlichen können nur einige Stunden oder Tage, aber auch Wochen und Monate von zu Hause wegbleiben, sie können eine mehr oder weniger große geographische Distanz und mehr oder weniger frühzeitige Autonomie erreichen.

Mit den eben genannten Differenzierungen im Hintergrund, wollen wir uns zunächst mit den ›erfolglosen Ausreißern‹ beschäftigen. Dazu zählen wir erst einmal jene Jugendlichen, die an ihr Zuhause gebunden bleiben, obwohl ihr Familienleben nach äußerem Anschein unerträglich und elend ist. Im Verlauf einer sechsjährigen Studie von vierzig Familien mit Problemkindern am NIMH untersuchte ich 12 solche an ihr Zuhause gebundene Jugendliche neben 28 anderen, die von zu Hause ausgerissen waren. Das Familienleben der Daheimgebliebenen schien einen zerstörerischen Einfluß auf sie zu haben; sie schienen darunter zu leiden; und dennoch liefen sie nicht weg. Warum nur? Während ich mich mit dieser Frage beschäftigte, fiel mir eine besondere Untergruppe der jugendlichen Ausreißer auf, die ich als ›Jugendliche mit mißlungenen Ausreißversuchen‹ bezeichne.

Jugendliche mit mißlungenen Ausreißversuchen

Die Jugendlichen, die ich zu den ›erfolglosen Ausreißern‹ zähle, waren nicht vollständig an ihr Zuhause gebunden. Manchmal machten sie den übereilten Versuch, wegzulaufen, kamen aber nie ganz los von daheim. Irgend etwas zog sie, wie ein unsichtbares Gummiband, immer schnell zurück. Entweder kamen sie innerhalb weniger Stunden von selbst nach Hause, als ob sie von einer inneren Steuerung gelenkt würden, oder sie inszenierten ihre schnelle Rückkehr durch die Intervention von Nachbarn, Polizei oder anderen Personen. Ein vierzehnjähriger Junge z. B. lief wiederholt weg; ein paar Straßen von zu Hause entfernt, lungerte er jedoch jedesmal so ziellos und zerstreut an einer Kreuzung herum, daß ein Polizist auf ihn aufmerksam wurde. Ein Mädchen im gleichen Alter lief nach häuslichen Auseinandersetzungen immer zornig in einen Park, ließ dabei aber ihr Fahrrad so stehen, daß Nachbarn, die mit ihren Eltern befreundet waren, es sehen konnten. Gerade das Mißlingen und die Ambivalenz des Ausreißens dieser Jugendlichen zeigte, wie stark und intakt ihre psychologischen Bindungen zur Familie waren.

Einsame Ausreißer mit schizoider Problematik

In der Gruppe der Jugendlichen mit mißlungenen Ausreißversuchen fand ich dann die meisten der von mir so genannten ›einsamen Ausreißer mit schizoider Problematik‹. Diese Jugendlichen unterscheiden sich stark von den meisten anderen Ausreißern. Ihre Beziehungen zur Ausreißerkultur sind bestenfalls marginal. Normalerweise kennen sie keine gleichaltrigen Jugendlichen, bei denen sie unterkommen könnten. Sie treiben sich an Gammlertreffpunkten herum, bevorzugen manchmal sogar einsame Parks und Friedhöfe. Beim Ausreißen werden sie offenbar nicht durch Menschen, sondern durch idiosynkratische Introjekte gelockt. Häufig findet ihr Ausreißen ein abruptes Ende. Ein Mädchen, das zu dieser Gruppe gehört, lief von zu Hause weg, aber nur bis zur nächsten Kreuzung; dort blieb sie in panischer Angst stehen. Die Panik wich erst, als sie ein Polizist bei der Hand nahm und nach Hause zurückbrachte. Andere Jugendliche aus dieser Gruppe verhalten sich so merkwürdig oder selbstzerstörerisch, daß sie bald in eine Anstalt eingeliefert werden.
Roy wurde im Alter von 16 Jahren mit seinen Eltern und seinem jüngeren Bruder Bill in unser ambulantes Therapie-Programm aufgenommen. Ein Jahr zuvor hatte er damit angefangen, zu spät zur Schule zu kommen, gelegentlich sogar den Unterricht ganz zu schwänzen. Seine Mutter war darüber

beunruhigt und unsicher und schickte ihn zweimal in der Woche zu einem Psychiater. Roy zeigte für seine Psychotherapie jedoch ebensowenig Interesse wie vorher für die Schule. Er kam zu spät in die therapeutischen Sitzungen und ging schließlich überhaupt nicht mehr hin.

In den Familiensitzungen schwieg er meist. Manchmal lächelte er vor sich hin, schien sonst aber eher mürrisch. Einige Male explodierte er und fiel über seine Mutter her mit scharfen und ablehnenden Bemerkungen über ihr Verhalten und ihre Motive. Er besuchte die Familiensitzungen sporadisch, zuletzt kam er gar nicht mehr. Seine Eltern setzten die Sitzungen als Ehepaartherapie eine Weile fort; einige Monate später hörte auch diese Therapie auf, weil die Mutter wieder zu ihrem früheren Psychiater zurückkehren wollte. Zu diesem Zeitpunkt hatte Roy bereits alles Interesse an der Schule verloren. Er verbrachte fast seine gesamte Zeit allein in seinem Zimmer, las, spielte an seiner Stereoanlage herum oder starrte einfach vor sich hin. Er weigerte sich, seine früheren Freunde zu treffen, und machte keine Anstalten, Mädchen kennenzulernen. Einige Male geruhte er jedoch, den Besuch eines früheren Klassenkameraden zu empfangen und mit ihm wegzugehen.

Eines Abends kehrte Roy, nachdem er mit diesem Jungen weggewesen war, nicht wie erwartet nach Hause zurück. Statt dessen lief er weiter in der Stadt herum, nachdem sein Freund ihn verlassen hatte. Es wurde Nacht, aber er wanderte ziellos weiter, bis er in den frühen Morgenstunden über die Feuerleiter in eine Wohnung im 5. Stock eines großen Apartmenthauses einstieg. Dort stolperte er über eine schlafende junge Frau, die die Polizei rief. Die Polizei lieferte ihn nach Rücksprache mit seinen Eltern in eine nahegelegene psychiatrische Klinik ein; dort blieb er mehrere Monate. Anschließend wurde er in ein Zentrum für stationäre Behandlung von Jugendlichen mit Schulproblemen eingewiesen, auch dort riß er jedoch mehrmals aus. Das letzte Jahr – er war mittlerweile 19 Jahre alt – verbrachte Roy in einer psychiatrischen Anstalt; die Diagnose lautet auf Schizophrenie. Bis jetzt ist er aus dieser Anstalt ungefähr ein dutzendmal ausgerissen.

Unbekümmerte Ausreißer

Im Gegensatz zu den erfolglosen Ausreißern, die an ihr Zuhause gebunden sind und ihre Ausreißversuche bald aufgeben, scheinen viele erfolgreiche Ausreißer weder Skrupel noch Schwierigkeiten zu haben, wenn sie ihre Familie verlassen. Es scheint sie auch nichts daran zu hindern, ihren Platz in der Subkultur der Ausreißer einzunehmen. Sie vermitteln keinen gequälten und labilen Eindruck, sondern erscheinen unbekümmert und durchsetzungsfähig. Aus diesem Grund rede ich hier von ›unbekümmerten Ausreißern‹.

Im Gegensatz zu den schizoiden Einzelgängern, die anscheinend Angst vor Beziehungen zu Gleichaltrigen und besonders (wenn sie Jungen sind) zu Mädchen haben, finden diese ›unbekümmerten Ausreißer‹, oder besser ausgedrückt ›Fortgetriebenen‹, ohne Mühe Mädchen, die zu sexuellen Beziehungen bereit sind. Aber sie entledigen sich auch dieser Mädchen unbekümmert, wenn sie mit ihnen fertig sind. Ihre Objektbeziehungen sind typischerweise instabil, seicht und auf Ausbeutung gerichtet; da sie rücksichtslos und durchsetzungsfähig sind, scheinen sie für das Überleben in den rauheren Bereichen der Ausreißerkultur gut gerüstet zu sein. George gehört zu dieser Gruppe.

Als kleines Kind hörte George nur sehr schlecht auf seine Eltern. Sie berichteten, daß er nur das tat, was er wollte, und sich nie an ihre Warnungen oder Verbote hielt. Wenn seine Eltern ihn zu etwas zwingen wollten, bekam er Trotzanfälle und wurde unausstehlich. Zuletzt ließen sie ihm, der Ruhe wegen, immer seinen Willen. George zeigte auch schon früh seine Neigung zu ›Gewalttätigkeit‹ und ›Gemeinheit‹. Er nahm anderen Kindern mit der Drohung, ihnen den Schädel einzuschlagen, Geld weg, stahl ihnen das Essen und schien nur Schlechtigkeiten im Kopf zu haben. Er lief öfters von zu Hause weg, zuerst nur für einige Stunden, dann für den halben Tag, später für mehrere Tage. Im Alter von 14 Jahren verschwand er einige Tage, nachdem er aus dem Schmuckkasten seiner Mutter mehrere Schmuckstücke gestohlen und seine Mutter dies bemerkt hatte. Er kam wieder zurück, nachdem er das Geld verspielt und sein Vater ihm am Telefon versichert hatte, daß seine Mutter einen Herzschlag bekommen würde, wenn er noch länger wegbliebe. Im Verlauf einer drei Monate dauernden ambulanten Familientherapie riß George einmal von zu Hause aus und verpaßte mehrere Sitzungen, ›weil er etwas Wichtiges zu tun hatte‹. Dieses ›Wichtige‹ war, wie ich später erfuhr, die Teilnahme an den Aktivitäten einer Rockerbande. In dem Zeitraum von 1 1/2 Jahren, der seit dem Ende der Familientherapie verstrichen ist, hörte George schließlich mit der Schule ganz auf. Er kam nicht zu einem Nachinterview, und seine Eltern berichteten, daß er ›manchmal zu Hause ist und manchmal nicht‹. Das letzte, was ich von ihm gehört habe, war, daß er wegen Teilnahme an einem Einbruch festgenommen worden war, der der Bande Schmuck im Wert von mehreren tausend Dollar eingebracht hätte.

Ausreißer in Krisensituationen

Zwischen den Gruppen der Jugendlichen, die trotz schlechter Familienverhältnisse nicht ausreißen, und denen, die ihre Ausreißversuche bald aufgeben, auf der einen Seite und den ›erfolgreichen‹ unbekümmerten Ausreißern auf der anderen Seite finden wir die Hauptgruppe der Ausreißer mit ›durchschnittlichem oder begrenztem Erfolg‹, die in verschiedenem Ausmaß Eigenschaften beider Gruppen (d. h. der ›erfolglosen‹ *und* der ›unbekümmerten‹ Ausreißer) aufweisen. In diese Gruppe gehören Jungen oder Mädchen, die für ein paar Tage oder Wochen ausreißen, bis sie nach Hause zurückkehren (oder, was häufiger passiert, nach Hause gebracht werden). Die Hintergründe bei diesen Ausreißern können verschieden sein. Ein fünfzehnjähriger Junge z. B. plante wochenlang, seine Freunde in einem Badeort an der Küste zu besuchen, wenn sich das Verhältnis zu seinen Eltern nicht bessern sollte. Wie vorauszusehen war, blieb das Verhältnis schlecht, also rannte er davon. Trotz seiner Planungen vergaß er jedoch seine Badesachen und sein gespartes Geld. Er merkte das erst, als er bereits an der Küste war, und benahm sich ungewollt in der Nähe des Wochenendhauses von Freunden seiner Eltern so verdächtig, daß diese ihn entdeckten und seine Familie benachrichtigten. Mädchen aus dieser Gruppe werden oft promiskuös oder sogar schwanger und bestätigen damit die schlimmsten Befürchtungen ihrer Eltern. Andererseits erreichen sie so, mehr oder weniger unbewußt, daß ihre Eltern sie ›retten‹ und ›alles in Ordnung bringen‹. Diese Ausreißer kann man zu einem gewissen Grad als erfolgreich bezeichnen, weil sie länger als die Erfolglosen ihren Eltern entkommen können und im Gegensatz zu ihren ›einsamen‹ Altersgenossen einen Platz in der Subkultur der Gleichaltrigen finden. Außerdem schaffen sie es, eine Weile auf eigenen Füßen zu stehen (natürlich unter der Voraussetzung, daß sie vom Überfluß der Wegwerfgesellschaft profitieren können). Im Gegensatz zu den unbekümmerten Ausreißern bleiben sie jedoch ihrer Familie verbunden, oft sehr intensiv, und kehren schließlich in den Schoß der Familie zurück. Während sie von zu Hause weg (und doch noch gebunden) sind, scheinen sie oft in einem tiefen Konflikt zu stecken, in dem Konflikt, daß sie ihren Eltern davongelaufen sind, daß sie in der Subkultur der Ausreißer leben, daß sie anderen Schmerzen zufügen, indem sie ihre eigenen Ziele verfolgen. Ihr Ausreißen reflektiert vor allem eine Krise in ihrem eigenen Leben und dem Leben ihrer Eltern. Aus diesem Grund nenne ich sie ›Ausreißer in Krisensituationen‹. Lorraine gehört zu ihnen.

Bis zu ihrem 15. Lebensjahr war Lorraine eine gute Schülerin und bot auch sonst keinen Anlaß zur Sorge. Plötzlich ging jedoch alles schief, und sie lief buchstäblich über Nacht von zu Hause fort. Am nächsten Morgen erfuhren ihre Eltern von der Polizei, daß sie zusammen mit mehreren anderen Jugendlichen, die LSD und Marihuana bei sich hatten, in einem leerstehenden Gebäude aufgegriffen worden war. Lorraine wurde von allen möglichen Seiten – Eltern, Lehrern, Polizei – streng ermahnt und lief eine Zeitlang nicht mehr von zu Hause weg. Trotzdem nahmen die Dinge keinen guten Lauf.

Sie schlief wahllos mit mehreren Jungen, nahm Drogen in unterschiedlichen Mengen und schwänzte oft die Schule. Um das Schulschwänzen zu vertuschen, fälschte sie Entschuldigungen und belog jeden. Schließlich hielt sie das nicht mehr aus. Sie merkte, daß sie in der Patsche saß, gefangen in einem Netz von Lügen, und sie verabscheute sich selbst wegen ihrer Promiskuität und ihrem Drogengebrauch. Sie lief weg zu einer Kommune in einer großen Stadt an der Ostküste. Zweieinhalb Tage später holte ihr Vater sie von dort zurück. Müde, hungrig, ungewaschen und desillusioniert kam Lorraine nach Hause zurück; sie war bereit, sich allem zu unterwerfen, auch einer Familientherapie. Schon bald nach dem Beginn der Therapie ›fand sie wieder zu sich selbst‹. Sie wurde wieder eine gute Schülerin und hielt sich scheinbar aus Schwierigkeiten heraus. Die folgende Einzeltherapie enthüllte jedoch, daß ihre Situation nicht so rosig war, wie Lorraine es ihren Eltern und ihrem Therapeuten vorgespiegelt hatte. Sie nahm von Zeit zu Zeit immer noch Drogen, unterhielt gleichzeitig sexuelle Beziehungen zu zwei Jungen und nahm hin und wieder an Orgien teil. Am Ende ihrer Einzeltherapie schien sie jedoch mehr Fortschritte gemacht zu haben. Ihr waren vor allem verschiedene neurotische Ängste und Konflikte bewußt geworden, die ihr delinquentes Verhalten und das Ausreißen ausgelöst hatten. Sie begann ihr niedriges Selbstwertgefühl, ihre ›unnatürlichen‹ sexuellen Bedürfnisse und ihre Angst vor Männern, Heiraten und Kinderkriegen zu bearbeiten – all die Probleme, die sie kontraphobisch aus ihren Gedanken zu drängen versuchte, indem sie sich in Promiskuität und Drogenkonsum stürzte. Nach einer Periode leichter Depression stellte Lorraine, was ihre Aktivitäten und Beziehungen anging, die Weichen neu. Sie beteiligte sich an Arbeitsgemeinschaften in der Schule, wurde Chefredakteurin der Schulzeitung und lernte eine Fremdsprache. Als sie eines Tages jüngere Schüler beobachtete, die LSD nahmen und in einer Ecke des Schulhofs mit Spritzen hantierten, kam ihr dies wie ein böser Traum vor, dem sie selbst entkommen war. Sie riß nicht mehr von zu Hause aus und studiert zur Zeit erfolgreich an einem College.

Obwohl Lorraines Schwierigkeiten wohl zeitweise sehr ernst und denen von George sehr ähnlich waren, blieb jedoch bei näherer Bekanntschaft mit ihr und ihrer Familie kein Zweifel, daß sie zu einer anderen Gruppe gehörte als George. Ihre Schwierigkeiten spiegelten vor allem eine Krise wider, die anfing, als sie fünfzehn Jahre alt war. Eine Reihe von Faktoren trug dazu bei, daß diese Krise relativ traumatisch verlief und lange dauerte. Dazu gehörte die Aktivierung von Schuldgefühlen und Konflikten, die sich aus dem intensiven Durchbruch ihrer sexuellen und aggressiven Triebe nährten; ebenso die Existenz einer devianten Gruppe von Gleichaltrigen, die für gefährliche Abenteuer bekannt waren (Orgien, Haschischrauchen und LSD-Schlucken); und nicht zuletzt Eltern, die sie zu dieser Zeit noch mit ihren eigenen Problemen belasteten. Heute scheint Lorraine – intensiv mit ihrem Studium, Lyrik und den Aktivitäten im College befaßt – ihre Krise überwunden zu haben.

Wie können wir nun die Kräfte begreifen, die Jugendliche von ihren Familien weg- oder zu ihnen hinziehen? Ganz offensichtlich sind diese Kräfte zum einen Teil in den Jugendlichen, zum einen anderen Teil in den Eltern und Familien und schließlich zum Teil in der Beziehung angesiedelt, die die Generationen zusammenhält und gleichzeitig voneinander wegtreibt.

Um diese Kräfte besser zu verstehen und gleichzeitig zu verstehen, warum einige Jugendliche von zu Hause ausreißen, andere wiederum nicht, und eine weitere Gruppe keinen Erfolg beim Ausreißen hat, müssen wir als nächstes die Rolle der Eltern im Ablösungsprozeß ausführlich erörtern.

3. Kapitel: Eltern im mittleren Lebensalter

Verglichen mit der Aufmerksamkeit, die den Jugendlichen in der Fachliteratur gewidmet wird, hat man ihre Eltern bis heute vernachlässigt. Umfangreiche Werke über den ganzen menschlichen Lebenszyklus, wie die von E. Erikson (1966) und T. Lidz (1971), beschäftigen sich z. B. nur beiläufig oder verspätet mit den Problemen von Eltern in mittleren Jahren. Das ist verständlich, da dieser Lebensabschnitt verglichen mit dem ihrer Kinder nur wenig auffällige Punkte und kritische Entscheidungsstellen aufweist, die zu untersuchen sich lohnte. Trotzdem gibt es, wie wir sehen werden, keinen Grund, die Rolle der Eltern relativ zu vernachlässigen.

Ich werde die Rolle der Eltern und ihren Beitrag zum Ablösungsprozeß analysieren, indem ich mich auf die Faktoren konzentriere, die ich weiter oben als wesentlichste Merkmale in der Entwicklung von Jugendlichen bezeichnet habe: die *Intensivierung der Triebwünsche*, die *Reifung der kognitiven Fähigkeiten*, der *Loyalitätsbindungen* und die *Existenz einer Ausreißerkultur*. Bei den Eltern finden sich in bezug auf diese Faktoren Entwicklungstendenzen, die denen der Jugendlichen entgegenlaufen und daher ein Licht auf die Unterschiede zwischen Eltern und Kindern werfen können. Dieser Ansatz verkürzt notwendigerweise vieles, was im Leben von Eltern in den mittleren Lebensjahren von Bedeutung ist. Er ist lediglich ein erster Versuch, zentrale Aspekte eines Lebensabschnitts zu entdecken, der auf der Karte unseres psychologischen Wissens im Grunde ein weißer Fleck ist. Insbesondere vermag er nicht einige wichtige Aufgaben und Subphasen dieses Lebensabschnitts zu erhellen, die bei Männern und Frauen unterschiedlich zur Geltung kommen. Trotz dieser Grenzen geben die eben erwähnten Merkmale in der Adoleszenz den Rahmen der folgenden Untersuchung ab, denn diese Faktoren sind nicht nur zentral für die Entwicklung der Jugendlichen, sie

betreffen auch die Hauptthemen im Leben der Eltern zu der Zeit, in der sich die Kinder von ihnen lösen. Indem wir uns auf jeden einzelnen dieser Faktoren konzentrieren, werden wir auf die kritischen Punkte aufmerksam, die die Eltern in Konflikte stürzen und zu Versöhnung oder zu Resignation führen.
All diese Probleme reflektieren eine Krise in der Lebensmitte, die aufbricht, weil der Tod greifbarer wird. »Das Paradoxe liegt darin«, schreibt E. Jaques (1965), »daß man den Höhepunkt des Lebens erreicht, das Stadium der Erfüllung, und daß gleichzeitig schon die Tage der Blüte und der Erfüllung gezählt sind. Dahinter wartet der Tod; ... diese Tatsache ... ist das zentrale und entscheidende Merkmal der mittleren Lebensjahre ...« (S. 506). Alles, was man getan hat und noch tun kann, muß dieser Tatsache Rechnung tragen. Solch eine notwendige Abrechnung kann uns bis zum äußersten belasten, wie sie Dante belastet zu haben scheint, als er im Alter von 37 Jahren die *Göttliche Komödie* mit diesen Versen begann:

Inmitten des Verzugs von unserem Leben
befand ich mich in einem finstren Hagen,
der ich des graden Weges mich begeben.

Ach, wie bedünkt so bitter mich das Sagen
vom herben Hag dahier, dem rauhn, dem dichten,
der im Erinnern mir erneut das Zagen!

So bitter, daß viel bittrer Tod mitnichten.

Wie E. Jaques interpretiere ich dies als Eröffnungsszene einer lebendigen und perfekten Beschreibung der emotionalen Krise in den mittleren Lebensjahren.

Die Triebwünsche der Eltern im Vergleich mit den Triebwünschen der Jugendlichen

In der Regel sind die Eltern von Jugendlichen über vierzig Jahre alt. Sie haben ihren Platz in der Gesellschaft, oft sogar großen Einfluß, aber ihre Lebenskurve weist nach unten, während die ihrer Kinder im Aufsteigen ist. Während die aggressiven und libidinösen Triebwünsche in ihren Kindern erwachen, fühlen die Eltern, daß ihre eigenen Triebwünsche schwächer werden. Was ihre libidinösen Triebwünsche z. B. angeht, können sie wie Prousts Swann (im 1. Band von *Auf der Suche nach der verlorenen Zeit)* zu dem Schluß kommen, daß in dieser Lebensphase die Liebe auf einem eingefahrenen Gleis abzulaufen scheint; »... sie rollt nicht mehr aus sich selbst nach ihren eigenen unbekannten und schicksalsbedingten Gesetzen in unserem staunend und passiv davon betroffenen Herzen ab. Wir helfen nach, wir nehmen durch Hinzuziehen der Erinnerung und durch Suggestion Fälschungen daran vor. Wenn wir eines ihrer Symptome wiedererkennen, erinnern wir uns an andere und erwecken sie selbst zum Leben in uns.« (Werkausgabe edition suhrkamp, Seite 262.) Dieses Nachlassen der Triebwünsche ist ein allgemeines Phänomen, trotz breiter individueller Variationen des Energieniveaus und einer erhalten gebliebenen jugendlichen Erscheinung; und trotz – oder sogar wegen – häufiger erotischer und aggressiver Ausbrüche in diesem Lebensabschnitt.

Diese Ausbrüche können angemessene und vitalisierende Handlungen sein, die dazu dienen, das eine, alleinige Leben des Menschen in den mittleren Jahren zu bereichern und zu beleben. Sie können aber auch lediglich der kontraphobische Beweisversuch sein, daß dieser Mensch noch voller Potenz und Lebenskraft ist, wenn seine (oder ihre) tatsächliche Situation und Erscheinung eher das Gegenteil andeuten. Wenn diese Ausbrüche eine letzte Anstrengung sind, die schwindende Jugend aufzuhalten, gibt es oft ein jähes Erwachen. Die Bewältigung der Aufgabe, sich mit der Tatsache abzufinden, daß die Lebenskurve nach unten weist und die Kraft nachläßt, wird dann um so schmerzlicher. Der alternde Professor Rath aus dem Film *Der blaue Engel* ist ein Beispiel für die tragische Torheit von erotischen Abenteuern im mittleren Alter, wenn der Stand der individuellen Entwicklung und die Stellung im Leben ein anderes Verhalten zu fordern scheinen.

Es ist oft schwierig zu entscheiden – für Dritte ebenso wie für Eltern im mittleren Alter –, ob Ausbrüche der Leidenschaft der Entwicklung einer Person dienen oder ihrer Selbsttäuschung, ob sie richtige, vitalisierende Handlungen darstellen oder törichte Unternehmungen, mit denen man sich selbst an der Nase herumführt. Aus diesem Grund sind sie oft der Anlaß für Selbstzweifel und innere Konflikte.

Solche Konflikte von Menschen mittleren Alters – die möglicherweise Selbsttäuschung, Desillusionierung und schließlich Ablehnung produzieren, wenn sie sich in Liebesabenteuer oder aggressives Verhalten stürzen, oder die sich für frühzeitigen Rückzug und Resignation entscheiden, wenn sie solche Unternehmungen unterlassen – verschärfen sich, wenn diese Menschen in sich einen Teil ungelebten Lebens, insbesondere eine ungelebte Jugend, verspüren. In diesem Fall verbindet sich der Versuch, kontraphobisch die noch verbliebene (aber innerlich angezweifelte) Vitalität zu beweisen, mit dem verzweifelten und zur Selbsttäuschung führenden Wunsch, Leidenschaft und Erfüllung dort zu suchen, wo sie nicht zu finden sind. Diese Erfahrung vermittelt beispielsweise Thomas Manns Erzählung *Die Betrogene*, die er schrieb, als er schon in mittleren Jahren war.

Die Unterschiede in den allgemeinen Fähigkeiten bei Eltern und Kindern

In der Adoleszenz setzt, wie wir im letzten Kapitel gesehen haben, die abschließende Entwicklung und Konsolidierung der kognitiven Fähigkeiten ein. Bei den Eltern mittleren Alters finden wir keine vergleichbare kognitive Entwicklung. Bei den meisten Individuen über 30 Jahren nehmen die Werte

von Intelligenztests langsam ab, vor allem verglichen mit den Ergebnissen, die sie auf der Höhe ihrer Entwicklung erreicht hatten. Auch die ›moralische Entwicklung‹ als Erwachsener, d. h. das Erfassen moralischer Komplexität – das zum großen Teil eine lebendige, neugierige Intelligenz voraussetzt – kommt zum Stillstand, und die moralische Sensibilität läßt nach, geht in der Tat oft auf ein Niveau zurück, das niedriger liegt als auf dem Höhepunkt ihrer Jugend. Dies wurde 1932 von Piaget als Hypothese aufgestellt und kürzlich von Kohlberg und Gilligan (1971) bestätigt.
Manche Eltern haben Glück und können sich damit trösten, daß sie von dem, was sie in *ihrer* Jugend aufgebaut und gelernt haben, guten Gebrauch gemacht haben, insbesondere, wenn sie die Beherrschung der Umwelt artikuliert, konsolidiert und genossen haben. Häufig jedoch haben die Fähigkeiten, die man in der Adoleszenz erwirbt, etwas von ihrer Verheißung und ihrem Glanz verloren. Oft sind sie durch allzuviel Routinegebrauch abgestumpft. Obwohl ein solches ›Abstumpfen‹ der Regsamkeit und Neugierde in unterschiedlicher Ausprägung bei den verschiedenen Individuen im mittleren Lebensalter auftritt, und die Möglichkeit, Neues zu lernen und Erkenntnisprozesse durchzumachen, bis zum Tode bestehenbleibt, so erscheinen doch solche kognitiven Leistungen schwerer, mühsamer erreichbar als in der Jugend.
Die kognitiven Fähigkeiten und die intellektuelle Neugier bei Eltern im mittleren Lebensalter muß noch schneller nachlassen, wenn sie sich in der Ehe oder im Beruf in einer Sackgasse befinden. Dies ist aber bei vielen Eltern in der heutigen amerikanischen Gesellschaft der Fall. Bis vor kurzem hat diese Gesellschaft solche Sackgassen in der Ehe, besonders für Frauen, geradezu produziert, indem sie Frühehen und den Ehestand im allgemeinen als wünschenswert propagiert hat – im Gegensatz zu den Teilen der europäischen Gesellschaft, mit denen ich vertraut bin. Auf diese Weise treibt die US-amerikanische Gesellschaft kraft allgemein anerkannter Werte und Erwartungen junge Männer und Frauen früh in den ›Hafen der Ehe‹, der oft auch das Ende ihrer intellektuellen Entwicklung

bedeutet, anstatt jungen Erwachsenen die Zeit und die Möglichkeit zum Studium zu gewähren, die sie brauchten, um intellektuelle Interessen zu wecken und zu stimulieren. Dies ist ganz offensichtlich bei vielen Frauen der Fall, trifft aber auch bei Männern zu, die das Moratorium ihrer Jugend (wie E. Erikson es beschrieben hat) abkürzen, um frühzeitig eine Familie ernähren zu können, und berufliche Verpflichtungen eingehen, die im Grunde langweilig sind und ihnen keine Möglichkeiten bieten, weiterzukommen.

Indem sie ihren intellektuellen und moralischen Gesichtskreis als junge Erwachsene einschränkten, haben diese Eltern den Grundstein für tiefe Kränkung, Schmerz oder stille Verzweiflung in ihren mittleren Jahren gelegt. Dann wird ihnen bewußt, daß ihre Möglichkeiten und ihre Stellung im Leben im Vergleich zu anderen gelitten haben, weil sie es vor allem versäumt haben, sich intellektuell zu entwickeln, als sie dazu die beste Zeit hatten.

Auch hier finden wir also den Zwang, mit seinen Grenzen und verpaßten Chancen sich abzufinden, in einer Lebensphase, in der sich noch unendlich viele Aufgaben stellen.

Ein Teil der offenen und versteckten Verzweiflung und Depression, die wir bei Eltern in den mittleren Jahren feststellen, wird auf diese Weise verständlich, wie auch der dringende Wunsch, den viele von ihnen empfinden, ein neues Leben anzufangen. Mit diesem Wunsch werden wir uns nun beschäftigen.

Loyalitätsbindungen und die Suche nach einem neuen Anfang

Jugendliche müssen, wie wir gesehen haben, Loyalitätsbindungen modifizieren und zum Teil von ihrer Familie auf Personen und Werte außerhalb der Familie übertragen. Eltern in den mittleren Lebensjahren müssen sich anscheinend im Gegensatz dazu über *bestehende Loyalitätsbindungen* klar werden und sie bestätigen. Sie fragen sich, ob sie ihre Verpflichtungen erfüllt haben und ihrer Verantwortung entsprechend gehandelt haben: als Eltern gegenüber ihren Kindern, als Kinder gegenüber ihren eigenen Eltern, im Beruf und gegenüber ihrer Umgebung. All dies scheint ein Teil jener Suche nach Integrität zu sein, von der Erikson (1966) annimmt, daß sie diesen Lebensabschnitt charakterisiert. K. Jaspers, der ähnlich darüber dachte, betonte die Notwendigkeit einer ›lebensentscheidenden Treue‹. Darüber hinaus beinhaltet eine solche Suche nach Integrität und Treue anscheinend eine starke Orientierung an geistigen und religiösen Werten. C. G. Jung, der sich mehr als die meisten anderen Psychologen mit den Problemen von Menschen in den mittleren Lebensjahren beschäftigt hat, betonte besonders die Notwendigkeit einer solchen Orientierung, wenn die Hälfte des Lebens (nach dem vierzigsten Jahr) verstrichen ist. Obwohl die Inhalte der traditionellen Religionen für viele Menschen fragwürdig geworden sind – weil diese Inhalte durch Ergebnisse der Wissenschaft in Zweifel geraten und durch eine größere Bewußtheit gegenüber anderen Glaubensvorstellungen relativiert sind –, gewinnt das religiöse Bedürfnis an Stärke; in diesem Bedürfnis spiegelt sich die ursprüngliche Bedeutung des Wortes *re-ligare* (so wie es z. B. von Servius, Lactantius und Augustinus gebraucht wurde): fest binden, mit seinen Wurzeln verbinden, treu sein. Zusätzlich zur Bestätigung bestehender Loyalitäten und Bindungen scheint eine kontemplativere Haltung in bezug auf das Leben und die Welt nötig zu sein, sobald man sich unausweichlich auf den Tod hinbewegt.

Solch eine Bestätigung der Bindungen und bestehender Loyalitäten gerät jedoch häufig in Konflikt mit dem, was wir die Verpflichtung zur eigenen Entwicklung nennen können: das Bedürfnis und die Notwendigkeit, seine Fähigkeiten voll zu entwickeln, seine Grenzen zu erforschen, sich neuen Erfahrungen, Herausforderungen und Beziehungen gegenüber offenzuhalten. Eltern in den mittleren Jahren fragen sich nicht nur, ob sie ihre Verpflichtungen erfüllt haben, sondern auch, ob sie den Erwartungen ihrer Jugendwünsche entsprochen haben. So betrachtet, wird verständlich, daß Dr. Robert Butler, eine anerkannte Autorität auf dem Gebiet der Probleme

des Alterns und des Lebenszyklus, den immer wieder auftretenden Identitätskrisen älterer Menschen besondere Beachtung schenkt (1973). Solche Identitätskrisen, die oft heftige innerpsychische Bewegungen und heftige Auseinandersetzungen zwischen Individuen beinhalten, sind die subjektiven Korrelate des als notwendig erachteten Neuanfangs.
Der Konflikt der Eltern in den mittleren Lebensjahren: ob sie die bestehenden Loyalitätsbindungen respektieren und noch vertiefen sollen, oder ob sie einen neuen Anfang machen sollen, nimmt an Intensität zu, wenn die Gesellschaft um sie herum solch einen Neubeginn nicht nur toleriert und rechtfertigt, sondern auch die Möglichkeiten bietet, ihn zu realisieren. Genau das ist heutzutage in der US-amerikanischen Gesellschaft in noch nie dagewesenem Ausmaß der Fall.

Eine Ausreißerkultur für Erwachsene in den mittleren Lebensjahren

Um die Anziehungskraft und die Chance eines neuen Anfangs für Erwachsene in den mittleren Jahren zu verstehen, können wir eine Parallele zur Kultur der Jugendlichen ziehen, die früh ihr Zuhause verlassen haben; diese Kultur habe ich als Ausreißerkultur beschrieben. Die Veränderungen der modernen US-amerikanischen Gesellschaft, die das Phänomen der Ausreißerkultur ermöglicht haben, brachten nämlich, wenn auch nicht so auffällig, ebenso eine neue ›Scene‹ für Erwachsene hervor. Diese ›Scene‹ in der Gesellschaft bietet, leichter als früher, Möglichkeiten für Lernprozesse, neue Beziehungen, neue Jobs – kurz gesagt: für einen neuen Anfang. Ein Beispiel für diesen Trend gibt die ›Bewegung zur Befreiung der Frau‹, die in den letzten Jahren an Stärke gewonnen hat. Sie zeigt den Frauen, daß es für sie andere Arten von Erfahrungen, Berufen und Identitäten gibt (was sich auch in der in den USA verwendeten Abkürzung ›Ms.‹ – selbstbewußt gegenüber Miss oder Mrs. – ausdrückt), die auf verschiedene Weise dazu führen, daß man bestehende Verhaltensmuster und Loyalitätsbindungen anders bewertet oder sogar mit ihnen bricht.

Diese Gesellschaft öffnet nicht nur die Möglichkeit, einen neuen Job zu ergreifen, neue Identitäten und Lebensstile anzunehmen, und legitimiert sie, sondern sie erleichtert auch gleichzeitig den Bruch mit bestehenden Berufen und Institutionen. Insbesondere die Ehe kann immer leichter aufgelöst oder – mit offener oder versteckter Billigung durch die Gesellschaft – umgangen oder ersetzt werden durch andere Formen des Zusammenlebens wie Wohngemeinschaften oder ›wilde Ehen‹.

Wanda Lee Adams aus Seattle, Washington, die in der Zeitschrift *Life* (vom 17. 3. 1972) als ›dropout wife‹[9] beschrieben wurde, ist eine dieser Frauen im mittleren Lebensalter (allerdings mit 35 Jahren eher noch am Anfang der mittleren Jahre), die neu angefangen hat. Eines Abends, so steht es in *Life*,

»verließ Wanda Lee Adams, College-Absolventin, Frau eines leitenden Angestellten und Mutter von drei Kindern, ihre Familie, um allein ein neues Leben zu beginnen. Die Atmosphäre der Familie war nicht feindlich, und sie ist es auch heute noch nicht. Es gab keine dramatischen Auseinandersetzungen, und nach gewöhnlichen Maßstäben war die 14-jährige Ehe ein Erfolg. Ihr Ehemann Don war rücksichtsvoll, aufmerksam und voll Zuneigung. Geld spielte keine Rolle. Das Problem war, daß Wanda Adams irgendwann im 10. Jahr ihrer Ehe ihr Leben zunehmend als enttäuschend und erstickend empfand. Sie ging wieder arbeiten und fand Spaß daran. Sie immatrikulierte sich erneut im College und wurde dort mit der Bewegung zur Befreiung der Frau konfrontiert. ›Da wurde mir klar‹, sagte sie, ›daß mir nur widerfahren war, was vielen Frauen passiert. Don war ein anständiger Mann, der es mir ermöglichte, mich bis zu einem bestimmten Punkte zu entwickeln. Um mich darüber hinaus zu entwickeln, mußte ich von zu Hause fortgehen.‹«

9 Ein ›dropout‹ ist der umgangsprachliche Ausdruck für jemanden, der vorzeitig irgendwo (im allgemeinen von Gymnasien oder von der Schule allgemein) abgeht.

Das tat sie dann auch.
»Daß eine Familie wegen solcher rationalen Gründe zerbricht«, heißt es weiter in diesem *Life*-Artikel, »ist kein Einzelfall mehr. Es gibt zwar keine genaue Statistik, aber Interviews mit Eheberatern, Psychiatern, Detektivbüros – und auch mit Gruppen der Frauenbewegung – im ganzen Land bestätigen, daß dieses Phänomen der ›dropout-Ehefrau‹ zunimmt. Die meisten dropouts kommen aus der Mittelschicht, es sind stark motivierte, gebildete Frauen, die mehrere Jahre verheiratet waren. Einige, aber durchaus nicht alle, sind auch in der Frauenbewegung aktiv wie Wanda Lee Adams.«
Kurz, die neuerdings entstandene jugendliche Subkultur hat heutzutage nicht nur die Entwicklung von Jugendlichen entscheidend beeinflußt, das weitverbreitete Auftauchen ›neuer Lebenschancen‹ in Verbindung mit einer neuen Permissivität der Gesellschaft mußte auch den Verlauf der Entwicklung ihrer Eltern beeinflussen. Diese Eltern können nun genauso versucht sein, von Familie, Beruf etc. wegzulaufen, die sie ihrer Vorstellung nach in Sackgassen und ewigem Streit festhalten. Auch sie wünschen vielleicht verzweifelt, ein neues Leben anfangen zu können, und fühlen, genau wie ihre heranwachsenden Kinder, die starke Anziehung einer ›Ausreißerkultur‹.
Diese Tatsache stellt eine weitere Quelle von Konflikten in ihrem Leben dar. Werden nämlich die Ausreißtendenzen von Eltern aktiviert, so wirken sie zumindest einigen der oben erläuterten Entwicklungslinien und Aufgaben entgegen, die vor allem die Annahme und Bestätigung bestehender Beziehungen und Verpflichtungen beinhalten. Auf diese Weise führen solche Tendenzen dazu, daß die Eltern noch tiefer in Konflikte verstrickt werden und die notwendige Versöhnungsarbeit noch schwerer wird.

Zentrifugale versus zentripetale Konfliktlösungsstrategien für Ehepaare

Die Krisen des mittleren Lebensalters, die die Eltern als Individuen erleben, setzen sich in ihre Beziehung als Ehepartner fort. Viele Ebenen dieser Beziehung werden davon erfaßt. Die Vorstellung *zentripetaler* und *zentrifugaler* Konfliktlösungsstrategien erlaubt es, die typischen Formen dieses Prozesses herauszuarbeiten. Ursprünglich habe ich diese Begriffe benutzt, um Formen des Ablösungsprozesses zwischen den Generationen zu beschreiben, die das Thema des folgenden Kapitels sind. An dieser Stelle werde ich das Konzept in bezug auf Ablösungsprozesse von Ehepaaren, also innerhalb einer Generation, verwenden.

Im allgemeinen zwingen die Konflikte und Aufgaben der Aussöhnung ein Ehepaar entweder zu einer eher zentrifugalen oder eher zentripetalen ›Lösung‹. Dies führt zu zwei idealtypischen Formen der Beziehung von Ehepaaren mittleren Alters; diese idealtypischen Formen stellen dabei die Extreme eines Kontinuums dar, das zahlreiche Zwischenformen aufweist. In meiner klinischen Praxis der Ehepaar- und Familientherapie hat es sich als zunehmend hilfreich erwiesen, Eltern in mittleren Lebensjahren auf solch einem Kontinuum einzuordnen.

Mr. und Mrs. Franklin sind beispielhaft für ein ›zentripetales Ehepaar‹. Sie sind in den vierziger Jahren; ihr Aussehen verrät Überforderung, Müdigkeit und unterschwellige Verständnislosigkeit für den anderen. In Gegenwart eines Psychiaters versuchen sie jedoch eifrig den Eindruck zu korrigieren, daß in ihrer Ehe etwas nicht stimmt. Sie halten Händchen, lächeln sich lieb an und betonen, daß es zwischen ihnen keine Probleme gibt. (Ihr einziges ›wirkliches‹ Problem ist ihr Kind, für das sie psychiatrische Hilfe benötigen.) Der Gedanke an eine Trennung oder Scheidung erscheint ihnen unvorstellbar und unpassend. (Aus irgendeinem Grund vergessen Mr. und Mrs. Franklin zu erwähnen – oder sie verdrängen diesen Gedanken –, daß ihre sexuellen Beziehungen in den letzten Jahren zum Erliegen gekommen sind. Diese Tatsache, die ihrer Meinung nach vom Psychiater vollkommen unnötigerweise ans Licht gebracht worden ist, deutet für sie aber nicht auf einen Mangel an Liebe oder gegenseitigem Interesse hin; das liegt vielmehr an Mrs. Franklins Migräne, die sie jeweils vor dem Schlafengehen überfällt. Auch liegt es vielleicht, wie sie nach einiger Zeit zugeben, daran, daß Mr. Franklin durch seine schweren beruflichen Belastungen und die Sorge um sein Kind außergewöhnlich erschöpft wird.)

Bei Mr. und Mrs. Franklin stellen wir einen pseudo-gemeinschaftlichen (pseudo-mutual) Beziehungsstil fest, wie ihn L. Wynne et al. (1969) beschrieben und M. Singer und L. Wynne (1965 c) in den Rorschach-Untersuchungen dieser Eltern nachgewiesen haben. Bei Überwiegen dieses Beziehungsstils geben die Partner nur positiven, guten, harmonischen, liebevollen Gefühlen füreinander Ausdruck; negative, wütende und feindliche Empfindungen werden davon abgespalten und nicht ausgesprochen, obwohl ein aufmerksamer Beobachter sie entdecken kann. Wir sehen, kurz gesagt, eine rosarote Darstellung von Gemeinsamkeit, deren erdrückende und auseinandertreibende Unterströmungen von den Partnern verleugnet oder abgespalten werden. Paradoxerweise gibt es, wie L. Wynne (1965) ebenso gezeigt hat, eine solche erdrückende Gemeinsamkeit auch bei Ehepaaren, in deren Beziehungen die trennenden Unterströmungen in den Mittelpunkt treten – d. h. wo Zorn und Enttäuschung dauernd offen ausgedrückt werden – und liebevolle, zärtliche Empfindungen abgespalten werden. Solche Fälle bezeichnet Wynne als Pseudofeindschaft und nimmt an, daß sie strukturell der Pseudogemeinschaft ähneln.

Vom Gesichtspunkt unserer Analyse aus betrachtet, stellen sowohl die Pseudogemeinschaft wie auch die Pseudofeindschaft Versuche einer zentripetalen Konfliktlösungsstrategie dar. In beiden Fällen dominieren diejenigen Kräfte, die potentiell zerstörerische Triebe unter Kontrolle zu halten versuchen, also Kräfte, die neuen Erfahrungen außerhalb der Ehe entgegenwirken und den Status quo in der Beziehung unterstützen.

Wie auch immer die inneren Konflikte aussehen mögen, die in diesen Eltern in den mittleren Lebensjahren ausgelöst worden sind, scheinen sie doch unter dem Zwang einer Verpflichtung zu dauernder ehelicher Gemeinschaft zu stehen, so restriktiv und unsicher diese auch sein mag. Dies ist besonders deutlich bei den pseudofeindlichen Ehepaaren zu sehen. Obwohl sie überall einen heftigen Streit anfangen müssen (selbst bei einem ihnen vorher unbekannten Psychiater nehmen sie nach wenigen Minuten ihre üblichen Streitereien auf), kommt eine Trennung oder Scheidung für sie nicht ernsthaft in Betracht. Sie sind anscheinend genauso unauflöslich aneinander gebunden wie die ›liebevollen‹ pseudogemeinschaftlichen Paare.

Extrem zentrifugale Konfliktlösungsstrategien kann man dagegen bei Ehepaaren in den mittleren Jahren schwerer beschreiben und beobachten als zentripetale Lösungen, denn eine zentrifugale Lösung bedeutet, wenn sie radikal ist, daß die Ehe aufgelöst wird – die Ehegatten trennen sich oder lassen sich scheiden. Damit stellt sich dem Beobachter die Aufgabe, eine tote Beziehung zu obduzieren, statt eine lebendige Beziehung zu erfassen. An dieser Stelle möchte ich mich auf Beziehungen von Ehegatten konzentrieren, die noch Leben in sich haben, obgleich starke zentrifugale Kräfte an ihnen zerren. Zu dieser Art von Beziehungen gehört die von Mr. und Mrs. Dixon.

Im Gegensatz zu Mr. und Mrs. Franklin fiel es Mr. und Mrs. Dixon nicht schwer, zuzugeben, daß ihre Ehe schwierig, voller Probleme und Krisen sei. Seit einigen Jahren war sie in der Tat (fast) in die Brüche gegangen. Unzählige Male hatten sie sich gegenseitig bezichtigt, die Schuld an dieser Entwicklung zu haben, aber diese gegenseitigen Anschuldigungen zeigten nicht den Geist einer Pseudofeindschaft, die eine beständige, enge, wenn auch unharmonische Beziehung impliziert. Statt dessen gingen Mr. und Mrs. Dixon immer mehr ihre eigenen Wege, d. h. sie suchten und fanden in zunehmendem Maße Befriedigungen außerhalb ihrer ehelichen Beziehung. Beide Ehegatten hatten eine Reihe von außerehelichen Affären, und beide fingen eine neue berufliche Karriere an, die jeden in eine andere Richtung zog. Trotz der Übermächtigkeit der zentrifugalen Kräfte in dieser Ehe hatten sie den Bruch jedoch noch nicht vollständig vollzogen. Sie erklärten, sie könnten dies nicht tun, weil ihre Kinder sie noch brauchten.

Auf welche Weise Eltern in den mittleren Lebensjahren die Probleme dieses Lebensabschnitts auch zu bewältigen suchen – sei es mehr auf zentripetale oder mehr auf zentrifugale Art –, jede dieser Lösungen ist im allgemeinen unsicher oder problematisch, da die ihr zugrundeliegenden Konflikte und Ambivalenzen bestehenbleiben. An diesem Punkt unserer Untersuchung, nachdem wir die Probleme von Eltern in den mittleren Jahren erforscht, aber keine einfachen Lösungen gefunden haben, müssen wir uns dem wichtigsten Faktor ihrer Situation, ihren Kindern, zuwenden, die jetzt in der Pubertät sind und nach Selbständigkeit drängen. Wenn dies der Fall ist, machen solche Eltern unausweichlich ihre Kinder zu Akteuren in ihrem eigenen Drama, genau wie die Kinder ihrerseits ihre Eltern in ihr eigenes Drama einspannen müssen. Auf diese Weise erscheint vor uns ein Szenario, in dem sich die verschiedenen Entwicklungskonflikte und Probleme von Eltern wie auch ihrer Kinder bedeutungsvoll überschneiden und ineinander verstricken.

4. Kapitel: Die Wirkung von zentripetalen und zentrifugalen Kräften im dramatischen Ablösungsprozeß in der Adoleszenz

Um das Drama der Ablösung von Eltern und Kindern zu begreifen, habe ich das Konzept der *Beziehungsmodi* entwickelt. Diese Modi spiegeln das Zusammenspiel und/oder die relative Dominanz von zentrifugalen und zentripetalen *Kräften zwischen den Generationen* wider, nicht so sehr zwischen den Ehepartnern, wie wir sie im vorigen Kapitel beschrieben haben. Im Umgang zwischen den Generationen funktionieren die Beziehungsmodi als verdeckte organisierende Grundmuster für die offener zutageliegenden spezifischen Eltern-Kind-Interaktionen.[10] Wenn die altersspezifischen Beziehungsmodi für das Kind entweder unzeitgemäß, zu intensiv oder in inadäquater Verbindung miteinander auftreten, dann leidet darunter die Entwicklung des Selbst und die wechselseitigen Ablösungsprozesse von Eltern und Kindern.

Die Beziehungsmodi spiegeln wichtige Beiträge der Eltern und der Kinder zu diesem interindividuellen Prozeß wider. Diese Modi sind sowohl *transitiv* als auch *reziprok*. Sie sind transitiv insofern, als sie die aktive Ausformung eines Heranwachsenden bezeichnen, der noch unreif und abhängig ist und daher im elterlichen Einfluß gefangen bleibt. Dies stimmt mit der Tatsache überein, daß Eltern von Anfang an ihrem Kind ihre ›stärkere Realität‹ aufprägen (Stierlin, 1959). Sie tun dies oft mit Hilfe von versteckten und subtilen Signalen und Sanktionen. Dieser ›stärkeren Realität‹ muß sich das Kind anpassen, oder es geht unter. Zusätzlich sind die Beziehungsmodi reziprok in dem Sinne, daß immer ein Austausch nach beiden Seiten erfolgt. In diesem Austausch formen und beeinflussen die Kinder ihre Eltern ebensosehr, wie sie von diesen geformt und beeinflußt werden.

10 Diese Formulierung verdanke ich Dr. K. Ravenscroft jr.

Wir können hauptsächlich drei Modi unterscheiden: *Binden, Delegieren* und *Ausstoßen*. Wie ich zu zeigen versuchen werde, erklären diese Beziehungsmodi, auf welche Weise Jugendliche ausreißen oder warum sie zu Hause bleiben. Schema 1 kann zur Erläuterung der folgenden Ausführungen dienen:

Beziehungsmodi (transitiv und reziprok)

zentripetale Kräfte dominant	starke zentrifugale *und* zentripetale Kräfte	zentrifugale Kräfte dominant
finden sich bei *zu Hause bleibenden Jugendlichen* und best. *Jugendlichen mit erfolglosen Ausreißversuchen*, einschl. der *Einzelgänger mit schizoider Problematik;*	finden sich haupts. bei *Ausreißern in Krisensituationen;*	finden sich vor allem bei *unbekümmerten Ausreißern;*
A. Binden	B. Delegieren	C. Ausstoßen
1. Ebene: *Affektive Bindung (Es-Bindung)* haupts. Ausbeutung von Abhängigkeitswünschen, mit Betonung auf regressiver Verwöhnung; (Infantilisierung des Heranwachsenden);	Der Jugendliche wird ausgesandt und gleichz. festgehalten mit ›langer Leine der Loyalität‹; begrenzte und qualifizierte Autonomie wird erlaubt und gefördert, sie hängt aber davon ab, welche Aufgabe der Delegierte zu erfüllen hat.	durchgängige Vernachlässigung und/oder Verstoßen des Kindes, was zu vorzeitiger und beschränkender Autonomie treibt. Schwache Loyalitätsbindungen.
2. Ebene: *Kognitive Bindung (Ich-Bindung)* Störung der differenz. Selbst-Wahrnehmung u. Selbstbestimmung; Mystifizierung; Verletzung der kognitiven Integrität; Unterschieben und/oder Verschleiern von Bedeutung.	Die Aufträge können danach eingeteilt werden, ob sie hauptsächlich dem Es, Ich oder Über-Ich eines Elternteils dienen sollen (s. Schema 2).	

A. Binden	B. Delegieren	C. Ausstoßen
3. Ebene: *Bindung durch Ausbeutung von Loyalitätsbereitschaft (Über-Ich-Bindung)*		
Exzessive Ausbruchsschuld geweckt (induziert); Kinder werden zu lebenslänglichen Opfer-Anhängseln		

Der Bindungsmodus

Wenn dieser Beziehungsmodus dominant ist, befindet sich die Familie in der Gewalt zentripetaler Kräfte. Eltern und Kinder verhalten sich nach der unausgesprochenen Annahme, daß die wesentlichen Befriedigungen und Sicherheiten nur innerhalb der Familie erlangt werden können, die Welt außerhalb feindlich und abschreckend aussieht. Diese Annahme findet sich dann in den Einstellungen von Eltern wieder, die nur einen Ausweg sehen, wenn sie mit *ihrer eigenen* Entwicklungskrise konfrontiert sind: ihre Kinder noch fester an sich und das ›Familienghetto‹ zu binden und die Selbständigkeit der Kinder um jeden Preis zu verzögern und zu verhindern.

Bei der Untersuchung, in welche Kategorie von Ausreißern oder zu Hause bleibenden Jugendlichen die gestörten Jugendlichen in meiner Praxis gehörten, stellte ich den Bindungsmodus vor allem bei den gestörten Jugendlichen fest, die *nicht* oder erfolglos wegliefen. Gerade die Erfolglosigkeit ihrer Ausreißversuche zeigte klar, was der Bindungsmodus bedeutet.

Die Jugendlichen, die nicht von zu Hause wegliefen, und die erfolglosen Ausreißer zeigten ein gemeinsames Merkmal – *sie hielten sich von Gleichaltrigen fern.* Dies resultiert aus drei miteinander in Beziehung stehenden Faktoren:

1. Sie zeigten wenig oder gar kein Interesse, sich an Gleichaltrige anzuschließen und mit ihnen auseinanderzusetzen;

2. sie hatten eine übermäßige Angst, von Gleichaltrigen ›bloßgestellt‹, verhöhnt oder verprügelt zu werden; und
3. ihnen fehlten viele Beziehungsfähigkeiten, die man braucht, um in einer Gruppe von Gleichaltrigen bestehen zu können.

In der Folgezeit widmete ich meine Aufmerksamkeit stärker dieser Gruppe von gestörten Nicht-Ausreißern und erfolglosen Ausreißern und ihren Familien. Ich untersuchte insbesondere die Beziehungsdynamik, die hinter einer solchen Scheu vor Gleichaltrigen steht. Ich kam zu dem Ergebnis, daß man drei (mehr oder weniger miteinander in Beziehung stehende) Ebenen unterscheiden kann, auf denen der Bindungsmodus funktioniert.

Zunächst einmal die erste, ›affektive‹ Ebene, auf der Vater oder Mutter das Bedürfnis ihrer Kinder nach elementarer Bedürfnisbefriedigung und Abhängigkeit ausbeuten; diese Ebene nenne ich die der ›Es-Bindung‹. Es existiert eine zweite Bindungsebene, bei der hauptsächlich ›kognitive Prozesse‹ eine Rolle spielen; diese nenne ich die Ebene der ›Ich-Bindung‹. Auf der dritten Ebene schließlich wird die Loyalitätsbereitschaft des Kindes ausgenutzt, ich nenne dies ›Über-Ich-Bindung‹. Auf jeder dieser Ebenen bringen die Eltern den Kindern ein Beziehungsangebot entgegen, das dem Alter und den Bedürfnissen eines Jugendlichen nicht entspricht.

Affektive Bindung

Auf der ersten – wunscherfüllenden und affektiven – Ebene infantilisiert ein Elternteil das Kind, indem es ihm unnötige regressive Verwöhnung anbietet. Für ein solches elterliches Verhalten gibt es verschiedene Gründe. Ein Elternteil kann etwa darauf angewiesen sein, durch ein fortdauernd abhängiges Kind die Bestätigung zu erlangen, daß er freigebig und großzügig ist. Er könnte auch unbewußt versuchen, Verluste und Versagungen aufzuheben, die er selbst erlitten hat. Typisch dafür ist die Mutter, die ihrem Kind all die Liebe geben will, die sie selbst als Kind vermissen mußte. Um aktiv auszugleichen, was sie einmal passiv ertragen mußte, rekrutiert diese Mutter ihr Kind für diese Rolle und gibt ihm, was ihr hätte gegeben werden müssen. Je zwingender ihr Bedürfnis nach ausgleichender Befriedigung ist, desto wahrscheinlicher wird sie zur allgegenwärtigen und alles verschlingenden Urmutter, die nicht fähig ist zu merken, was das Kind von sich aus braucht. Ihr Kind wird gerade durch die ›Freigebigkeit‹ der Mutter unausweichlich depriviert und psychologisch ausgenutzt.

Des weiteren kann ein Elternteil etwa durch das Angebot infantiler Befriedigung versuchen, die sexuelle Reifung des Jugendlichen zu hemmen und zu unterdrücken, weil sie ihn direkt oder indirekt bedroht – direkt, indem sie angstbesetzte Inzestwünsche hervorruft; indirekt, indem sie sein unsicheres Gleichgewicht in bezug auf sexuelle Wünsche, Ängste und Hemmungen zu erschüttern droht.

Des weiteren ist es auch möglich, daß der Vater oder die Mutter durch die regressive Verwöhnung des Heranwachsenden versucht, mit eigenen ambivalenten, feindlichen und abweisenden Impulsen in bezug auf das Kind fertigzuwerden. Das Kind dient als lebender Beweis für die Liebe, die Vater (oder Mutter) ihm entgegenbringen. Ein solches Kind wird insofern ausgenutzt, als es nicht die Gefühle und Motivationen seines Vaters bzw. seiner Mutter als das erfahren und benennen darf, was sie in Wirklichkeit sind: feindlich und abweisend.

Was auch immer die spezifischen Motivationen sein mögen, die Eltern dazu bringen, ihr Kind an sich zu binden, so ist doch damit die Exposition für ein besonderes Entwicklungsdrama gegeben. Seine treibende Kraft ist das Erwachen der libidinösen und aggressiven Triebwünsche des Kindes in der Pubertät. Unter diesen Umständen müssen Vater und Mutter zwangsläufig zu gefährlich reaktivierten ödipalen und präödipalen Konflikten beitragen. Weil die erwachenden Triebwünsche des Kindes keine anderen Objekte haben, werden die Eltern, insbesondere der gegengeschlechtliche Elternteil, zum Ziel erneuter symbiotischer und/oder inzestuöser Wünsche voller Ängste und Konflikte. Wenn er es nicht zu mörderischen Auseinandersetzungen und realen inzestuösen Beziehungen kommen lassen will, muß der bindende Elternteil versuchen, die erwachenden libidinösen und aggressiven Triebwünsche des Kindes umzuleiten oder zu unterdrücken. Falls es ihm jetzt gelingt, sie von sich wegzuleiten, lockert er damit die Bindung. Wenn er dies nicht schafft, sitzt er auf einem Pulverfaß. Ob die Interaktion sich vor allem in relativ harmlosem, ›prägenitalem‹ Verhalten erschöpft – wie Essen, Streiten oder Fluchen etc. – oder offen sexuell und sado-masochistisch ist, ein schärferer Konflikt (sei er offen oder versteckt) wird unausweichlich. Je mehr die bindende Mutter ihr Kind verwöhnt, sich um es kümmert und es verhätschelt, um so unersättlicher und monströser wird das Kind.

Dieser dynamische Austausch erklärt einige Merkmale der Gruppe von gestörten Nicht-Ausreißern und erfolglosen Ausreißern. Er deutet den Grund an, warum einige von diesen Jugendlichen zwar von zu Hause weglaufen, aber bald zurückkehren. Sie finden keinen Gleichaltrigen oder anderen Erwachsenen, der ihr exzessives Verlangen nach regressiver Verwöhnung akzeptiert. Einige dieser Jugendlichen greifen mit offener oder versteckter Ermutigung ihrer Eltern bzw. eines Elternteils zu Drogen. Die Drogen scheinen den einfachsten Ausweg aus dem eben geschilderten Dilemma zu bieten, weil sie die intensivierten libidinösen und aggressiven Triebwünsche unterdrücken und das Dilemma eine Zeitlang weniger scharf erscheinen lassen.

Mich erstaunte besonders, was für einen verwöhnten, infantilen und fordernden Eindruck diese Gruppe von Jugendlichen macht. Ein Mädchen bedrohte ihre Mutter mit dem Messer, als diese sich weigerte, sie mit dem Auto irgendwohin zu fahren. Ein Junge aus dieser Gruppe hatte nach Aussage seiner Mutter, die vollkommen unkritisch ihm gegenüber war, ›die Tischsitten eines Kannibalen‹; er überschüttete sie endlos mit Unflätigkeiten, weil sie ihm nicht genügend Aufmerksamkeit schenkte, und weidete sich an seinen oralen Ausbrüchen.

Zwei andere Jugendliche aus dieser Gruppe hatten eine lange Krankengeschichte mit unspezifischen somatischen Beschwerden und Krankheiten wie schwaches Fieber und Bauchweh. Beide Mädchen waren häufig im Krankenhaus gewesen und hatten etliche diagnostische Untersuchungen hinter sich. Ein großer Teil der familiären Interaktion drehte sich um diese Krankheiten und Symptome, sie war begleitet von unterschwelliger Wut, erdrückendem Anklammern, Forderungen nach oraler Zufuhr und Manipulation von Schuldgefühlen. Die Krankheiten und Symptome versprachen ›legitime regressive Verwöhnung‹ in einer Interaktionssituation, die zur Qual für Eltern und Kinder geworden war. Ich neige dazu, diese Somatisierungen als Äquivalent des Ausreißens anzusehen.[11]

Bindung auf der kognitiven Ebene

Ein zweiter Bindungsmodus funktioniert eher auf der kognitiven als auf der affektiven Ebene. In diesem Fall stört der bindende Elternteil die differenzierte Selbstwahrnehmung und Selbstbestimmung seines Kindes. Die Fähigkeit, seine eigenen Empfindungen, Bedürfnisse, Motivationen und Ziele wahrzunehmen und zu artikulieren gegenüber dem, was andere einem zuschreiben, ist lebensnotwendig, soll das Kind mit den Konflikten des Ablösungsprozesses fertig werden. Die kognitive Bindungsstrategie eines Elternteils schränkt somit seine Möglichkeiten zur Konfliktbewältigung ein.

11 Die Bindung auf der affektiven Ebene, wie sie hier beschrieben wird, bezieht sich auf das psychoanalytische Konzept der Fixierung. Als Otto Fenichel (1974) diesen Begriff 1945 definierte, schlug er vor, dabei ein Ineinandergreifen von Interaktionsdynamik und innerpsychischer Dynamik zu sehen. In bezug auf die Interaktion gesehen deuten Trieb-Fixierungen entweder auf eine Vorgeschichte von exzessiver Verwöhnung oder von außerordentlicher Frustration oder auch auf einen abrupten Wechsel zwischen diesen beiden Verhaltensweisen hin. Innerpsychisch sind ». . . Fixierungen in einer Erfahrung von Triebbefriedigung verwurzelt, die gleichzeitig gegen bestimmte Ängste Sicherheit bietet und bestimmte gefürchtete Regungen verdrängen hilft. Solche Gleichzeitigkeit von Triebbefriedigung und Sicherheit ist der häufigste Grund von Fixierungen.« (*Psychoanalyse und Neurosenlehre*, Olten 1974, S. 99.) Der Begriff der Bindung kann als Explikation der fortlaufenden Interaktionsdynamik angesehen werden, die solche Fixierungen unterhält oder hervorbringt.

H. Bruch hat, unter anderen, das Paradigma des kognitiv bindenden Elternteils beschrieben (1961, 1962, 1966). Sie stellte fest, daß eine Mutter, die ständig mit ihren Interpretationen in das Kind eindringt, dieses daran hindert, seine existentiellen körperlichen Bedürfnisse und Zustände wie Hunger, Durst oder Müdigkeit zu erkennen und voneinander zu unterscheiden. Sie bindet ihr Kind auf der kognitiven Ebene, wenn sie ihm ihre eigenen Definitionen seiner Empfindungen, Bedürfnisse oder Intentionen aufzwingt; auf diese Weise ersetzt sie das regulierende und wahrnehmungsfähige Ich des Kindes durch ihr eigenes. Sie gibt dem Kind eine falsche Definition von sich selbst. Solch eine kognitive Bindung liegt auch dann vor, wenn eine Mutter ihr Kind dazu bringt, sie als liebevoll zu sehen, während sie in Wirklichkeit feindlich, abweisend oder zumindest ambivalent ist. Eine Mutter greift wahrscheinlich gleichfalls auf die kognitive Bindung zurück, wenn sie ihr eigenes Versagen im Leben rechtfertigen muß, indem sie so tut, als sei sie das Opfer von übermächtigen, bösen und sie verfolgenden äußeren Mächten. Diese Ansicht muß ihr Kind teilen und bestätigen; sein Ich wird in diesem Prozeß deformiert. Als Folge solcher Manöver wird das Kind mystifiziert, was seine Gefühle, Bedürfnisse und Wünsche angeht. G. Bateson (1969), G. Bateson et al. (1963, 1969), L. Wynne und M. Singer (1965 a, b, c, d), J. Haley (1959) und R. Laing (1969) haben unter anderem verschiedene Aspekte dieser Beziehungsdeformation beleuchtet.
Ich neige dazu, die kognitive Bindung als ›Ich-Bindung‹ zu bezeichnen, weil der bindende Interaktionspartner den Gebundenen dazu zwingt, sich auf das verzerrte und verzerrende Ich des Bindenden zu verlassen, statt sein eigenes wahrnehmungsfähiges Ich zu benutzen und zu entwickeln.
Die kognitive oder ›Ich‹-Bindung zeigt, so verstanden, wichtige Merkmale: Sie beinhaltet fehllaufende, mystifizierende Kommunikation (R. Laing, 1969, 1973), verhindert die Aufrechterhaltung eines gemeinsamen Aufmerksamkeitspunkts (Wynne und Singer, 1965 a, b) und macht die eigenen Mitteilungen wie die der anderen unglaubwürdig (Haley, 1959).

Solche fehllaufenden Kommunikationen überfordern den Partner, verunsichern ihn und machen ihm schließlich seine Kommunikation ganz unmöglich. Sie sind *transitiv* und *vergewaltigend*, insofern sie den Partner in Unsicherheit lassen. Sie vergewaltigen seine ›kognitive Integrität‹, lassen ihn angeschlagen zurück; sie führen dazu, daß er das Vertrauen in seine inneren Orientierungsmöglichkeiten verliert: in seine Wahrnehmung von sich selbst und anderen und seine grundlegenden Gefühle. Solche Empfindungen – z. B. das Gefühl davon, daß wir lieben und geliebt werden– sind immer anfällig und verletzlich durch die Behauptung des Gegenteils, d. h. die Versicherung, daß jemand diese Empfindung nicht ›wirklich‹ fühlt und ein Gefühl nur vortäuscht oder sich selbst betrügt. Solche Erfahrungen sind nämlich nicht durch die gewöhnliche Logik zu bestätigen, durch Beweis und Widerlegung oder dadurch, daß man einen unabhängigen Schiedsrichter zu Hilfe nimmt. Um sie zu bestätigen, müssen sie nicht nur intersubjektiv behauptet, sondern auch mitgeteilt und offen gezeigt werden. Gerade das Mitteilen und Offen-Zeigen bringt aber die Gefahr mit sich, daß man sich der Gewalt eines kognitiv bindenden Interaktionspartners ausliefert.

L. Wynne (1972) hat gezeigt, daß diese Gewalt der kognitiven Bindung vor allem in zwei Formen auftreten kann. Sie kann die Form des *›Unterschiebens von Bedeutung‹* annehmen oder die Form der *›Zurückgehaltenen Bedeutung‹*. Beispielsweise wird Bedeutung unterschoben, wenn der bindende Partner den Gebundenen – etwa den Ehepartner – als überarbeitet und ›nervös‹ bezeichnet, während der andere selbst meint, er sei ›nur‹ (aber mit Grund) verärgert. Die Bedeutung ›überarbeitet‹ und ›nervös‹ wird hier unterschoben, um die vom Ehegatten behauptete eigene Bedeutung ›ärgerlich‹ zu ersetzen. Der Ehegatte wird dadurch vergewaltigt, denn die Bedeutung ›überarbeitet‹ und ›nervös‹ unterschiebt ein schwaches und hilfloses Selbstbild, die Bedeutung ›Ärger‹ beinhaltet dies aber nicht, oder nur in geringem Maße. Hier wird auch verständlich, wieso das Zuschreiben von Schwäche – wie Aussagen, daß der andere ›krank‹, aufgeregt, sexuell frustriert oder abhängig ist – im allgemeinen eine stärkere Bindungskraft haben als Zuschreibungen von Boshaftigkeit – wie Aussagen, daß der andere rebellisch, grausam, gemein, wütend etc. ist. Zuschreibungen der Schwäche unterschieben und verstärken gleichzeitig eine dauernde Abhängigkeit von dem vorgeblich stärkeren und gesünderen bindenden Partner; Zuschreibungen der Schlechtigkeit beinhalten, daß der andere sich eventuell durch Rebellion und Trotz lösen kann, auch wenn er dafür den Preis einer negativen Identität zahlen muß (s. Stierlin et al., 1971).

Wo die Bindung hauptsächlich auf der Zurückhaltung von Bedeutung beruht, bleibt der Bindende im wesentlichen still. Jeder Therapeut, der eine Familie mit schweigenden Familienmitgliedern in Behandlung hatte, war schon Zeuge dieser Bindungs-Strategie: Das Schweigen dieses Familienmitgliedes verunsichert alle anderen Beteiligten in zunehmendem Maße. Sie kleben ängstlich an ihm und versuchen jedes Räuspern und Blinzeln zu entziffern, während ihre Kommunikation untereinander vollkommen gelähmt ist. Wenn das schweigende Familienmitglied sich schließlich doch einmal kurz und kryptisch äußert, ist jedes seiner Worte den anderen ein Anlaß, dauernd zwanghaft darüber zu grübeln und ihm ihre ganze Aufmerksamkeit zu schenken.

›Folgsame‹ Selbstbestimmung

Je abhängiger und unreifer der gebundene Partner ist, desto folgenschwerer ist die Gewalt des kognitiv Bindenden. Das Modell dafür ist die Beziehung der Eltern zu einem abhängigen und unreifen Kind. Wir können hier von der Hörigkeit des Kindes in bezug auf die ›stärkere Realität‹ der Eltern reden (s. Stierlin, 1959).

Der stärkere, bindende Interaktionspartner kann rücksichtslos Gewalt ausüben und sich dennoch als gutmeinend und behütend darstellen. Vor kurzem hat M. Schatzmann (1971) beschrieben, auf welche Weise Daniel P. Schreber, dessen Pa-

ranoia von Freud analysiert wurde, einer solchen Zwangsbindung durch seinen Vater unterworfen war. Dieser seinerzeit angesehene Pädagoge und Autor, über den selbst Freud sich respektvoll äußerte, verhielt sich sadistisch und verfolgend gegenüber seinem Sohn, brachte ihm aber gleichzeitig bei, ihn, den Vater, als liebevoll und gütig anzusehen.
Das gleiche widerfuhr unzähligen Opfern der Inquisition, die von wohlwollenden Sadisten gefoltert wurden; diese glaubten selbst – und brachten auch ihre Opfer zu diesem Glauben –, sie handelten aus Sorge um deren Seelenheil. Es widerfuhr ebenso den gläubigen Opfern der stalinistischen Säuberungen, die A. Koestler (1941) und andere beschrieben haben; sie akzeptierten gehorsam die Definition ihrer Richter, wie die Realität des Marxismus beschaffen sein müßte, auch die Realität ihrer eigenen Motive und Bedürfnisse, einschließlich dem Bedürfnis, sich willig exekutieren zu lassen. Eine solche Gebundenheit des Opfers spiegelt etwas wider, was wir ›folgsame‹ Selbstbestimmung nennen können. Dieses Gefühl wird von Goethes Iphigenie pointiert ausgedrückt mit den Worten: »Und folgsam fühlte sich meine Seele am schönsten frei.« Hier erscheint die kognitive Bindung vollständig. Alles Bewußtsein davon, gebunden zu sein und unter Gewalt und Zwang zu stehen, ist verschwunden. Obwohl er Wachs in den Händen des bindenden Interaktionspartners ist, hält sich der Gebundene selbst für frei; der bindende Partner, der im Besitz der stärkeren Realität ist, wird verehrt und geliebt, statt (offen) gehaßt oder gefürchtet.

Gegenseitige kognitive Hörigkeit

Obwohl es vernünftig klingt, von der Hörigkeit des abhängigen und unreifen Menschen in bezug auf die »Realität des Stärkeren« zu reden, entwickelt sich in der Realität diese Hörigkeit zu einem gegenseitigen Verhältnis. Dies entspricht unserem anfangs entwickelten dialektischen Ansatz. Es entsteht, wie bei Wynne et al. (1969) beschrieben, ein zirkuläres, sich gegenseitig verstärkendes, aber äußerst beschränktes System von Beziehungen, in dem Eltern und Kinder sich in der Rolle des Bindenden und des Gebundenen abwechseln und damit die Bindung immer mehr verstärken. Nach einiger Zeit ist diese Bindung kaum mehr aufzubrechen. Daher stellen kognitiv stark gebundene Ehepaare und Familien einer Therapie die größten Hindernisse in den Weg, weil jede Intervention und jede Deutung des Therapeuten nur zum Material für eine weitere Bindung wird und diese Patienten nicht aus der Verstrickung befreit.

Wo die kognitive Bindung überwiegt, werden zwischenmenschliche Konflikte im gewöhnlichen Sinne erschwert, wenn nicht ganz und gar verhindert. Es fehlt die ausgesprochene Trennung und Unterscheidbarkeit der Rollen und Positionen in der Familie, die das Sine-qua-non der subjektiven Erfahrung des Konflikts sind.[12] Statt dessen werden die Konflikte scheinbar aus dem Gesichtsfeld gedrängt und durch den Rückzug auf die Ebene einer ›Konsensus-Sensitivität‹ verdrängt, wie D. Reiss dieses Phänomen genannt hat. Dabei dreht es sich um einen scheinbar konfliktlosen, aber regressiven und trüben Beziehungsstil, bei dem es eher darauf ankommt, sich irgendwie auf die emotionalen Bedürfnisse und die Wellenlänge des anderen einzustellen, als ihm als ein von ihm getrenntes, sprachfähiges Individuum entgegenzutreten.

Das Trennungsdrama kognitiv gebundener Jugendlicher

Bei diesen Jugendlichen spielt sich eine besondere Art von Drama ab. In diesem Drama erlangen die neuerworbenen Beobachtungs- und Argumentationsfähigkeiten des Jugend-

12 Verschiedene amerikanische Autoren haben die hier beobachtete Entdifferenzierung von jeweils anderen Ansätzen her beschrieben. L. Wynne und M. Singer (1965 b) etwa sprachen von »amorphen« Wahrnehmungs- und Beziehungsstilen, M. Bowen (1961) von einer undifferenzierten »Familien-Ichmasse«, I. Boszormenyi-Nagy (1966) von einer »intersubjektiven Fusion«. T. Lidz und seinen Mitarbeitern (1968) verdanken wir weiter eine detaillierte Beschreibung der hier fast regelmäßig zu findenden Verwischung der Geschlechtsrollen und Generationsgrenzen.

lichen, die wir anfangs beschrieben haben, eine kritische Bedeutung. Diese intellektuellen Fähigkeiten könnten eine starke Kraft zur Befreiung von seinen Eltern werden; sie könnten ihm dabei helfen, seine eigenen Empfindungen, Motivationen und Ziele mit denen seiner Eltern kritisch zu vergleichen. So wie die Dinge aber liegen, führt jeder derartige Versuch des Jugendlichen, seine Ich-Fähigkeiten zur Bestätigung und Unterscheidung seiner Wahrnehmungen einzusetzen, dazu, daß die Angst seiner Eltern nur zunimmt und sie ihre Anstrengungen verdoppeln, um ihr Kind noch stärker als zuvor an sich zu binden. Ein solcher Jugendlicher, der durch eine gestörte Entwicklung in der Entfaltung seiner Persönlichkeit gehindert wird, im Grunde aber zufrieden ist mit dem Gefühl, gebunden zu sein (und andere kognitiv zu binden), ist meist nicht in der Lage, seine kognitiven Fähigkeiten in den Dienst seines Strebens nach Autonomie zu stellen. Eher pervertiert er seine Vorstellungen zu Ketten, die ihn noch enger an seine Eltern fesseln.

Genau dies trifft auf Max zu, einen Sechzehnjährigen von hoher Intelligenz. Im Laufe seiner Entwicklung wurde er immer wißbegieriger und fing an, philosophische und psychologische Literatur zu lesen. Seine intellektuelle Neugier machte seine Mutter unsicher. Als er eines Morgens beim Frühstück über C. G. Jung sprach, machte sie Andeutungen über die typischen Bücherwürmer, die später im Leben versagen. Auf diese Weise definierte sie seine intellektuellen und philosophischen Interessen als eskapistische Bedürfnisse von Schwächlingen. Immer wenn sie ihn beim Lesen dieser ›schweren Bücher‹ erwischte, machte sie ihm dies klar – mehr noch durch ihr besorgtes, mißbilligendes Aussehen als durch Worte. Von Zeit zu Zeit hielt sie Max allerdings auch eine Predigt über die degenerierten Intellektuellen in der Familie seines Vaters, die sich entweder umgebracht hatten oder im Irrenhaus gelandet waren. Sie versicherte ihm, sie könne das nur unter Bedenken erzählen, nur aus Sorge um seine Entwicklung und Gesundheit. Wenn Max sich in der Folgezeit zurückzog, um zu lesen oder nur um nachzudenken, bemerkte er, daß sein Herz heftig schlug und seine Konzentration abnahm. War das nicht Beweis genug dafür, daß Lesen und Nachdenken schädlich waren, daß sie von Schwäche und einem Hang zur Selbstzerstörung zeugten, und daß seine Mutter (sie war wohl etwas reizbar, aber im Grunde liebevoll und besorgt) recht hatte? Als er sich schüchtern in die Welt gleichaltriger Jugendlicher wagte, wurden seine Befürchtungen bestätigt. Da er überempfindlich war vor Angst, als Bücherwurm, als tapsig und lebensuntüchtig angesehen zu werden, benahm er sich genauso und bekam auf diese Weise seine Befürchtungen bestätigt. Schließlich mied er Bücher ebenso wie Gleichaltrige in zunehmendem Maße, verbrachte immer mehr Zeit allein in seinem Zimmer, wo er gleichzeitig den Fernsehapparat laufen ließ und sich mit Rockmusik betäubte. Sein Zimmer war direkt neben dem seiner Mutter, die sich aber über den Lärm nicht beklagte.

Hier wird wieder klar, daß diese dynamische Konstellation einen Einfluß darauf hat, ob und wie ein Jugendlicher von zuhause wegläuft, und zur Erklärung dieser Ereignisse dienen kann. Sie erhellt, warum viele gestörte Jugendliche überhaupt nicht weglaufen können oder ihre Versuche aufgeben müssen. Da sie sich einmal daran gewöhnt hatten, gebunden zu sein, wurden sie nicht mehr mit den Schwierigkeiten fertig, die sich stellen, wenn man erfolgreich Beziehungen zu Gleichaltrigen oder anderen Erwachsenen aufnehmen will. Wenn sie tatsächlich einmal versuchten, sich auch nur für kurze Zeit von den Eltern zu lösen, stand ihnen ein böses Erwachen bevor, weil sie mit der zwischenmenschlichen Realität Gleichaltriger nicht zu Rande kommen konnten, die außerhalb des Kreises ihrer Familie vorherrschte. Wie Max erschienen sie zutiefst verunsichert, wenn sie versuchten, von der Familienkultur zu der Kultur der Gleichaltrigen überzugehen. Ihnen allen schienen die nötigen Fähigkeiten für das Leben in einer Peergruppe oder das erfolgreiche Auskommen mit anderen Erwachsenen zu fehlen. Viele gehörten zu der Gruppe der ›Einzelgänger mit schizoider Problematik‹, die im 2. Kapitel beschrieben wurde.

Emily zum Beispiel, ein attraktives, relativ ruhiges Mädchen von 16 Jahren, lief plötzlich von zuhause weg, erstarrte jedoch in sprachlosem Entsetzen, als ein junger Mann sie etwas auf der Straße fragte. Ein Polizist nahm sie schließlich bei der Hand und brachte sie sicher nach Hause.

Emily hatte in der Schule keine Freunde und war noch nie mit einem Jungen ausgegangen. Sie konnte sich jedoch angeregt mit ihrer Familie unterhalten, wenn kein Fremder anwesend war. All ihre kognitiven Fähigkeiten dienten anscheinend ihrem Überleben innerhalb einer familiären Umgebung mit ungewöhnlich starker Bindung und Mystifizierung. Als sie versuchte, sich daraus zu lösen, erlebte sie das Äquivalent eines ›Kulturschocks‹. Sie war vollkommen verloren, wenn sie es mit ›normalen‹ nicht-mystifizierenden Fremden zu tun hatte.

Andere Jugendliche scheinen ›innerlich wegzulaufen‹, um einen Begriff L. Wynnes (1971) zu gebrauchen. Er bezeichnete damit die Investierung solcher Jugendlicher in einer Phantasiewelt, die den Platz der wirklichen Welt der Gleichaltrigen und anderer Erwachsener einnimmt und zur einzig wertvollen Realität im Leben dieser Kinder wird. Diese Phantasiewelt ist jedoch, wenn man sie genauer betrachtet, mehr oder weniger mit der Phantasiewelt anderer Familienmitglieder verzahnt, obwohl sie eine idiosynkratische Prägung zu haben scheint. I. Boszormenyi-Nagy (1965 a) hat insbesondere ein solches Verwobensein der Phantasiewelten verschiedener Familienmitglieder beschrieben. Erfolglose Ausreißer dieser Art laufen manchmal als Reaktion auf Streitigkeiten mit den Eltern weg, häufiger jedoch ohne offensichtliche Provokation von seiten der Eltern. Während sie erfolglos ausreißen, sind sie offenbar hauptsächlich von ihren idiosynkratischen Introjekten – den Auswüchsen ihrer Phantasiewelt – geleitet. Sie machen auf uns meist einen sehr einsamen Eindruck, werden aber auch als Ausreißer von ihren Eltern an einer langen Leine gehalten. Zutiefst verunsichert, versuchen diese Heranwachsenden sich in ihrer Phantasiewelt einzurichten, wobei sie jedoch an ihre Eltern gefesselt bleiben. Sie scheinen von ihren Eltern getrennt und gleichzeitig mit ihnen vereint zu sein, sie leben in ihrer eigenen Welt *und* der ihrer Eltern, und sie vermögen sich nicht altersgerecht von ihren Eltern abzulösen.

Bindung durch Ausnutzen der Loyalitätsbereitschaft

Einige Eltern tragen zu einem anderen Drama bei. Dieses Drama zentriert um die Loyalitätsverschiebungen und -modifikationen, die der Jugendliche erreichen muß. Dabei steht die endgültige Lösung des Ödipuskonflikts auf dem Spiel. Eine geglückte Lösung würde eine erfolgreiche, wenn auch relative Verschiebung von Loyalitätsbereitschaft *weg* von den Eltern und *hin* zu Freunden, zu sexuellen und Ehepartnern bedeuten. Diese Loyalitätsverschiebung hängt davon ab, ob der Jugendliche seine elterlichen Introjekte so modifizieren kann, daß er Individuen und Werte außerhalb seiner Familie relativ frei von Schuldgefühlen zu besetzen vermag. Die Eltern können jedoch diesen Prozeß stören, indem sie ihre Kinder in lebenslängliche, selbstaufopfernde Anhängsel ihrer selbst verwandeln, die I. Boszormenyi-Nagy (1972) eingehend beschrieben hat. Jugendliche, die vor allem auf dieser Ebene gebunden sind, erleben wahrscheinlich jeden Gedanken an eine Trennung – von einem Versuch ganz zu schweigen – als das schlimmste Verbrechen überhaupt, das nur durch die härteste Strafe gesühnt werden kann. Ich möchte sie als ›Über-Ich-gebundene Jugendliche‹ bezeichnen. Die Zuschreibung von Schwäche spielt hierbei, wie schon früher beschrieben, eine wichtige Rolle; es ist jedoch noch weit mehr im Spiel. Solche Eltern vermitteln – manchmal offen, meist aber verdeckt – ihrem Kind den Eindruck, daß sie *nur für es* gelebt haben. Darüber hinaus machen sie ihm durch ihr Verhalten und ihre Besorgnis klar, daß sie *nur durch* es leben können, d. h. daß das Kind Quelle ihrer Lebenskraft ist. Aus diesem Grund wird es für den Jugendlichen zum größten Verbrechen, seine Eltern in Gedanken oder tatsächlich zu verlassen. Sie zu verlassen wäre dann nämlich Mord an den Eltern.

Diese Jugendlichen sind dazu prädestiniert, unter massivster primitiver ›Ausbruchsschuld‹ zu leiden, einer Schuld, die zumeist unbewußt auftritt und nun zu selbstzerstörerischem Verhalten oder heroischer Selbstaufopferung Anlaß gibt. Primitive Ausbruchsschuld, so wie sie hier gemeint ist, vermischt sich (obwohl sie sich andererseits klar davon unterscheidet) mit der Art von Schuldgefühlen vieler klassisch depressiver Patienten, die wohl auch binden und gebunden sind, aber vor allem regressive Befriedigung zu erlangen suchen.

Eine solche archaische Loyalitätsbindung prägt jeden Ablösungskonflikt in der Adoleszenz. Die Drohung intensiver ›Ausbruchsschuld‹ funktioniert hier als Signal, das den Jugendlichen davor warnt, einen Ablösungsversuch in Gedanken oder in der Realität zu unternehmen. Wenn er die Ablösung sucht, intensiviert die Ausbruchsschuld seine Konflikte auf unerträgliche Weise. Er kann dann u. U. diese Konflikte nur dadurch lösen, daß er sich selbst zerstört oder reuevoll in den Kreis der Familie zurückkehrt.

Eine solche durch Schuldgefühle erzeugte Selbstzerstörung ist charakteristisch für bestimmte erfolglose Ausreißer aus der Gruppe der Einzelgänger mit schizoider Problematik. Roy, der bereits in Kapitel 2 als einsamer Ausreißer beschrieben wurde, stellt einen solchen Fall dar. Ich erwähnte, daß Roy eines Nachts anfing, sich in seltsamer und auffälliger Weise in der Stadt herumzutreiben. Er trug eine Kamera bei sich und wäre deshalb als Opfer für einen Überfall prädestiniert gewesen; er wurde jedoch seltsamerweise in Ruhe gelassen. Schließlich drang er in das im 5. Stock gelegene Apartment einer ihm unbekannten Frau ein, was ebenfalls heutzutage ein nicht ungefährliches Unternehmen ist – mit dem Ergebnis, daß er festgenommen und noch vor Ende der Nacht in ein psychiatrisches Krankenhaus eingeliefert wurde. Im Augenblick ist er in einer Nervenheilanstalt untergebracht; seine Mutter lebt in der Nähe. Sie denkt fast ausschließlich an ihn und versucht, ihn so oft wie möglich zu besuchen, obwohl sie bei ihm nur Abweisung hervorruft und sich Qualen verschafft. Außer Roy gibt es wenig, was ihrem Leben Sinn und Richtung verleiht; sie hat kaum Interessen und Freunde und fühlt sich erdrückt in ihrer Ehe mit einem ungeliebten, zurückgezogen lebenden Mann, von dem sie sich aber eine Scheidung nicht vorstellen kann.

Im allgemeinen erwarten wir, daß der durch Loyalität gebundene Jugendliche *nicht* wegläuft. Einige Jugendliche leiden jedoch offenbar so stark unter zunehmenden Konflikten und Ambivalenzen, daß sie an irgendeinem Punkt trotzdem weglaufen. Wenn es soweit kommt, scheitern ihre Ausreißversuche nach meinen Beobachtungen meist auf spektakuläre Weise, weil ihre Schuldgefühle alle Möglichkeiten sabotieren, erfolgreich wegzulaufen. Wir können also annehmen, daß diese Jugendlichen ihre konfliktreichen und ambivalenten Beziehungen mit den Eltern nach dem Scheitern ihrer Ausreißversuche wieder aufnehmen – allerdings nun unter Umständen, die sie noch stärker als Opfer *und* Versager brandmarken. Es ist fast die Regel, wie es der Fall von Roy zeigt, daß sie als Patienten in ein psychiatrisches Krankenhaus eingeliefert werden und so das Objekt der nimmerendenden, vergewaltigenden, auch ambivalenten Sorge ihrer Eltern bleiben. Wir sehen auch hier wieder, daß die Ablösung des Jugendlichen von den Eltern pathologisch und unvollständig bleibt.

Der Delegationsmodus

Dieser Beziehungsmodus findet sich bei Eltern, die auf ihre eigene Entwicklungskrise mit fortgesetzten, ungelösten Ambivalenzen und Konflikten reagieren. Anstatt eine zentripetale oder zentrifugale Lösung zu wählen, wie wir sie weiter oben beschrieben haben, scheinen diese Eltern von zentripetalen und zentrifugalen Kräften gleicher Stärke hin- und hergerissen zu werden. Einmal suchen sie ihr Heil in der Familie, ein andermal scheinen sie den Kreis der Familie fliehen zu müssen. Sie scheinen geneigt zu sein, bestehende Beziehungen und berufliche Stellungen zu festigen, und gleichzeitig sind sie anscheinend gezwungen, neu anzufangen. Wenn ihre Ambivalenz an Intensität zunimmt, wenden sie sich an ihre Kinder mit konfligierenden Erwartungen. Sie haben das Bedürfnis, ihre Kinder zu binden, aber auch das Bedürfnis, sie fortzuschicken. Sie wollen von ihnen profitieren, aber ebensosehr von ihnen in Ruhe gelassen werden.

Der Begriff ›Delegierter‹ zeigt, daß die Eltern ihre Kinder diesen konfligierenden Tendenzen und damit zentripetalen und zentrifugalen Einflüssen zugleich aussetzen. Indem sie ihr Kind zum Delegierten machen, *schicken sie es fort,* d. h. ermutigen es, den Kreis der Familie zu verlassen. Das lateinische Verb ›de-legare‹ hat diese Bedeutung. Indem sie es fortschicken, *halten sie es* aber auch *fest.* Sie vertrauen ihm einen Auftrag an, machen es zu ihrem Stellvertreter, zur Verlängerung ihres Selbst. Auch diese zweite Bedeutung hat das lateinische Wort ursprünglich.

In dem Ausmaß, in dem die Eltern ihr Kind erfolgreich als Delegierten heranziehen, wird es *seine* Aufgabe, *ihre* Ambivalenzen auszuhalten. Das Kind nimmt es auf sich, mit der elterlichen Ambivalenz fertig zu werden und dabei die ausgleichende Rolle *für sie* zu spielen. Es erfüllt diese Funktion oft mit Einfallsreichtum und Geschick, aber immer auf Kosten seiner eigenen Entwicklung und Ablösung von den Eltern.

Wenn wir uns die Dynamik dieses Delegationsmodus anschauen, finden wir darin auch Elemente des Bindungsmodus, allerdings mit charakteristischen Abweichungen und Veränderungen. Das Binden spielt eine Rolle in dem Sinn, daß der Delegierte ja, wenn er ausgesandt worden ist, auch wieder dazu gebracht werden muß, nach Hause zurückzukommen. Diese Bindung muß stark genug sein, um die ›Aussendungs‹-Komponente im Verhalten der Eltern aufzuwiegen. Andererseits muß eine solche Bindung selektiver und weniger auffällig funktionieren. Die Eltern müssen sich sehr auf die Ausnutzung der unbewußten Loyalitätsbindungen des Kindes verlassen und auf Strategien, die das Kind auf der affektiven und kognitiven Ebene binden, vergleichsweise wenig Betonung legen. Denn weder das affektiv gebundene Kind, das an regressive Befriedigung durch die Eltern gefesselt ist und daher keine Motivation hat, fortzugehen, noch das stark kognitiv gebundene Kind, dessen gestörtes Ich ihm nicht erlaubt, sich Gleichaltrigen anzuschließen, haben die Eigenschaften, die ein ›guter‹ Delegierter braucht.

Der ›gute‹ Delegierte wird nicht von unbewußten Schuldgefühlen zerrissen, wenn er sich in die Welt der Gleichaltrigen und anderer Erwachsener begibt. Er ist auch nicht in dem Sinne durch Loyalität gebunden, daß ein Ausbruch aus der Familie für ihn das größte Verbrechen wäre. Seine Loyalität hat zum Inhalt, daß er genug Autonomie und Geschick erwirbt, um seine spezifische Aufgabe (oder mehrere Aufgaben) zu erfüllen, und daß er nur dann Schuldgefühle haben soll, wenn er bei seiner Aufgabe versagt, sie anzweifelt oder ablehnt. Die Phänomenologie seiner ›Gebundenheit durch Loyalität‹ unterscheidet sich deshalb von der, die wir bei Jugendlichen mit einfacher Loyalitätsbindung gefunden haben. Wir können also von selektiven und differenzierten Banden der Loyalität sprechen, die den Delegierten an den fesseln, der ihn ausgesandt hat.

Nachdem wir die Dynamik des Delegationsmodus zur Dynamik des Bindungsmodus in Beziehung gesetzt haben, können wir sie zusätzlich noch unter einem anderen Gesichtspunkt betrachten. Statt uns auf die Frage zu konzentrieren, wie die Eltern zur Bindung des Kindes beitragen, können wir uns mit dem *Auftrag*, den der Delegierte zu erfüllen hat, beschäftigen. Dies trägt weiter zur Klärung derjenigen dynamischen Aspekte bei, die für den Delegationsmodus zentral erscheinen. Indem wir die Aufträge charakterisieren, können wir wieder bekannten psychoanalytischen Begriffen eine interaktionelle Bedeutung geben.

Die Aufträge der Delegierten werden von den Bedürfnissen seiner Eltern diktiert. Im Normalfall würden diese Bedürfnisse bei den Eltern zu intensiven inneren Konflikten und Ambivalenzen führen, versuchten sie sie zu befriedigen, ohne den Delegierten in Anspruch zu nehmen.

Die Konflikte des Delegierten

Wenn der Delegierte es auf sich nimmt, die Wünsche seiner Eltern zu erfüllen und ihre Probleme und Ambivalenzen aufzulösen, kann er vor allem in zwei Arten von Konflikten geraten: *Konflikte mit der Loyalität* und *Konflikte mit dem Auftrag*. Diese Arten von Konflikten verzerren alle anderen – mehr oder weniger seinem Alter entsprechenden – Konflikte, die sich im Zuge der Entwicklung seines Selbst und seiner Ablösung von den Eltern einstellen.

Loyalitätskonflikte treten auf, wenn der Delegierte versucht, gegenüber einem Elternteil loyal zu sein und dabei in Gegensatz zum anderen Elternteil kommt. Hamlet ist das Modell eines solchen Loyalitätskonfliktes. Er blieb durch Loyalität seinem toten Vater verbunden und war dadurch gezwungen, seine Mutter zu zerstören. Dies stürzte ihn in einen tiefen Konflikt mit tragischem Ausgang. Der Loyalitätskonflikt kann auch die Loyalität des Jugendlichen zur Familie insgesamt in einen Gegensatz zu der Loyalität bringen, die er gegenüber einzelnen Familienmitgliedern empfindet.

Gewöhnlich schlägt sich ein Kind auf die Seite desjenigen Elternteils, der ihm dominant erscheint, d. h. die stärkere Realität repräsentiert – ähnlich wie sich ein Vasall im Mittelalter immer auf die Seite des mächtigsten Feudalherrn zu schlagen trachtete. Dies erklärt, warum Loyalitätskonflikte in einer Familie besonders heftig werden müssen, wenn die beiden Eltern nahezu gleich dominant sind oder wenn sich einmal das Machtgleichgewicht zwischen den Eltern verschiebt.

Konflikte zwischen unvereinbaren Aufträgen kommen ebenso häufig vor. Falls der Jugendliche versucht, beide zu erfüllen, verschärfen sich seine Konflikte. Solche Konflikte zwischen verschiedenen Aufträgen werden durch einen Loyalitätskonflikt noch verschlimmert. Dies tritt ein, wenn ein Delegierter sich beiden Eltern verpflichtet fühlt, die ihm unvereinbare Aufträge erteilen. Diese verschiedenen Typen delegierter Konflikte werden klarer, wenn wir als nächstes die verschiedenen Aufträge betrachten, die ein Delegierter u. a. erfüllen soll.

Die wichtigsten Aufträge, die ein Delegierter erfüllen muß

Aufträge, die dem elementaren (affektiven) Bedürfnis eines Elternteils dienen	Aufträge, die dem Ich eines Elternteils dienen	Aufträge, die dem Über-Ich eines Elternteils dienen
Der Delegierte muß ›Nahrung für das Es‹ beschaffen, d. h. er muß ›für Aufregung sorgen‹, damit soll er oft eine Nachholfunktion für seine Eltern erfüllen. Die Aufregungen können von Aspekten der oralen, analen oder phallischen Phase geformt sein.	1) *Einfache Hilfs- oder Ich-stützende Aufträge:* Der Delegierte muß einkaufen gehen, im Haushalt arbeiten etc. 2) *Kampf-Aufträge:* Der Delegierte muß einen angefochtenen Elternteil unterstützen. 3) *Erkundungsaufträge:* Der Delegierte dient als Versuchskaninchen für einen Elternteil. 4) *Komplexe Ich-stützende Aufgaben:* Der Delegierte muß das schwache Ich eines Elternteils stützen, indem er größere Konflikte und Ambivalenzen von ihm fernhält.	1) Aufgaben die dem *Ich-Ideal* eines Elternteils dienen: Der Delegierte muß die unerfüllten Strebungen und Hoffnungen eines Elternteils erfüllen. 2) Aufträge, die der Selbstwahrnehmung eines Elternteils dienen: Der Delegierte muß die verleugnete ›Schlechtigkeit‹ eines Elternteils externalisieren (verkörpern). 3) Aufträge, die dazu dienen, das Gewissen eines Elternteils zu entlasten: Der Delegierte muß für die von einem Elternteil verleugnete ›Schlechtigkeit‹ büßen.

Der Delegierte, der den elementaren (affektiven) Bedürfnissen eines Elternteils dient

Bestimmte Delegierte haben vor allem den Auftrag, ein Elternteil mit ›Nahrung für das Es‹ (id nutriment) zu versorgen, die als außerhalb der Familie liegend angesehen wird und von der dieser Elternteil aus verschiedenen Gründen annimmt, daß er sie mit eigener Anstrengung nicht erlangen kann. Deshalb wird der Delegierte ausgesandt, und man erwartet, daß er dem Elternteil die Nahrung bringt, die nun über den Stellvertreter genossen wird: Der Vater (oder die Mutter) erlebt stellvertretend die Aufregungen, die durch Andeutungen oder lebhafte Schilderungen des Kindes hervorgerufen werden und seine (ihre) Phantasie anregen. Obwohl diese Aufregungen einerseits heftig gewünscht werden, können die Eltern sie den Kindern auch bequem übelnehmen. Dann wird das Kind gerade für die Dinge gescholten und bestraft, deretwegen es delegiert wurde. Diese Aufregungen können vor allem sexuell getönt sein. In diesem Fall bringt der Vater (bzw. die Mutter) den Delegierten auf versteckte Weise dazu, sich auf sexuelle Abenteuer einzulassen und an perversen Akten oder Orgien teilzunehmen, um sich dann daran zu weiden. Die Aufregungen können aber auch von eher oraler, prägenitaler Tönung sein; in diesem Fall ermutigt ein Elternteil heimlich die Drogen- und Alkoholparties seines Kindes und erlebt sie auf diese Weise mit. In anderen Fällen liegt die Quelle der Aufregung darin, daß man Verbotenes tun und sich den Autoritäten widersetzen will; solche Vergnügungen stammen nicht selten aus den Triebschicksalen der analen Phase. In diesem Fall ermutigt ein Elternteil insgeheim trotziges oder abweichendes Verhalten bei seinem Kind.

Starke elterliche Abhängigkeitsbedürfnisse mit Anklammerungstendenzen, die eine wichtige Rolle im weiter oben diskutierten Bindungsmodus spielen, lassen sich jedoch kaum durch einen Delegierten befriedigen, da er ja ausgesandt wird, und damit die Erlaubnis bekommt, seine Bindungen zu lockern. Wenn also solche starken elterlichen Abhängigkeitsbedürfnisse bestehen, geraten sie in Konflikt mit dem Bedürfnis, einen Delegierten zu haben, der für Aufregung sorgt. In diesem Fall tritt der Delegationsmodus höchstwahrscheinlich hinter dem Bindungsmodus zurück.

Der Delegierte, der engagiert wird, um stellvertretend für Befriedigung zu sorgen, muß oft eine Ersatzfunktion erfüllen. Er muß den Eltern die Erfahrungen beschaffen, die sie versäumten, als *sie* selbst noch Jugendliche waren. Er muß nun die unfertig gebliebene und frustrierte Jugendentwicklung seiner Eltern nachträglich ausgleichen; deshalb muß er sozusagen für eine doppelte Dosis jugendlicher Aufregungen sorgen, um für sich selbst und für seine Eltern genug zu haben.

Der Delegierte im Dienst des Ichs seiner Eltern

H. Hartmann (1965) nannte das Ich, auf Freuds grundlegenden Entdeckungen aufbauend, ein ›Organ der Anpassung und Organisation‹. Wenn wir uns an diese weite Definition halten, können wir verschiedene Arten von Aufträgen für Jugendliche angeben, die das Ich ihrer Eltern stärken oder unterstützen.

Alle diese Aufgaben implizieren, daß es dem Kind gestattet bzw. daß es dazu gebracht wird, eine begrenzte Individuation, Autonomie und Fähigkeiten (oder Ich-Funktionen, wenn man so will) zu entwickeln – soweit es diese eben benötigt, um seine Aufträge zu erfüllen. Es wird ausgesandt, jedoch auch an der langen Leine der Loyalität gehalten, und man erwartet daher, daß es zurückkommt.

Eine erste Art von Ich-stützenden Aufträgen kann *einfache Hilfen oder Unterstützung* genannt werden. Man erwartet von einem Kind oder einem Haussklaven, daß er in der Küche oder auf dem Feld hilft, und bringt ihm zu diesem Zweck bei, wie man abwäscht, Baumwolle pflückt oder kleine Botengänge erledigt.

Die zweite Art von Hilfsaufgaben hat eine komplexere Dynamik. Hier sucht ein Elternteil bei dem Jugendlichen Unterstützung und Schutz für sein Ich in seinen aktuellen Kämpfen mit anderen Menschen. Das kann ein gehaßter Ehepartner sein, jemand mit dem man verschwägert ist, oder jemand außerhalb der Familie, den dieser Elternteil als verfolgend und übelgesinnt erlebt. Es wird zur Aufgabe des Jugendlichen, ihm in seinen Kämpfen ohne Wanken ein treuer Verbündeter zu sein, ähnlich wie der mittelalterliche Vasall ohne zu wanken seinem Feudalherrn dienen sollte. Hier liefert Hamlet das Modell einer Mission, die den Delegierten notgedrungen in massivste Loyalitätskonflikte verstricken muß. Diese Art von Auftrag erfordert gewöhnlich, daß der Jugendliche aus dem Familienkreis hinausgesandt wird. Wenn etwa eine Mutter ihren Sohn zu dem Zweck einspannt, ihren Ehemann als beruflichen Versager zu entlarven, muß sie ihren Sohn ermutigen, sich von der Familie zu lösen und intensiv zu arbeiten. Diese Rekrutierung eines Sohnes als delegierter Verbündeter kann durch den ambivalenten Wunsch der Mutter ausgelöst sein, aus einer Ehe auszubrechen, die sie abstoßend und erdrückend findet. Sie nutzt den Loyalitätssinn ihres Sohnes aus und macht ihn zum Element einer Strategie, die zur Entwertung und Vernichtung ihres Ehemannes führen soll.

Eine dritte Art von Ich-stützenden Aufträgen dient dem Partner dazu, bestimmte lebenswichtige Informationen zu sammeln. Hier benutzt ein Elternteil den Delegierten als Versuchsperson. Man erwartet von dem Jugendlichen, daß er neue Lösungen für die Probleme und Konflikte seiner Eltern ausprobiert. Diese beziehen sich meist auf die ambivalenten Wünsche der Eltern, aus einem Beruf oder einer Familiensituation auszubrechen und ein neues Leben zu beginnen. Um einen solchen Auftrag zu erfüllen, ist es ebenfalls nötig, daß er ausgesandt wird (und gezwungen werden kann, zurückzukehren). D. Reiss (1970) sprach dabei von der ›Erkundungsfunktion‹ des Jugendlichen. Dieser Jugendliche wird delegiert, etwas zu tun, das der Erwachsene aus Furcht oder Scham nicht selbst tun kann. Wenn einer seiner Eltern zum Beispiel aus der Familie ausbrechen und sich von seinem Ehegatten scheiden lassen will, kann er sein Kind dazu benutzen, um direkte Informationen darüber zu bekommen, wie es ist, wenn man alleine lebt. Oder ein schüchterner Vater, der sich leicht zurückzieht und Angst vor Autoritäten hat, kann versteckt seinen Sohn dazu auffordern, sich mit solchen Personen auseinanderzusetzen. Wenn er sieht, daß sich sein Sohn mehr oder weniger erfolgreich durchsetzt, kann er sich vorstellen, daß er es selbst einmal versucht.

Schließlich gibt es den Auftrag, das Abwehrsystem eines Elternteils zu stützen. Er verschränkt sich oft mit dem Auftrag, »Nahrung für das Es« zu beschaffen und der Selbstwahrnehmung von Vater oder Mutter zu dienen (wie dies im nächsten Abschnitt diskutiert wird). Ein Delegierter, der einen Elternteil mit Nahrung für das Es zu versorgen hat (indem er etwa für ihn an Orgien teilnimmt oder Haschisch raucht), kann etwa auch den Auftrag haben, dessen Angst, Schuldgefühle und Konflikte wegen der Existenz solcher Bedürfnisse zu erleichtern. Damit kompliziert sich seine Aufgabe noch mehr; er muß nun nicht nur ruchlos sein und die verbotenen Impulse seiner Eltern verkörpern und ausleben, sondern sich zusätzlich noch als lebender Schirm für die strafenden Projektionen seiner Eltern zur Verfügung stellen. Somit wird es seine Hauptaufgabe, die Abwehrorganisation seiner Eltern aufrechtzuerhalten, d. h. das zerbrechliche Ich seiner Eltern dadurch zu schützen und zu unterstützen, daß er ihnen eine Steigerung ihrer Konflikte und Ambivalenzen erspart.

Dieser Delegationsmodus kommt etwa ins Spiel, wenn ein Elternteil den heranwachsenden Sohn dazu bringt, Konflikte zu lösen, die mit elterlichen kriminellen Neigungen zu tun haben. Dieser Elternteil fordert seinen Sohn implizit dazu auf, kriminell zu werden, und greift ihn dann deswegen an. Er erlaubt ihm, sich mit gleichartigen kriminellen Jugendlichen zu treffen und sich zeitweilig aus dem Kreis der Familie zu entfernen, wartet aber auf seine Rückkehr, um ihn zu bestrafen. Der Delegierte muß kriminell sein und sich gleichzeitig (mehr oder weniger) freiwillig der Strafe durch die Eltern unterwerfen.

Der Delegierte, der dem Über-Ich eines Elternteils dient

Die Aufträge können in diesem Fall jede der drei Funktionen betreffen, die Freud (1969 b) dem Über-Ich zuschrieb: als Ich-Ideal, als Gewissen oder der Selbstbeobachtung zu dienen. Wird ein Jugendlicher in erster Linie delegiert, um dem Ich-Ideal einer seiner Eltern zu dienen, so wird er ins Leben hinausgeschickt, um elterliche Hoffnungen zu erfüllen, die dieser

Elternteil selbst nicht erfüllen könnte. H. E. Richter (1960, 1962) sprach hier und in anderen Kontexten von den narzißtischen Projektionen der Eltern auf das Kind. Der Jugendliche trägt die Last der übersteigerten Ansprüche von Mutter oder Vater, Schauspieler, Wissenschaftler, Arzt, erfolgreicher Geschäftsmann etc. zu werden. Wird es zur Hauptaufgabe des Jugendlichen, die Selbstwahrnehmung und Selbstbestätigung eines Elternteils zu unterstützen, so muß er diesem als lebender Kontrast dienen: Er muß gestört, verrückt, ein Übeltäter etc. sein, damit dieser Elternteil sicher sein kann, daß er selbst doch nicht böse, verrückt etc. ist. Dieser Delegierte muß eine ähnliche Funktion wie die ›minderwertigen‹ Schwarzen in den Südstaaten für ihre weißen Herren erfüllen; die Weißen konnten sich in ihrer innerlich bezweifelten Überlegenheit nur bestätigt sehen, indem sie sich ständig der ›Minderwertigkeit‹ der Schwarzen versicherten.

Schließlich kann es die Hauptaufgabe des Delegierten sein, das oft außerordentlich strafende Gewissen eines Elternteils zu erleichtern. In diesem Fall wird der Jugendliche versteckt dazu ermuntert, die Strafe auf sich zu nehmen und die kriminellen Handlungen zu begehen, deretwegen dieser Elternteil selbst (unbewußt) Schuldgefühle hat. Hier kann der Begriff ›Über-Ich-Lücken‹, der von A. Johnson und S. Szurek (1952) vorgeschlagen wurde, nützlich sein. Der Delegierte wird benutzt, um diese elterlichen Lücken zu verdecken; er wird ohne sein Wissen zum Übeltäter und Prügelknaben. Hier finden wir in der Regel einen Jugendlichen, der auf die gleiche Weise und im selben Alter, wie seinerzeit sein Vater, zu stehlen anfängt. Der Vater kann sich nun einreden, daß seine Klauerei in der Jugend ja doch nicht so schlimm gewesen sein kann, da es ja offensichtlich alle Jugendlichen tun. Für noch verbliebene Schuldgefühle kann der Vater nun durch seinen Stellvertreter – d. h. seinen Sohn – büßen, den er dazu bringt, immer weiter Anlaß zur Strafe zu geben.

Dieser Delegierte wird herangezogen, um das tatsächliche oder vorgebliche Fehlverhalten von Vater oder Mutter zu sühnen. Man kann hier z. B. an die jungen Deutschen denken, die in Israel Aufbauarbeit geleistet haben, um die Verbrechen ihrer Eltern zu sühnen, welche diese Eltern selbst nicht bewußt zugeben konnten. Die Arbeit dieser jungen Menschen trägt den Namen ›Aktion Sühnezeichen‹. Ihre Eltern haben es offenbar geschafft, sie zu delegieren, d. h. nach Israel zu schicken, und damit den Schmerz ihrer Schuld und der Wiedergutmachung ihren Kindern aufzubürden.

Delegierte, die von zu Hause weglaufen

Ich habe herausgearbeitet, daß die meisten Ausreißer, mit denen wir es zu tun hatten, in verschiedenem Ausmaß exemplarisch für die Dynamik des oben beschriebenen Delegationsmodus sind. Besonders die Ausreißer, die ich ›Ausreißer in Krisensituationen‹ genannt habe, zeigen den Einfluß dieser Dynamik.[13] Wie ich im 2. Kapitel beschrieben habe, unterscheiden sie sich von den Ausreißern, die ihre Versuche bald abbrechen, durch den größeren Erfolg bei ihren Unternehmungen. Sie schaffen es, längere Zeit von zu Hause fortzubleiben und gleichzeitig in tiefere Beziehungen zu Gleichaltrigen zu treten, als es erfolglose Ausreißer vermögen. Diese Ausreißer schienen sich jedoch auch von der Gruppe der unbekümmerten Ausreißer zu unterscheiden, die, wie wir sehen werden, eher den Ausstoßungsmodus reflektieren. Die ›Ausreißer in Krisensituationen‹, die hier zur Diskussion stehen, liefen im Normalfall als Reaktion auf eine manifeste Krise in der Familie weg. Daher sind diese Jugendlichen, wie die erfolglosen Ausreißer, offensichtlich einander widersprechenden Kräften unterworfen, die von ihren Eltern, aber auch von ihrem eigenen Innern ausgehen. Diese Kräfte bestimmen die Art und Weise ihrer Unternehmungen. Solche ›Ausreißer in Krisensituationen‹ sind eher in der Lage, erfolgreiche Beziehungen zu Gleichaltrigen aufzunehmen; sie wissen deshalb

13 Meine Charakterisierung der Dynamik bei jugendlichen Ausreißern ist nur teilweise in Einklang mit der von R. Jenkins (1971) vorgeschlagenen. Jenkins' Bemühungen ist die Aufnahme der ›Ausreißer-Reaktion‹ in das ›Diagnostic and Statistical Manual‹ der ›American Psychiatric Association‹ zu verdanken.

eher, wohin sie sich wenden können, wobei sie insbesondere zu irgendwelchen Gruppen oder Treffpunkten von Jugendlichen, manchmal auch zu entfernten Verwandten weglaufen. Auf diese Weise gelingt es ihnen, länger von zu Hause fortzubleiben als ihre erfolglosen Altersgenossen.

Ich kam immer mehr zu der Einsicht, daß diese ›Ausreißer in Krisensituationen‹ verschiedene delegierte Aufgaben zu erfüllen haben, die einander widersprechen, denen der Jugendliche sich aber dennoch nicht entziehen kann. Ausreißer, die hauptsächlich den elementaren und affektiven Bedürfnissen ihrer Eltern dienen, werden ausgeschickt, um ihren Eltern Aufregungen und Sensationen zurückzubringen, die sie durch die Vermittlung des Jugendlichen genießen können.

Lorraine, die im 2. Kapitel als Ausreißer in einer Krisensituation beschrieben wurde, ist genau solch ein Fall. Je mehr sich Lorraine zu einem attraktiven, gut gewachsenen und etwas frühreifen Teenager entwickelte, um so mehr warnte ihre Mutter sie beunruhigt und voll düsterer Vorahnungen vor den wilden Jungen, die »alle nur das eine von ihr wollten«. Diese Mutter schien von dem Gedanken besessen zu sein, daß Lorraine möglicherweise ihre Nächte mit übelbeleumundeten, Orgien feiernden jungen Männern verbringen könnte. Es überrascht nicht, daß Lorraine die Befürchtungen ihrer Mutter schließlich bestätigte. Sie lief mehrmals von zu Hause weg, zunächst, wie wir sahen, zu einem leerstehenden Haus in der Nähe, dann in eine entfernte Großstadt; dort schlief sie tatsächlich wahllos mit fremden jungen Männern. Das fand ein Ende, als die Familie und Lorraine in Therapie gingen (gemeinsame Therapie für die ganze Familie und Einzeltherapie für Lorraine). Insbesondere durch Lorraines Einzeltherapie wurde deutlich, wie sehr das Mädchen unwissentlich als Delegierte für ihre Mutter Aufregungen besorgt hatte.

Bob, ein sechzehnjähriger Junge, ist ein Beispiel für einen Delegierten, der die unbewußten kriminellen Wünsche und Tendenzen seines Vaters ausagiert. Während er von zu Hause abwesend war, hielt Bob seinen Vater durch eine waghalsige Tat nach der anderen in Aufregung und Angst. Er inszenierte verwegene Verfolgungsjagden mit der Polizei, stahl auf einfallsreiche Weise Geld, legte sogar professionelle Spieler herein etc. A. Johnson und S. Szurek (1952) haben die Art und Weise beschrieben, in der Eltern Delegierte für solche kriminellen Aufgaben rekrutieren und ermuntern.

Gary, ebenfalls sechzehn Jahre alt, zeigt, wie ein Jugendlicher gerade dadurch, daß er ausreißt, die unbewußten Nachholbedürfnisse eines Elternteils erfüllen kann, d. h. wie er verspätet einen Teil der abgebrochenen Jugendentwicklung des Vaters oder der Mutter ausleben kann. Gary war noch stärker als andere Ausreißer in unserer Gruppe von Wanderlust und Abenteurertum getrieben. Als er von einer Episode zurückkehrte, hörten seine Eltern – und die Schwestern und Mitpatienten auf der Station – fasziniert den Erzählungen über seine Taten zu. Er war nach Mexiko gefahren, wo er viele interessante Leute kennengelernt hatte. Er hatte dort an so verschiedenen Orten gearbeitet und geschlafen, daß die Erlebnisse von Kerouac und den ›easy riders‹ daneben verblassen konnten. Garys Vater war, wie ich später erfuhr, von seinen eigenen Eltern in eine frühe Unabhängigkeit gedrängt worden und hatte nie eine Möglichkeit gehabt, seine eigene Wanderlust zu befriedigen. Seine Jugend hatte vor allem aus Schuften und Lernen bestanden. Er hatte jedoch immer davon geträumt, einmal auszubrechen und ein bestimmtes Gebiet in der mexikanischen Wildnis zu besuchen, das für ihn mit der Romantik von Indianern und abenteuerlustigen Cowboys erfüllt war. Dieses Gebiet war das Ziel von Garys Unternehmung gewesen, als sei er von einem versteckten, unfehlbaren Kompaß gesteuert worden.

Tracy, eine sechzehnjährige Ausreißerin, entwickelte als Antwort auf die versteckten Signale ihres Vaters eine selbstzerstörerische Promiskuität und bot sich damit als Zielscheibe für die strafenden Projektionen ihres Vaters an. Auf diese Weise übernahm sie nicht nur die Aufgabe, ihren Vater mit sexuell getönter ›Nahrung für das Es‹ zu versorgen, sondern auch die Aufgabe, die Ich-Abwehren ihres Vaters – Verleugnung und Projektion – zu stabilisieren. Im allgemeinen riß Tracy von zu Hause aus als Reaktion auf eine Anspielung oder versteckte Erwartung ihres Vaters, daß sie im Grunde ihres Herzens eine Hure sei. Eines Abends las ihr Vater z. B. Tracys Tagebuch, das er zwar nicht lesen sollte, ihm aber auffällig in den Weg gelegt worden war. In ihm stand, daß sie sich von verschiedenen Jungen sexuell angezogen fühlte. Er ›konfrontierte‹ Tracy sofort mit diesem Beweis ihrer üblen Neigungen; Tracy, die damals noch keine dreizehn Jahre alt war, lief noch in derselben Nacht von zu Hause weg. Zwischen dreizehn und sechzehn riß sie insgesamt neunmal aus. Sie lief jedes Mal weiter und immer länger weg. Jedesmal hinterließ sie aber einen Hinweis, der es ihrem Vater ermöglichte, mit detektivischem Spürsinn ihren Aufenthaltsort – in der Regel eine Kommune in einer Großstadt – herauszubekommen und sie schließlich zu retten. Nach dem letzten Rettungsversuch, bei dem der Vater seine Beziehungen zur Polizei und zur Unterwelt benutzte, begann die Familie mit einer Familientherapie; Tracy wurde stationär aufgenommen. Die Familientherapie deckte auf, wie sehr der Vater, ein paranoider und potentiell gewalttätiger Mann, Tracy dazu benutzt hatte, ihm sexuelle Aufregungen zu verschaffen, die er gleichzeitig mit sadistischer Rechthaberei bekämpfen konnte.

Karen gehörte ebenfalls zur Gruppe der Ausreißer in Krisensituationen. Ihre Hauptaufgabe bestand darin, das Ich ihrer verbitterten Mutter zu unterstützen. Die Mutter, die in der Ehe dominierte, hatte das Mädchen beauftragt, ihren Ehemann zu vernichten und damit möglicherweise eine Ehe zu zerbrechen, die für sie abstoßend, erstickend und unerträglich geworden war. Karens Mutter haßte vor allem die nach ihrer Ansicht bornierte und sie einschränkende Konventionalität ihres Mannes. Um ihn zu schlagen, verpflichtete sie Karen als Verbündete. Karen lief von zu Hause weg und fing – als Erfüllung ihrer Aufgabe – ein Verhältnis mit einem jungen Schwarzen an, der sich als Zuhälter und Schnorrer durchs Leben schlug. Wie zu erwarten war, empfand der Vater diese Eskapade seiner Tochter als Ruin all dessen, wofür er gearbeitet und an das er geglaubt hatte, während die Mutter Karens gewagte Unkonventionalität und ihre innere Freiheit pries. Sie lud Karens Liebhaber zu sich nach Hause ein, als ob sie ihren Mann noch mehr aufbringen wollte, und behandelte ihn zuvorkommend und kokett. Sie unterstützte die ›ehrliche experimentelle Freundschaft‹ ihrer Tochter, solange sie ihren Ehemann damit treffen konnte.

Wir wenden uns nun der Frage zu, auf welche Weise es den Ausreißern in unserer Gruppe gelingen konnte, dem Über-Ich ihrer Eltern zu dienen. Dabei haben wir es zunächst mit der Möglichkeit zu tun, daß der Delegierte seine Aufgabe erfüllt, indem er das frustrierte Ich-Ideal eines Elternteils repräsentiert. Dean und Donna, zwei Geschwister von vierzehn und fünfzehn, zeigen uns, wie ein übereiltes Ausreißen solcher Aufgabe dienen kann. Mr. Farmer, der Vater von Dean und Donna, hatte sein ganzes Leben im Schatten seines älteren, erfolgreicheren Bruders, eines Bankiers und Kunstliebhabers, gelebt. Sein Bruder war ein Mann von Welt geworden, abenteuerlustig, extrovertiert und beliebt. Er hatte in seinem Leben die tollsten Dinge unternommen und interessante Leute kennengelernt. Mr. Farmer war dagegen ein in seinen Möglichkeiten eingeschränkter Bürokrat. Den größten Teil seines Lebens verbrachte er damit, in einem großen Büro Zahlen zu addieren und dabei neidisch seinen Träumen über die abenteuerlichen Karrieren und Chancen nachzuhängen, die er verpaßt hatte. In seinem ersten Interview sprach er bewundernd von Dean und Donna, die viel von seinem älteren Bruder hätten und ihm selbst gar nicht ähnlich wären. Er betrachtete sich selbst als schüchtern und zurückhaltend, Dean und Donna dagegen als wagemutig, extrovertiert und unternehmungslustig. Wie sich herausstellte, waren sie dies in der Tat. Ob es sich um sexuelle Unternehmungen, Experimente mit Drogen oder mit neuen Lebensformen (wie Kommunen) handelte oder darum, in der vordersten Reihe der Protestbewegung zu stehen, Dean und Donna waren immer mit von der Partie, wenn irgendwo etwas los war. Obwohl er noch nicht ganz sechzehn war, konnte Dean sich rühmen, mehr vom Leben gesehen zu haben, als seine Eltern je sehen würden. Zu diesen

Erfahrungen, die er zumeist während seiner Ausreißer-Episoden machte, gehörten u.a. verschiedene kriminelle Handlungen wie Einbruch in fremde Häuser und Drogenhandel; zu seinen Abenteuern gehörten sexuelle Beziehungen zu schwarzen Mädchen und Homosexuellen, Bekanntschaft mit den Black Panthers, die Teilnahme an Schießereien etc.

Der Selbstbeobachtung und der Selbstbestätigung der Eltern, d. h. der zweiten Über-Ich-Funktion, die hier zur Debatte steht, dient es, wenn Jugendliche beim Ausreißen einen lebendigen Kontrast an Schlechtigkeit darstellen, den die Eltern brauchen, um sich selbst als gut und tugendhaft zu erleben. Dies war bei Tracy und ihrem Vater der Fall. Wo immer jugendliche Ausreißer sich als lebende Schirme für die strafenden Projektionen der Eltern benutzen lassen, dienen sie dieser elterlichen Über-Ich-Funktion der Selbstüberwachung.

Schließlich fand ich bei vielen Ausreißern in Krisensituationen das Bedürfnis nach Buße einer elterlichen Schuld durch einen Stellvertreter als zentrale Dynamik. Es scheint mir kein Zufall, daß zahlreiche jugendliche Ausreißer, die von zu Hause mit Hilfe von (meist gestohlenen) Autos ausreißen wollten, prompt einen Unfall verursachten. Andere Ausreißer wiederum schienen eine besondere Begabung dafür zu haben, von der Polizei (meist wegen Besitz oder Handel von Drogen) aufgegriffen zu werden, wo ein bißchen Umsicht dieses Schicksal hätte vermeiden können. Im Gegensatz zu den loyalitätsgebundenen Jugendlichen, die wir weiter oben beschrieben haben, nehmen diese Jugendlichen in der Krise offenbar nicht Strafe auf sich, weil sie ihre primäre Loyalität zu ihren Eltern verraten haben. Sie werden vielmehr bestraft, weil sie es sich, wie etwa Tracy, zur Aufgabe gemacht haben, die verleugneten ›schlechten‹ Impulse ihrer Eltern zu externalisieren und zu verkörpern. Man kann deshalb sagen, daß diese Delegierten als Zielscheibe stellvertretend für die Bestrafungsbedürfnisse ihrer Eltern dienen und damit loyal geblieben sind.

Der Ausstoßungsmodus

Auch beim Ausstoßungsmodus tragen die Eltern zu einer Verzerrung des Ablösungsprozesses bei. Sie tun dies, weil sie, ganz wie bei den eben beschriebenen Modi, versuchen, mit ihren eigenen Entwicklungskrisen zu Rande zu kommen.

Das entscheidende Moment ist hier, daß die Eltern bei dem Versuch, aus *ihrer* Krise herauszukommen, ihre heranwachsenden Kinder als Hindernisse erleben. Ob diese Eltern ein neues Leben anfangen wollen – z. B. einen neuen Partner finden, sich einen neuen Beruf suchen, ihre affektiven Besetzungen neu verteilen – oder ob sie nur ihre Ruhe haben wollen, ihre Kinder stellen sich ihnen, statt als lebendiger Besitz, den man binden oder delegieren kann, als überflüssiger Ballast dar. Diese Eltern beschleunigen das zentrifugale Moment, das dem Prozeß des Heranwachsens innewohnt, wenn sie ihre Kinder zu einer frühen und endgültigen Ablösung drängen, da sie offenbar alles zu gewinnen und nichts zu verlieren haben. Anders ausgedrückt: Im Gegensatz zu den bindenden und delegierenden Eltern stoßen diese Eltern ihre Kinder deshalb aus, weil sie die Kinder *nicht wollen.*

Die Ausstoßung kann als eine Form der ›Aussendung‹, ohne die dem Delegationsmodus eigene zurückziehende, bindende Komponente, angesehen werden. Der Ausstoßungsmodus stellt somit das extrem zentrifugale, der Bindungsmodus das extrem zentripetale Moment dar, während der Delegationsmodus eine mittlere Position einnimmt, die sowohl aus zentrifugalen wie aus zentripetalen Elementen besteht.

Wo der Ausstoßungsmodus vorherrscht, verstoßen und vernachlässigen die Eltern ihre Kinder. Auf eine geschäftige oder zurückgezogene Weise scheinen sie so mit sich selbst und ihren eigenen Vorhaben beschäftigt, daß sie ihre Kinder ohne Aufsicht lassen; es macht ihnen offenbar nichts aus, wenn ihre Kinder stundenlang vor dem Fernseher hocken, mit Drogen experimentieren oder zu frühe sexuelle Erfahrungen sammeln, die Schule schwänzen oder sich jugendlichen Banden anschließen. Die deutsche Sprache kennt hier das Wort *verwahr-*

lost, dessen Bedeutung über einfache Deprivation und Vernachlässigung hinausgeht. Diese Kinder werden auf übertriebene Weise sich selbst überlassen und bekommen ständig vermittelt: ›Du bist hier überflüssig; je eher du von zu Hause weggehst, desto besser.‹ Weil diese Kinder vor allem als Last angesehen werden, unterscheidet sich auch das emotionale Klima in diesen Familien von dem Klima in bindenden und delegierenden Familien. Es fehlt die ständige, wenn auch nicht von Konflikten und Ausnutzung freie, liebevolle Beschäftigung mit dem Kind, die ihm das Gefühl vermittelt, daß es für seine Eltern von Bedeutung ist.

Ausreißer und der Ausstoßungsmodus

Jugendliche, die andauernd dem Ausstoßungsmodus ausgesetzt sind, laufen früh und unbekümmert und ohne viel Aufhebens davon. Da sie merken, daß sich niemand um sie kümmert oder sie haben will, wenden sie sich früh und ohne Schwierigkeiten Gleichaltrigen oder anderen Erwachsenen zu, soweit ihnen dies ihre zwischenmenschlichen Beziehungsfähigkeiten erlauben.

Es war nicht zu erwarten, daß die von uns untersuchte Gruppe von Jugendlichen und Familien viele vom Ausstoßungsmodus geprägte Ausreißer umfassen würde, denn ich nahm an, daß Eltern, die ihre Kinder ständig zurückweisen und vernachlässigen, wohl kaum motiviert sind, sich schließlich um psychiatrische Hilfe zu bemühen. Dennoch fanden sich einige Ausreißer in unserer Gruppe, auf die offenbar die eben diskutierte Dynamik und Typologie zutraf. Sie gehörten zu der Gruppe, die ich die ›unbekümmerten Ausreißer‹ genannt habe. Einer von ihnen war George, der bereits im 2. Kapitel beschrieben wurde.

George war ein schwieriges Kind; wenn seine Eltern ihm Grenzen setzen wollten, bekam er Trotzanfälle und wurde unerträglich. Um ihre Ruhe zu haben, ließen seine Eltern ihm bald alles durchgehen. Sie beaufsichtigten ihn überhaupt nicht mehr und verloren schließlich jedes Interesse an ihm. George hatte nur Unfug im Kopf; er rannte von zu Hause fort, erst für ein paar Stunden, dann den halben Tag lang, schließlich für ganze Tage. Als er vierzehn war, riß er einige Tage aus, nachdem er Schmuck gestohlen und diesen verkauft hatte. Seine Eskapaden wurden immer rücksichtsloser und schlugen unaufhaltsam in kriminelle Handlungen um, die er gewöhnlich mit seinen Kumpeln aus einer Rockerbande beging. Zu diesem Zeitpunkt schien seinen Eltern überhaupt nichts mehr an ihm zu liegen. Schließlich wurde er wegen Teilnahme an einem Bandeneinbruch festgenommen, der Schmuck im Wert von mehreren tausend Dollar eingebracht hätte.

In meiner Untersuchungsgruppe gab es noch andere Jugendliche, die, obwohl sie weniger auffällig waren als George, doch auch vernachlässigende und unbeteiligte Eltern hatten. Im allgemeinen mußte ich mit einem Jugendlichen und seiner Familie erst länger – durch Psychotherapie und ständige Beobachtung – vertraut werden, ehe ich das Ausmaß des ständig ausstoßenden und vernachlässigenden Verhaltens der Eltern erkennen konnte. Ich habe bereits Dean und Donna als Beispiele erwähnt, die von ihrem Vater als Delegierte in den Dienst seines Ich-Ideals genommen wurden und in der Ausführung ihrer Aufträge frühzeitig die Familie verließen und allerlei erlebten. Diese Eltern benutzten ihre Kinder aber nicht nur als Delegierte, sie vernachlässigten sie auch und stießen sie damit insgeheim aus. Der Vater nahm seine sorgende väterliche Rolle fast gar nicht wahr, weil er gewöhnlich ein paar Martinis vor dem Essen schluckte und sich dann angenehm dösend für den Rest des Abends vom Familienleben zurückzog. Daß Dean und Donna in ihren Zimmern Sex- und Drogenparties veranstalteten und sich auf kriminelle Handlungen einließen, bemerkte er entweder nicht oder es war ihm gleichgültig. Die Mutter versuchte immer wieder, die Rolle des väterlichen Erziehers und Vorbildes in der Familie einzunehmen, versagte aber dabei. Die meiste Energie verbrauchte sie in endlosen Streitereien mit ihrem gleichgültigen Ehemann, den sie verachtete. Sie selbst verbrachte wenig Zeit zu Hause.

Obwohl in der Familie fünf Kinder waren – zwei davon jünger als zehn Jahre –, hatte sie eine ganztägige Arbeitsstelle, die sie von acht Uhr morgens bis fünf Uhr abends von zu Hause fernhielt. Während dieser Zeit überließ sie die Sorge für ihre Kinder der Schule, irgendwelchen oberflächlich ausgemachten Arrangements oder den Kindern selbst. Wenn sie nach Hause kam, war sie müde, wütend auf den alkoholisierten Rückzug ihres Mannes und schnell erschöpft, weil die Aufgabe, mit den sich häufenden kriminellen Handlungen, Abwesenheiten und der passiv-aggressiven häuslichen Arbeitsverweigerung ihrer Kinder fertig zu werden, sie überforderte.

Wie bereits angedeutet, kommen Familien mit ›unbekümmerten‹ Ausreißern in der Gesamtbevölkerung wahrscheinlich häufiger vor, als man aus der Gruppe, die ich untersucht habe, schließen könnte. Man schätzt, daß zur Zeit etwa 40–60 % der sogenannten ›street people‹, der dauernd herumstreunenden jugendlichen Ausreißer, die von der Wohlfahrt, milden Gaben, kurzen Jobs und vom Handel mit Drogen etc. leben, von ihren Eltern verstoßen worden sind, Eltern, die sich sogar weigern, wieder Kontakt mit ihnen aufzunehmen. Die meisten dieser Ausreißer waren wahrscheinlich versteckter Vernachlässigung und Ablehnung ausgesetzt. Mary Anns Fall* scheint hier ein, wenn auch vielleicht nicht ganz typisches Beispiel für die Familiendynamik zu sein, die am Ausstoßungsmodus beteiligt ist.

Mary Ann, eine vierzehn Jahre alte Ausreißerin aus einer Vorstadt nördlich von Miami, wurde durch eine Fotografie, die durch die ganze Presse ging, mit einem Schlag berühmt. Das Foto zeigt sie weinend neben der Leiche eines Studenten, der während der Unruhen an der Kent State University im Jahre 1970 von Soldaten der Nationalgarde erschossen worden war. Der größte Teil der Energien ihrer Eltern wurde von ehelichen Streitigkeiten statt der Sorge um ihre Kinder aufge-

* (Mitgeteilt von B. J. Phillips in der *Washington Post* v. 29. 5. 1970; ein weiterer Artikel über ihren Fall von Haynes Johnson erschien ein Jahr später, am 21. 3. 1971.)

zehrt. Nach Aussage eines Polizisten, der mit Mary Anns Fall vor Gericht befaßt war, »war Mary Anns Vater so jähzornig, daß er mehrmals in Opalaka wegen Störung der öffentlichen Ordnung ins Gefängnis mußte; die Mutter selbst hatte dafür wiederholt durch beeidete Aussagen über Streitigkeiten zwischen ihr und ihrem Mann gesorgt«. Der Vater arbeitete als Zimmermann und auch auf eigene Rechnung; er soll gesagt haben, daß er ›hundertfünfzig Stunden in der Woche für seine Familie gearbeitet‹ habe, was wohl andeuten soll, daß er für sie als Vater keine Zeit hatte. Alle anderen Kinder in der Familie waren ebenfalls Ausreißer, mit Ausnahme des Jüngsten, der erst drei Jahre alt war. Einer der Söhne, der zur Zeit des Artikels zwanzig Jahre alt war, verbüßte eine Gefängnisstrafe wegen Autodiebstahls; ein anderer Sohn, erst sechzehn Jahre alt und schon Vater eines 4 Monate alten Buben, wurde wegen Besitzes von Marihuana festgenommen. Mary Ann selbst war nie ernsthafter Vergehen beschuldigt worden; sie begann im Alter von dreizehn Jahren häufig wegzulaufen und regelmäßig die städtische Sperrstunde für Jugendliche zu überschreiten. Nach Angaben der Polizei befand sie sich am Rande eines Kreises von Jugendlichen in Opalaka, die Drogen nahmen. Obwohl der lange Zeitungsbericht viele Hinweise auf elterliche Vernachlässigung und Ablehnung in dem hier beschriebenen Sinne gibt, zitiert er folgende Aussage der Mutter: ›Mary Ann ist nicht vernachlässigt worden. Sie hatte die besten Kleider und genug zu essen, und sie konnte gehen, wohin sie wollte. An allem ist die Schule schuld, nicht wir.‹ Gerade die Tatsache aber, daß Mary Ann gehen konnte, wohin sie wollte, ist für mich ein Zeichen, daß ihren Eltern jene sorgende, auch Grenzen setzende Anteilnahme fehlte, auf deren besondere Bedeutung ich hier besonderen Wert gelegt habe.

Die Ausstoßung durch ständige Vernachlässigung und Zurückweisung muß man von jenen dramatischen Ausstoßungsprozessen unterscheiden, in denen sich hauptsächlich die Dynamik des Bindungs- und Delegationsmodus widerspiegelt. Nur bei den Ausstoßungsprozessen im ersteren Sinne können wir von einem wirklichen Ausstoßungsmodus sprechen. Dramatische Ausstoßungsprozesse der zweiten Art können in Gang kommen, wenn sich das Gleichgewicht der Beziehungsmodi in der Familie verlagert. Ich habe weiter oben angedeutet, daß sich die Beziehungsmodi vermischen können und daß ein Modus nach einiger Zeit mehr oder weniger dominierend werden kann. Eine dramatische Ausstoßung kann nach meinen Beobachtungen eine Abkehr vom Bindungs- oder Delegationsmodus anzeigen. Ein bindender oder delegierender Elternteil hat sich dann, gewöhnlich nach qualvoller innerer Auseinandersetzung und Ambivalenz entschlossen, sein mißratenes Kind endgültig loszuwerden.

Eine solche dramatische Ausstoßung, die einen kritischen Höhepunkt von bindenden und delegierenden Beziehungen anzeigt, kann auch die parallele, langdauernde Existenz eines echten Ausstoßungsmodus aufdecken. Unterschwellige ablehnende Tendenzen der Eltern können dann in einer solchen dramatischen Ausstoßung eines Jugendlichen, der bis zu diesem Zeitpunkt hauptsächlich gebunden oder delegiert schien, in den Vordergrund treten. Am häufigsten scheinen jedoch die folgenden dynamischen Aspekte eine Rolle zu spielen.

Die dramatische, klimaktische Ausstoßung, die sich an langwährende Versuche der Eltern, das Kind zu binden oder zu delegieren, anschließt, gleicht der Art und Weise, in der sich Partner, die lange verheiratet waren, voneinander zu trennen versuchen. Diese Partner können, da sie sich von erstickender Ambivalenz gefangen fühlen, sich nur befreien, wenn sie einander derartig mit Haß und Bitterkeit überschütten, daß keine Hoffnung mehr auf eine zukünftige Versöhnung besteht.

Eine Ausstoßung, die solcherart einen bisher vorherrschenden Bindungs- oder Delegationsmodus umkehrt, muß also einen endgültigen Charakter annehmen und deshalb von einem unmißverständlichen und irreversiblen Verhalten der Eltern begleitet sein. Ich habe ein solches Verhalten in einem Fall beobachtet, in dem sich ein Vater entschloß, seine zwanzigjährige Tochter loszuwerden, deren verführerische Allüren er bis zu diesem Zeitpunkt voller Ambivalenz ermutigt hatte. Eines Tages warf er sie schließlich wütend die Treppe hinunter und verbot ihr, jemals wiederzukommen. Er blieb bei dieser Entscheidung, trotz Bitten und Weinen des Mädchens, das heimlich nach Hause zurückzukommen versuchte. Als sie sich klar darüber wurde, daß es ihrem Vater ernst war, zog sie endlich in eine andere Stadt und machte sich dort selbständig.

Dieser Vater, das muß man hinzufügen, konnte um so leichter eine kompromißlose Haltung einnehmen, als er eine jüngere Tochter hatte, die die freigewordene Stelle ihrer Schwester einnehmen konnte und ihr an Attraktivität nicht nachstand. Ein anderer Vater schaffte es nach langem ambivalentem Schwanken, daß sich sein Sohn freiwillig zur Armee meldete. Auch er versuchte damit sicherzustellen, daß diese Ausstoßung endgültig war.

Bei Überwiegen eines echten Ausstoßungsmodus verläuft die endgültige Ausstoßung des Jugendlichen vergleichsweise undramatisch. Die Ausstoßung erscheint dann als die logische Folge der ständigen Vernachlässigung und Zurückweisung durch die Eltern, d. h. ihres Mangels an Anteilnahme und Fürsorge. Das Kind stellt hier für die Eltern eine Art billigen Einrichtungsgegenstand dar, den man problemlos benutzen, mißbrauchen und am Ende wegschmeißen kann. Wenn er gerade nützlich ist, schmeichelt man ihm, besticht und manipuliert ihn; wenn man ihn nicht mehr braucht, verflucht man ihn, trampelt auf ihm herum und schiebt ihn schließlich ab. Ärger und Haß spielen eine große Rolle in den Beziehungen zwischen diesen Eltern und ihren Kindern, aber sie haben weder die versklavend sadomasochistischen, erotisierenden Qualitäten, die wir häufig beim Bindungsmodus finden, noch drücken sie eine tiefe Enttäuschung und Desillusionierung darüber aus, daß das Kind sich nicht den Erwartungen und Vorstellungen seiner Eltern entsprechend entwickelt hat. Statt dessen sind Ärger und Haß gewöhnlich nur oberflächliche Gefühle und werden durch augenblickliche, aus der unmittelbaren Situation stammende Frustrationen ausgelöst. Gewöhnlich schlagen solche Eltern ihr Kind, weil es etwa sein Fahrrad vor ihrem Auto stehengelassen hat, während sie keine Notiz davon nehmen und es auch nicht bestrafen, wenn ihr Kind Drogen nimmt oder in der Schule nur stört.

Dieser Unterschied zwischen der Ausstoßung im Rahmen des Bindungs- und des Delegationsmodus auf der einen Seite und des echten Ausstoßungsmodus auf der anderen Seite hat auch Bedeutung für die Art und Weise, in der diese Jugendlichen ausreißen.

Jugendliche, die auf dramatische Weise aus ihren Familien ausgestoßen wurden, laufen nach meinen Beobachtungen (entweder erfolglos oder auch für längere Zeit) von zu Hause auf eine Art weg, die darauf hindeutet, daß sie einer Ausstoßung durch ihre Eltern zuvorkommen oder sie provozieren wollen. Larry und Gerald, zwei sechzehnjährige Jungen, sollen hier als Beispiele dienen. Gerald hatte eine qualvolle, ambivalente Beziehung zu seinem Vater, der Alkoholiker war. Dieser Vater hatte den drängenden Wunsch, viel Zeit mit Gerald zu verbringen, um über sein Elend als Alkoholiker und seine Einsamkeit hinweggetröstet zu werden. Er flehte seinen Sohn an, bei ihm zu bleiben, verwöhnte ihn durch zahlreiche Geschenke und versuchte, ihn zu bestechen. Gerald war drauf und dran, den bindenden Strategien seines Vaters nachzugeben, sah sich aber gleichzeitig von seiner Mutter umworben, so daß er in einen Loyalitätskonflikt geriet. Seine Mutter hielt seinen Vater für schwach, verachtenswert und für ein Hindernis auf dem Weg in ihre ambivalent angestrebte eigene Freiheit. Sie schaffte es schließlich, Gerald als Alliierten zu gewinnen, und brachte ihn dazu, daß er ihre verachtungsvolle Sicht seines Vaters übernahm. Der Junge machte sich nun über den Vater lustig, ärgerte ihn und verbitterte ihn, wo er nur konnte. Auf diese Weise nährte er die Entschlossenheit seines Vaters, Gerald endgültig loszuwerden, auch wenn es schmerzvoll würde. Im Laufe der Zeit wurden die Drohungen des Vaters, Gerald hinauszuwerfen, immer deutlicher. Der Junge bekam immer mehr Angst und neigte stärker dazu, wegzulaufen. Gerald lieferte schließlich selbst den Vorwand für seinen Rausschmiß, indem er zehn Tage lang von daheim wegblieb. Der Vater sah dies als endgültigen Beweis für seine Unverbesserlichkeit an und stieß den Jungen aus der Familie aus, indem er für die Einlieferung in eine Anstalt in einer anderen Stadt sorgte.

Noch stärker als Gerald verstrickte Larry seinen Vater in einen intensiven sadomasochistischen Kampf. Was immer Vater und Sohn auch anstellten, sie fanden sich sofort in ihrem bittersüßen Kampf gefangen. Larry ließ sich immer etwas Neues einfallen, um seinen Vater verächtlich zu machen und zu demütigen; er lief mehrmals weg, jedesmal auf eine Weise, die seinen Vater noch mehr in Wut brachte. So rauchte er z. B. in der Öffentlichkeit Haschisch und machte damit seinen Vater, der eine führende Rolle im Drogenbekämpfungsprogramm der Stadt spielte, zum Gespött seiner Kollegen. Aber in der Zeit, in der er nicht zu Hause war, vernachlässigte Larry seine Gesundheit so sträflich, daß sich sein Vater immer wieder verpflichtet fühlte, ihn zu retten; Larry ließ dies, wenn auch unter Protest, zu. Zuhause nahmen sie prompt die sadomasochistische Beziehung wieder auf, bis Larry – erschöpft und voller Ambivalenz – wieder weglief. Dieses Beziehungsmuster eskalierte im Laufe von zwei Jahren bis zu dem Punkt, an dem der Vater Larry endgültig hinauswarf; Larry zog zu seiner Mutter, die von ihrem Mann getrennt lebte. Nachdem Larry jeden Kontakt zu seinem Vater abgebrochen hatte und sich auf ein Leben bei seiner Mutter eingerichtet hatte, riß er nicht mehr aus. Erst später, als er fast achtzehn Jahre alt war, verließ er seine Mutter und zog in eine Hippiekommune. Sowohl Gerald als auch Larry gehören zu der Gruppe der ›Ausreißer in Krisensituationen‹. Die Krise, mit der sie fertig werden mußten, war die einer zunehmenden Ambivalenz, die Eltern *und* Kind empfanden und die die ausstoßende Kraft hervorbrachte. Sobald diese Krise durch die endgültige Ausstoßung gelöst war, mußten sie nicht mehr weglaufen.

Wo dagegen eine verdeckte verstoßende Haltung der Eltern – d. h. ein echter Ausstoßungsmodus – vorherrscht, zeigen sich die Phänomene des Ausreißens anders, was meiner Meinung nach die anfänglichen Beispiele der unbekümmerten Ausreißer beweisen. In diesen Beispielen schienen die Kinder eher von ihrer Familie wegzu*treiben* als wegzu*laufen*. Gibt es einmal Krisen und Auseinandersetzungen in einer solchen Familie, so sind sie ohne Tiefgang und von kurzer Dauer. Alles wird beiseitegeschoben durch den ständigen Versuch der Eltern, das Kind loszuwerden.

5. Kapitel: Eltern in der Krise und Kinder im Ablösungsprozeß: Über Beziehungsstörungen

In diesem Kapitel werde ich im einzelnen zeigen, wie sich die Kräfte zur Bindung, Delegation und Ausstoßung von Kindern aufbauen und wie sich deren Aufgaben entwickeln. Zu diesem Zweck werde ich mich auf vier Familien beziehen, bei denen die Beziehungsmodi ineinander übergehen. Diese Familien waren in ambulanter (Familien- und Ehepaar-)Therapie, ihre gestörten Kinder waren auf unserer Station für Jugendliche untergebracht und mindestens dreimal in der Woche in Einzeltherapie.

Diese vier Familien stellen eine Mittelgruppe dar. Die äußersten Extreme der Bindung und der Ausstoßung, wie sie Thema späterer Kapitel sein werden, sind davon ausgeschlossen. Wir nahmen in unser Programm weder extrem gebundene Jugendliche auf, insbesondere nicht solche mit schweren schizophrenen Symptomen, noch radikal ausgestoßene Jugendliche. Die erste Gruppe der Jugendlichen und ihrer Familie erschien *unfähig*, d. h. zu desorganisiert, um an der Milieutherapie unserer Station und an unserem Bildungsprogramm teilzunehmen; die zweite Gruppe schien dafür kein Interesse zu haben. Von Eltern, die ihre Kinder verstoßen, weil sie an ihnen nicht interessiert sind, kann man kaum erwarten, daß sie an einem Programm teilnehmen, das ihnen große Opfer abverlangt.

Bei der Beschreibung dieser vier Familien ging es mir im wesentlichen um jene Dynamik, auf die meine bisherigen Betrachtungen und begrifflichen Unterscheidungen ein klärendes Licht werfen. Um die Verfassung des gestörten Jugendlichen zu beleuchten, werde ich mich mit der Lebenskrise der Eltern, dem Zustand ihrer Ehe und der relativen Dominanz eines jeden Partners in der Ehe befassen.

Marian Walters: Gebunden und delegiert

Die Eltern

Mr. und Mrs. Walters, beide Mitte Vierzig, hatten in ihren frühen Zwanzigern geheiratet. Durch ihre Heirat hatten beide aus erdrückender Beschränkung und Not zu Hause zu fliehen versucht. Umsonst, wie sich herausstellte, denn ihre Ehe brachte ihnen statt Freiheit nur neue Ketten und neues Unglück. Zweimal hatte Mr. Walters Mißerfolg mit einem kleinen Einzelhandelsgeschäft, und die Finanzen der Familie waren ständig in Unordnung. Die finanziellen Schwierigkeiten vermehrten sich dann auch durch die Ansprüche, die ihre kurz hintereinander geborenen elf Kinder an sie stellten. Es war daher nicht überraschend, daß die Walters erschöpft und gequält aussahen, als sie sich um die Therapie bewarben. Seit Jahren, sagten sie, hatten sie keine ruhige halbe Stunde gehabt, in der sie sich über ihre intimen Probleme hätten unterhalten können.

Die Ehegatten lebten nebeneinander her, aber nicht miteinander. Ihr ständiges Eingespanntsein in einen drückenden Existenzkampf wurde zum wesentlichen Faktor dafür, daß sie in ihrer Ehe einen unsicheren Waffenstillstand einhielten. In derselben Richtung wirkte ihr katholischer Glaube, der sie lehrte, auch unter schwierigen Umständen nachsichtig und friedferig zu sein. Aus diesen Gründen hatten die Eltern eine im wesentlichen zentripetale Lösung für ihre ehelichen und altersgemäßen Probleme gefunden; diese Lösung schloß aber einen Neuanfang ebenso aus wie befreiende Schritte von der Familie fort. Um tiefer zu verstehen, was eine solche zentripetale Lösung für jeden Elternteil bedeutete, werden wir kurz die Eltern getrennt betrachten.

Mrs. Walters

Mrs. Vivian Walters, die dominante von beiden Ehegatten, präsentierte sich als starke, voll aufgeblühte Matrone, die sauber, gewissenhaft und ernst schien und die Dinge in der Hand hatte. Ihr Blick verunsicherte andere, obwohl er freundlich und warm sein sollte, und hinterließ das vage Gefühl, etwas falsch gemacht zu haben. Ihr starkes und kontrolliertes Äußeres verriet jedoch emotionale Armut und Einschränkung. Als Kind und als Jugendliche hatte sie kaum Freude erfahren. Ihre Eltern, beide streng und religiös, hatten ihr rigide puritanische Verhaltensmaßregeln beigebracht und sie erfolgreich von Jungen ferngehalten, die sie ihrer Meinung nach nur in Sünde und Unglück führen konnten.

Trotzdem hoffte sie, als Mutter vieler Kinder zumindest verspätet einen Teil ihrer unbefriedigten erotischen Wünsche und Abhängigkeitsbedürfnisse erfüllen zu können. In einer Sitzung der Ehepaartherapie gab Mrs. Walters zu, daß sie ein Kind nach dem anderen zur Welt gebracht hatte, weil Kinderkriegen ihre einzige Freude im Leben war. Indem sie hilflose, abhängige Säuglinge produzierte, konnte sie ihr eigenes Verlangen nach Abhängigkeit und ihre Passivitätswünsche in eine aktive, dominierende Gegenabhängigkeit umwandeln; indem sie für andere sorgte, konnte sie mit ihrem eigenen Bedürfnis nach Versorgung zu Rande kommen. Gleichzeitig fand sie im Hätscheln, Baden und Streicheln ihrer Babys endlich einen Teil der erotischen Befriedigung, die ihre Eltern ihr im Umgang mit Jungen und Männern ihres Alters vorenthalten hatten.

Es konnten jedoch nur Säuglinge ihre bis dahin unbefriedigten Bedürfnisse erfüllen. Deshalb mußte sie, um glücklich zu bleiben, immer neue Babies produzieren und die Tatsache verdrängen, daß Babies größer werden und Probleme mit sich bringen. Je älter die Kinder wurden, desto weniger konnte sie dieses Faktum verleugnen. Sie mußte schließlich einsehen, daß mindestens vier ihrer Kinder angeborene Schäden hatten, weswegen sie ablehnende und scharfe Bemerkungen der Nachbarn zu ertragen hatte. Einmal hörte sie zufällig die Bemerkung, sie sei eine ›überproduktive Gebärmaschine‹. Diese Ablehnung weckte in ihr Selbstzweifel, Scham und Schuldgefühl, die mit der Zeit mehr oder weniger verschleierte Selbstmordgedanken nach sich zogen. »Der einzige Grund, warum ich mich noch nicht umgebracht habe«, sinnierte sie eines Tages in Gegenwart ihres Therapeuten, »ist, daß ich nicht wußte, welches der Kinder ich mitnehmen sollte.« Sicher strengte sie sich mehr und mehr an, eine gute Mutter zu sein, und verdoppelte ihre Bemühungen, ihre Kinder gut zu ernähren, zu kleiden und zur Disziplin zu erziehen, aber ihre Schuldgefühle, ihre Scham und die Selbstzweifel verschwanden dadurch nicht.

Die unvermeidliche Krise ihres fortschreitenden Alters traf sie mit voller Wucht, als sie etwa fünfzehn Monate vor Beginn der Therapie die Gebärmutter herausgenommen bekam. Damit war ihr ein für allemal die Möglichkeit genommen, noch mehr Babies zu haben und auf diese Weise ihre weiterbestehenden Abhängigkeitswünsche zu befriedigen. Sie fühlte sich einsam, gekränkt, verkrüppelt und schuldbeladen; gleichzeitig hatte sie vor ihrer Horde von schwierigen und anspruchsvollen Jugendlichen und Kindern zu bestehen und die explosive Wut und Frustration abzuwehren, die sie angesichts ihres Mannes, dieses Versagers, empfand.

Ganz zweifellos war Mrs. Walters der dominierende Elternteil in dieser Familie, der für alle Familienmitglieder die stärkere Realität verkörperte. Um das Bild abzurunden, wollen wir jedoch auch Mr. Walters kurz schildern.

Mr. Walters

Mr. Walters Eltern waren weniger strikt und, was die Sexualität anbelangte, weniger viktorianisch als die Eltern seiner Frau. Sie legten jedoch so großen Wert auf frühe Unabhängigkeit und frühen Erfolg, daß Mr. Walters sich gezwungen fühlte, im Alter von sechzehn Jahren von zu Hause auszureißen, um sich und seinen Eltern zu beweisen, daß er es zu etwas bringen werde. Seine beiden Versuche, ein Geschäft aufzubauen, schlugen jedoch fehl und er verlor den Mut. Solche Fehlschläge und Entmutigungen bestimmten in der Folge das Bild, das er und andere sich von ihm als Mann, Vater und Ernährer der Familie machten. Während es im Anfang so aussah, als ob er in der Familie ein Gegengewicht zum Einfluß seiner Frau bilden würde, entwickelte er sich zunehmend zur Hintergrundfigur, die seiner Frau nicht ebenbürtig war. Er war anscheinend nicht mehr in der Lage zu protestieren, wenn seine Frau, der ›Manager‹ der Familie, ihm Arbeiten im Haushalt zuteilte, als sei er eines von den Kindern. Damit soll nicht gesagt werden, daß Mr. Walters keinen Einfluß hatte. In einer gewissen Beziehung gehörte ihm sogar mehr als Mrs. Walters die Aufmerksamkeit seiner Kinder – insbesondere seiner heranwachsenden Töchter –, weil er launiger war und mehr zu Koketterie neigte als seine Frau. Bei näherer Betrachtung schien dieser Einfluß aber zumindest teilweise von Mrs. Walters delegiert zu sein. Sie tolerierte oder entmutigte seine inzestuösen Spielchen, obwohl sie oft sichtlich irritiert, frustriert und eifersüchtig reagierte, wenn Mr. Walters die erotischen Interessen der Mädchen auf sich zog. Da sie selbst frigide, in ihren Möglichkeiten eingeschränkt war und sich vor einer reifen Sexualität ängstigte, lenkte sie auf diese Weise die sexuelle Aufmerksamkeit ihres Mannes von sich selbst ab und erfuhr, indem sie mißbilligend, gleichwohl erregt, das quasi-inzestuöse Schauspiel um sich herum beobachtete, einen Teil der erotischen Aufregungen, von denen sie sich in ihrem Eheleben ausgeschlossen fühlte. Versuchen wir nun zu verstehen, wie einige der aus der Lebenskrise der Eltern – insbesondere von Mrs. Walters – stammenden Konflikte und Probleme Marian, das fünfte der elf Kinder, beeinflußt haben.

Marian Walters

Marian war fünfzehneinhalb Jahre alt, als sie in unser Programm aufgenommen wurde. Sie war ein mittelgroßes Mädchen mit ungesunder Gesichtsfarbe und griesgrämigem Ausdruck, das allen Leuten wie ein lebendiger Vorwurf erschien. Bevor sie zu uns kam, hatte man sie als depressive Jugendliche mit psychosomatischen Störungen diagnostiziert.

Wie schon gesagt, war Marian das fünfte von elf Kindern, von denen vier leichte angeborene (über die mütterliche Linie vererbte und geschlechtsgebundene) Schädigungen aufwiesen. Obwohl sie selbst frei von solchen angeborenen Krankheiten war, hatte Marian es in den letzten anderthalb Jahren vor der Aufnahme in das Programm geschafft, die in der Familie aufwendigste Patientenrolle zu spielen. Dies begann zwei Jahre bevor ihre Mutter ihre Gebärmutteroperation hatte; zu diesem Zeitpunkt fing Marian an zu menstruieren und veränderte sich in auffallender Weise. Aus einem offenen und dem Anschein nach normal entwickelten Mädchen mit einer Vorliebe für Scherze und Späße wurde ein düsteres und kränkliches ›Problemkind‹. Sie mußte eine Reihe von diagnostischen Untersuchungen und Einlieferungen ins Krankenhaus wegen somatischer Beschwerden über sich ergehen lassen. Sie litt unter hartnäckigen, aber schwer zu diagnostizierenden Magenschmerzen, aß wenig und magerte ab. Nach einer Laparotomie stellte man die Diagnose *Anorexia nervosa* – Pubertätsmagersucht. Die behandelnden Ärzte stellten frustriert fest, ihre Probleme seien ›psychischer Natur‹. Trotzdem klammerte Marian sich an ihren qualvollen, wenn auch ›privilegierten‹ Status als somatisch Leidende. Hartnäckig versuchte sie von den anderen regressive Befriedigungen und Zuwendungen zu erlangen. Deswegen lag sie im Streit mit der ganzen Familie und wurde zugleich von der ganzen Familie beneidet. Ihre untergründige Wut und ihre Schuldgefühle drohten oft unvermittelt auszubrechen, wurden dann aber charakteristischerweise in selbstmörderische Drohungen und Gesten kanalisiert, die wiederum Schuldgefühle und Wut bei denen hervorriefen, die um sie herum lebten. Von allen Kindern schien Marian am meisten an ihre Mutter – den in vieler Hinsicht mächtigeren Elternteil – gebunden. Sie stand ihrer Mutter am nächsten und hatte das feinste Gespür für ihre unbewußten Erwartungen, aber auch die schlimmsten Auseinandersetzungen mit ihr. (Zu ihrem Vater unterhielt sie eine komplizierte, inzestuös gefärbte, jedoch weniger zentrale Beziehung – die hier übergangen wird – mit gleichfalls bindenden Elementen.)

Konflikte beim Bindungsmodus

An ihre Mutter, den dominierenden Elternteil, erschien Marian, wie weiter oben beschrieben, vor allem auf der Ebene elementarer Abhängigkeitsbedürfnisse gebunden. Bei ihrer Bindung schienen dagegen die kognitive Ebene und die Ebene archaischer Loyalität eine geringere Rolle zu spielen, und dies trotz der Tatsache, daß sie mit ihrer Mutter in einen Kampf verstrickt war, worin die sadomasochistische Manipulation von Schuldgefühlen eine Hauptwaffe darstellte. Durch ihren rücksichtslosen Einsatz von Leiden und Selbstmorddrohungen ließ Marian, wie viele klassisch depressive Patienten, nicht so sehr primitive »Ausbruchsschuld« erkennen, die aus einer archaischen Loyalitätsgebundenheit stammt, sondern Schuldgefühle, die einen harten und raffinierten Kampf um die Befriedigung von regressiven Abhängigkeitsbedürfnissen reflektieren und gleichzeitig hervorrufen.
Diese Unterscheidung wird noch klarer, schauen wir uns diejenigen Konflikte Marians an, die vor allem vom Delegationsmodus (wiederum in bezug auf die dominierende Mutter) bestimmt werden. Vier delegierte Hauptaufgaben werden hier umrissen, die alle spezifische Konflikte mit sich bringen.

Konflikte beim Delegationsmodus

Zuerst ist die Aufgabe als selbstloser Helfer und Versorger der Familie zu erwähnen. In dieser Familie mit elf Kindern, von denen zu jeder Zeit eines oder mehrere krank waren, mußten beide Eltern hart arbeiten, um überhaupt zu Rande zu kommen. Sie überließen folglich den älteren Kindern den größten Teil der Sorge um Haushalt und jüngere Geschwister. Diese Helfer-Aufgabe geriet jedoch, so wichtig sie auch für das Überleben der Familie sein mochte, in Konflikt mit den Wünschen eines jeden Kindes, sein eigenes Leben zu führen und von anderen, hauptsächlich den Eltern, regressive Befriedigung und Aufmerksamkeit zu erlangen. Marian war offensichtlich besonders entschlossen, solche regressive Befriedigung zu erzwingen, und konnte es aus diesem Grund nicht vermeiden, in ihrer Aufgabe als willige und tüchtige Hilfe für die Mutter zu versagen.

Zum zweiten war Marian, wie die anderen Kinder, mit der Aufgabe betraut, die inneren Zweifel und Schuldgefühle ihrer Mutter darüber zu widerlegen und zu sühnen, daß sie so viele Kinder auf die Welt gebracht hatte, obwohl einige von ihnen angeborene Defekte mitgebracht hatten. Dies war, wie wir gesehen haben, das Hauptelement der Lebenskrise ihrer Mutter. Von Zweifeln und Schuldgefühlen gepackt, war sie entschlossen, ›liebe, gutgeratene‹ Kinder aufzuziehen. Sie betraute deshalb ihre Kinder mit der Aufgabe, ihr eigenes tugendhaftes Ich-Ideal zu verkörpern, um die Stimme ihres Gewissens zu beruhigen. In Marian fand sie von allen ihren Kindern den am meisten versprechenden Delegierten für diese Aufgabe, die jedoch in Marian einen schweren Konflikt auslöste: Einerseits war sie begierig, das Ich-Ideal ihrer Mutter zu verkörpern, andererseits war sie unfähig, den Erwartungen ihrer Mutter zu entsprechen. Sie löste den Konflikt, der sich in dieser Aufgabe auftat, indem sie weder ein *gutes* noch ein *böses*, sondern ein *krankes* Kind wurde. Diese Lösung des Konflikts wurde wiederum durch den Konflikt beeinflußt, der sich aus der dritten Aufgabe ergab, die die Mutter ihr delegiert hatte.

Diese dritte Aufgabe ergab sich aus dem schon erwähnten Bereich von Schuldgefühlen, die die Mutter nur mit begrenztem Erfolg aus ihrem Bewußtsein zu verdrängen versucht hatte – der schuldbeladenen Sorge, als Mutter versagt zu haben. Ich habe erwähnt, daß sie sich eine lange Zeit mit dem Wunsch beschäftigte, Selbstmord zu begehen. Wenn wir uns ihre Kinder ansehen, begreifen wir, daß sie versuchte, mit ihren eigenen selbstmörderischen Tendenzen fertig zu werden, indem sie die Kinder zu ihrer Externalisierung benutzte. Unbewußt hatte sie ihre Kinder zur Ausführung *ihrer eigenen* Selbstmordtendenzen delegiert, und zwar auf eine Weise, die es ihr erlaubte, sie zu verleugnen und sie doch als Anlaß für

Besorgnis im Auge zu behalten. Wir bekamen im Laufe unserer Arbeit heraus, daß mindestens vier Kinder in der Familie zu irgendeiner Zeit Selbstmordandeutungen oder -drohungen geäußert hatten. Marian schien jedoch die suizidalen Tendenzen ihrer Mutter am deutlichsten zu externalisieren und zu verkörpern. Sie entwickelte Krankheiten, die einen langsamen Tod voraussagen ließen, zeigte Selbstmordanwandlungen und -drohungen, die zumindest im Krankenhaus die Aufmerksamkeit aller Mitarbeiter auf sie zogen. Wochenlang schien sie depressiv und düster und sammelte drohend Pillen und scharfe Gegenstände. Diese dritte Aufgabe – die selbstmörderischen Neigungen ihrer Mutter darzustellen und auszuleben – stand in Konflikt mit anderen Aufgaben und echten Wünschen nach Selbständigkeit und Individualität.

Schließlich war Marian noch mit einer vierten Aufgabe betraut: sie mußte stellvertretend für Aufregung sorgen. Um diese Aufgabe zu verstehen, muß man sie vor dem Hintergrund der – vor allem von der Mutter unternommenen – Anstrengungen sehen, in den Eltern *und* Kindern einen restriktiven, fast viktorianischen, puritanischen Lebensstil beizubehalten, der in zunehmendem Maße in Mißverhältnis zur Gesellschaft mit ihrer Nachgiebigkeit und ihrem Überfluß geriet. Als Marian auf unsere Station aufgenommen wurde, wurde sie zwangsläufig einigen Aspekten der permissiven Überflußgesellschaft und der jugendlichen Subkultur ausgesetzt. Dies rief unausweichlich Versuchungen, Ambivalenzen und Angst in Marian und ihren Eltern, besonders in ihrer Mutter, hervor. In dieser Beziehung war Marian delegiert, den größten Teil des Schocks der elterlichen Ambivalenzen aufzufangen: sie wurde versteckt dazu angehalten, ein bißchen für die Erregung zu sorgen, von der sich Eltern und Geschwister selbst ausgeschlossen hatten. Sie mußte aber auch den lebenden Projektionsschirm abgeben, auf dem die Gefahren und Laster der Zügellosigkeit klar hervortreten und somit ohne Gefahr bekämpft werden konnten. Auch diese vierte Aufgabe brachte Marian wieder in charakteristische Konflikte, die ihre Individuierung und Ablösung von den Eltern erschwerten.

Konflikte beim Ausstoßungsmodus

Obwohl Marian in einer Familie groß wurde, in der die Mittel knapp, die Eltern stets gehetzt waren und in der ein heftiger Kampf um Aufmerksamkeit und Anerkennung tobte, machte sie auf uns nicht den Eindruck eines Kindes, das abgelehnt oder verstoßen wird. Ich schließe daraus, daß sie nur in geringstem Ausmaß dem Ausstoßungsmodus ausgesetzt war.

Stan Manning: Gebunden und delegiert

Obwohl Stan Manning wie Marian Walters gebunden und delegiert war, erlebte er doch andere Ablösungskonflikte. Stan schien stärker gebunden als delegiert zu sein, und auch die Bindung war anderer Art als bei Marian. Während der Bindungsmodus bei Marian hauptsächlich auf der affektiven Abhängigkeitsebene funktionierte, spielte er sich bei Stan mehr auf der kognitiven Ebene und auf der Ebene der archaischen Loyalitätsbindungen ab. Darüber hinaus war er in seiner Eigenschaft als Delegierter anderen Dilemmata und Konflikten ausgesetzt als Marian.

Als Stan auf unsere Station aufgenommen wurde, glaubten wir, daß bei ihm die große Gefahr einer schizophrenen Entwicklung bestünde. Er war schon immer ein schwieriger Junge, aber im Alter von vierzehn Jahren zog er sich noch mehr zurück und entwickelte gestörte Verhaltensweisen. Er stritt sich mit seinen Eltern, lärmte viel, verlor das Interesse an der Schule und fing an, mit Drogen herumzuexperimentieren. Er sah zunehmend verlorener und desorganisierter aus und verbrachte einen großen Teil des Tages mit Tagträumen in seinem Zimmer. Nach einem erfolglosen Therapieversuch in einer psychiatrischen Tagesklinik wurde eine stationäre Aufnahme nötig.

Mit sechzehn wurde er in unser Programm aufgenommen. Damals machte er einen arroganten, zurückgezogenen, verwirrten und mißtrauischen Eindruck und schien vor allem über seine Körperfunktionen und wegen einer möglichen Krebsgefahr beunruhigt. Diese Vorstellungen hatten einen leicht wahnhaften Charakter. Zu Anfang bestanden Zweifel, ob er auf unserer offenen Station bleiben könnte, da er als einer der kränksten Patienten galt – d. h. er neigte zu impulsiven Ausbrüchen, war rebellisch und ›verrückt‹. Im Laufe der Zeit schaffte er es jedoch, an den laufenden Aktivitäten wie Unterricht, Ausflügen, Selbstverwaltung der Patienten etc. teilzunehmen.

Wenn wir uns nun Stans Ablösungskonflikten zuwenden, müssen wir der Tatsache Rechnung tragen, daß er stärker als Marian Walters in eine Beziehung zu *beiden* Eltern verstrickt war, die in gleichem Maß zu den vorherrschenden Beziehungsmodi beitrugen. Wir müssen also jeweils klären, wie diese Modi sich auf den Vater, die Mutter oder beide Eltern bezogen; mit diesem Ziel vor Augen wenden wir uns nun Stans Eltern zu.

Die eheliche Beziehung der Eltern

Auf den ersten Blick ähnelte die eheliche Beziehung von Mr. und Mrs. Manning der von Mr. und Mrs. Walters. Die Mannings hatten wie die Walters eine zentripetale Lösung für ihre Ehekonflikte gefunden, die jeden Gedanken an eine Trennung oder Scheidung ausschloß. Ebenso wie die Walters zeigten sie eine Menge von unbewältigten Gefühlen, von ehelichem Haß, Bitterkeit und Enttäuschung, die gefährlich abgespalten und kaum unter Kontrolle gehalten wurden. Es gab jedoch auch Unterschiede: die Mannings waren stärker aneinander gebunden als die Walters, sie tauschten auf eine pseudo-gemeinschaftliche Weise mehr zärtliche Worte und Blicke miteinander aus. Sie zankten sich zwar zu Hause häufig und konnten sogar in einen wütenden Streit über die scheinbar triviale Frage geraten, ob die Klimaanlage ausgestellt werden sollte oder nicht, aber irgendwie schafften sie es, diese Ausbrüche schnell abzuspalten und zu verleugnen, und präsentierten Außenstehenden ein Bild trauter ehelicher Gemeinsamkeit.

Damit diese ›traute Gemeinsamkeit‹ funktionierte und glaubwürdig erschien, war eine besondere Art von Kommunikation nötig. Im Gespräch vermieden beide Partner jede klare und damit angreifbare Stellungnahme. Damit ging jeder Partner jeder klar artikulierten Meinungsverschiedenheit aus dem Weg. Wenn es jedoch einmal zu Meinungsverschiedenheiten zu kommen schien – z. B. wenn Mr. Manning sparen wollte und Mrs. Manning vorschlug, einen neuen Teppich zu kaufen –, brachten es beide schnell fertig, das Thema zu wechseln und einer Konfrontation auszuweichen. Besonders Mrs. Manning trug deutlich zu einer trüben Unverbindlichkeit in der Kommunikation bei, indem sie entweder aufgeregt losplapperte oder kryptisch, still und rätselhaft blieb.

Die Mannings, die jetzt Mitte Vierzig waren, hatten vor über zwanzig Jahren geheiratet. Zu diesem Zeitpunkt versprach jeder für den anderen das zu werden, was er am meisten vermißte oder benötigte, und wonach er sich am meisten sehnte. Mrs. Manning, eine weltgewandte, lebhafte und labile Frau, fühlte sich durch Mr. Mannings Ernsthaftigkeit und Verläßlichkeit angezogen. Mr. Mannings glaubte in seiner Frau die sprühende Spontaneität zu finden, die er bei sich selbst vermißte, um so mehr, als dieser Funke von einer charmanten und reichen Frau ausging. Anstatt jedoch die gegenseitigen Erwartungen zu erfüllen, entwickelte sich ihre Ehe zu einem zentripetalen Patt. Um dies zu verstehen, müssen wir kurz beide Ehegatten einzeln betrachten.

Mrs. Manning

Obwohl Clara Mannings Herkunft auf Reichtum und Prestige schließen ließ, hatte sie doch nicht im mindesten die Privilegien genossen, die ihr daraus zukommen mußten. Ihre Eltern hatten sich getrennt, als sie erst sechs Monate alt war. Ihren Vater, der angeblich Alkoholiker war, hatte sie niemals gesehen. Ihre von Sorgen geplagte Mutter hatte Clara ihren eigenen Eltern, d. h. Claras Großeltern, in Pflege gegeben, bei denen sie bis ins Teen-Alter hinein lebte. Ihre Großeltern konnten ihr jedoch nur wenig Anleitung und Aufmerksamkeit geben, obwohl sie sich sehr bemühten, diesen Nachkömmling mit ihren Lebensgewohnheiten zu vereinbaren. Die meiste Zeit wurde sie der Obhut von schwarzen Kinderschwestern überlassen. Um jedoch ihren Mangel an Aufmerksamkeit auszugleichen, verwöhnten die Großeltern Clara und überschütteten sie mit Geschenken. Während sie ein Leben voller Parties und teurem Glanz führte, sehnte sie sich nach liebevoller – und Grenzen setzender – elterlicher Stabilität. Mit dem Tode ihres Großvaters in ihrer späten Adoleszenz verschwand der letzte Anhaltspunkt für eine solche Stabilität. Depressiv und vereinsamt kehrte Clara zu ihrer Mutter zurück, die ihr inzwischen völlig fremd geworden war. So war es kein Wunder, daß sie sich zu Mr. Manning hingezogen fühlte, der ihr den Eindruck von Stabilität, Verläßlichkeit, Freundlichkeit und Hingabe vermittelte. Diese (bei den Eltern ersehnten) Eigenschaften wogen für sie seine niedrige soziale Herkunft auf, derentwegen er für ihre weitere Verwandtschaft unannehmbar war. Wie vorauszusehen war, entpuppte sich Mr. Manning, der ›Vater-Mann‹, als bittere Enttäuschung, und Mrs. Manning wurde immer unruhiger und verzweifelter, je länger sich ihre Ehe dahinschleppte. Sie trug ihrem Mann nach, daß sie sich seinetwegen ihrer Familie und deren Reichtum entfremdet hatte, und gleichzeitig fürchtete sie, ihre Schönheit zu verlieren. Sie erreichte einen Tiefpunkt, als sie sich, wie Mrs. Walters, einer Totalresektion der Gebärmutter unterziehen mußte, die für sie gleichbedeutend mit dem Verlust ihrer Weiblichkeit und Anmut war.

Mr. Manning

Peter Manning, ein hagerer, deprimiert aussehender Mann, empfand für seine eigenen Eltern abwechselnd Scham, Mitleid oder Wut. Wie um ihren Mangel an materiellen Gütern und gesellschaftlichen Annehmlichkeiten auszugleichen, hatten diese die Angewohnheit, sich ständig an einer makabren Vorstellung von Gewalttätigkeiten und perversen Missetaten zu weiden, die natürlich immer andere Leute begingen. Nichtsdestotrotz hatten sie versucht, ihre beiden Söhne zu Musterbeispielen von Anständigkeit und Aufrichtigkeit zu erziehen. Bei ihrem ältesten Sohn versagten sie in dieser Hinsicht – er wurde ›rebellisch‹ und lieferte somit noch mehr Material für ihre geschwätzigen Projektionen. Peter Manning, der als Kind weitaus passiver war, entwickelte sich allerdings ganz nach ihren Vorstellungen. Er scheute wilde Abenteuer und baute sich eine eingeschränkte Existenz voll harter Arbeit und mit bescheidenen Freuden auf. Nach Ansicht seiner Eltern benahm er sich nur einmal ungewöhnlich und quasi-rebellisch: als er seine (in ihren Augen) exotische und fremdartige Frau heiratete. Dies hatte jedoch zur Folge, daß er sich allmählich immer stärker seinen Eltern entfremdete. Er besuchte sie immer seltener und hatte, als er in unser Therapieprogramm aufgenommen wurde, fast ganz den Kontakt zu ihnen verloren.

Als ob er dafür büßen wollte, daß er eine – für seine Eltern – nicht akzeptable Frau geheiratet hatte, gab er seine vielversprechenden Studien bald auf. Statt dessen nahm er eine langweilige und untergeordnete Stelle als Assistent eines Bauunternehmers an. Diese Stelle brachte es mit sich, daß er ohne Aussicht auf berufliches Fortkommen täglich Überstunden machen mußte. Als er zu uns kam, war er erschöpft und vorzeitig gealtert. In unseren Erstinterviews diagnostizierten wir Mr. Manning als depressiven Zwangscharakter. Später bemerkten wir auch einen hartnäckigen paranoiden Zug, der besonders auf seine weibliche Kotherapeutin gerichtet war. Zu seinem männlichen Therapeuten, der zufällig auch der Therapeut seines Sohnes war, entwickelte er eine willfährige und idealisierende Beziehung mit homosexuellen Untertönen.

Die Mannings hatten zwei Kinder – Katherine war neunzehn und Stan sechzehn Jahre alt, als sie in unser Programm aufgenommen wurden. Wie zu erwarten, wurden sie von den Eltern benutzt, um ihre verfahrene Situation und ihre Krise der mittleren Jahre zu erleichtern und womöglich ihre Probleme zu lösen. Im folgenden werde ich mich darauf beschränken, die Bedeutung dieser Konflikte für Stan nachzuvollziehen.

Aus dem Bindungsmodus erwachsende Konflikte

Kognitive Bindung durch die Mutter

In den Familiensitzungen tendierte die Mutter wie in der Ehepaartherapie dazu, entweder aufgeregt daherzuplappern oder kryptisch, still und rätselhaft zu bleiben. Ihr Schweigen und ihre kryptischen Äußerungen traten besonders in den späteren Phasen der Familientherapie in den Vordergrund, sie verrieten eine starke Bindung auf kognitiver Ebene. In der Therapie war dieser Prozeß offen erkennbar, da sie einfach mit einem rätselhaften Lächeln auf den Lippen ruhig dasaß und zusah, wie die anderen Familienmitglieder versuchten, aufzudröseln, was sie ihnen gelegentlich mitteilte, oder genauer gesagt, was sie *nicht* mitteilte. Indem sie sich als validierende Instanz ausschloß, stellte sie die anderen Familienmitglieder vor die Alternative, sie entweder ganz zu ignorieren und als Beteiligte am Gespräch auszuschließen, oder einen wenig deutlichen, gefühlsbetonten, eher primärprozeßhaften Kommunikationsstil einzuführen, in dem ihre Rätselhaftigkeit vielleicht doch einen Platz finden konnte. In diesem Kommunikationsmodus wurde eine ›Konsensus-Sensitivität‹ deutlich, wie D. Reiss (1971) sie beschrieben hat. Die Familie wechselte zwischen diesen beiden Kommunikationsstilen verlegen und unentschlossen hin und her; einmal ignorierten sie die Mutter, das andere Mal ließen sie sich auf die von ihr diktierte Ebene der Konsensus-Sensitivität ein. Keine der beiden Kommunikationsweisen erlaubte es jedoch Stan, zwischen sich und seiner Mutter eine klare Abgrenzung zu finden und diese artikuliert und deutlich zum Ausdruck zu bringen. Stan blieb – wie die anderen Familienmitglieder – mystifiziert, verunsichert und trotzdem an die Mutter gefesselt; das bedeutet in unserem Begriffsrahmen: Stan blieb kognitiv an seine Mutter gebunden. Da er einer solchen kognitiven Bindung unterworfen war, ist es nicht verwunderlich, daß Stan in Situationen, die Empathievermögen oder die Fähigkeit zu menschlicher Nähe forderten, nur eine unsichere Abgrenzung gelang. In solchen Situationen wurde er von einem Verlust seiner

Ich-Grenzen bedroht und so dazu getrieben, entweder einen starren, arroganten, ›paranoiden‹ Standpunkt einzunehmen, oder sich in eine Phantasiewelt und gefühllose Rauschzustände zurückzuziehen. Beide Reaktionen zeigen, daß Stan die Fähigkeit und/oder der Wille fehlte, eine enge Beziehung zu Gleichaltrigen oder anderen Erwachsenen einzugehen.

Stan in der Bindung durch archaische Loyalitätsbedürfnisse
Verschiedene Aspekte von Stans Erscheinung und Verhalten gaben mir Anlaß zu der Annahme, daß er auch durch archaische Loyalitätsbedürfnisse gebunden war und sich von ›Ausbruchsschuld‹ bedroht sah. Solche Schuldgefühle können einen Jugendlichen überfluten, der gelernt hat, jeden Versuch der Ablösung von den Eltern – ob nun in Gedanken oder in der Realität – als das schlimmste Verbrechen überhaupt zu erleben. Im Vergleich zu anderen schizophreniegefährdeten Jugendlichen schien seine Bindung auf der Ebene archaischer Loyalität jedoch nicht allzu stark. Von Bedeutung ist hier besonders Stans Erscheinung. Er machte auf unbeteiligte Beobachter den Eindruck eines ›Leidenden Christus‹, der dazu bestimmt ist, für andere zu leiden und sie (d. h. seine Eltern) zu erlösen. Er demonstrierte sichtlich ein Phänomen, das ich bei anderen auf der Ebene archaischer Loyalität gebundenen Jugendlichen beobachtete – den Zwang, zum Retter und Therapeuten der ganzen Familie zu werden. Solch ein Zwang dient meiner Meinung nach teilweise als Gegengewicht zu einer intensiven Ausbruchsangst und reflektiert die Notwendigkeit, für die ›Ausbruchsschuld‹ zu sühnen. Dies stimmt mit der von I. Boszormenyi-Nagy (1972) eingehend beschriebenen Haltung des willigen Opfers überein; diese Rolle schien auf Stans engelsgleichem, leidendem Gesicht geschrieben. Darüber hinaus mußte Stan jedoch, um seine ›Ausbruchsschuld‹ zu sühnen, dafür sorgen, daß er bei seinen Versuchen der Selbstbestätigung oder der Ablösung als unfähig und/oder böse erschien. So zum Beispiel schaffte er es gewöhnlich, wenn er einen kurzlebigen Ausreißversuch in der Art der selbstdestruktiven ›erfolglosen Ausreißer‹ unternahm, wie sie wei-

ter oben beschrieben wurden, schon bald von der Polizei festgenommen zu werden. Indem Mrs. Manning ihren Sohn auf der kognitiven Ebene und der Ebene archaischer Loyalität gebunden hielt, konnte sie sicher sein, daß er in dieser Zeit, in der ihre Verzweiflung zunahm und ihre Lebenskrise sich verschärfte, im Guten wie im Schlechten an sie gefesselt war. Für Stan bedeutete dies allerdings, daß seine Ablösungskonflikte ungelöst blieben; gleichzeitig enthielten sie jedoch eine gefährliche Sprengkraft. Diese zerstörerische Kraft wurde teilweise sichtbar, als Stan sechs Monate, nachdem die Familie sich voll Unbehagen und unter Komplikationen aus unserem Projekt zurückgezogen hatte, in einem anderen Krankenhaus als Notfall behandelt werden mußte. Stan hatte eine Menge unspezifischer Pillen zu sich genommen, offensichtlich, um sich das Leben zu nehmen.

Aus dem Delegationsmodus erwachsende Konflikte.

Stan als Delegierter

Stan war, ebenso wie Marian, zugleich gebunden und delegiert. Während Marian jedoch als Delegierte vor allem einen *Konflikt zwischen verschiedenen Aufgaben* erlebte, erfuhr Stan hauptsächlich einen *Konflikt zwischen verschiedenen Loyalitäten.* Wie wir sahen, war Stan in gleichem Maße, wenn auch auf verschiedene Weise, in die Beziehung zu beiden Elternteilen verstrickt, während Marian vor allem in die Beziehung zu ihrer Mutter verwickelt war. (Auch für Stan entwickelte sich ein Konflikt zwischen verschiedenen Aufgaben, für die Zwecke dieser Darstellung werde ich mich jedoch auf den Konflikt zwischen den Loyalitäten beschränken.)

Stan wurde von seiner Mutter mit der Aufgabe betraut, seinen Vater zu vernichten. Wir haben gesehen, daß Mr. und Mrs. Manning als Ehepartner verbittert und enttäuscht miteinander kämpften, obwohl sie nach außen einen Eindruck trauter Zweisamkeit erweckten. Sie mußten also unausweichlich versuchen, ihre Kinder als persönliche Verbündete zu gewinnen, weil eine Trennung für sie undenkbar war. Der Vater fand seinen Verbündeten in Katherine, Stans älterer Schwester, zu der er eine intensive und inzestuös gefärbte Beziehung hatte. Die Mutter wählte Stan, vielleicht, weil ihr nichts anderes übrigblieb. Aus Stans Beziehung zur Mutter entwickelte sich die Aufgabe, seinen Vater zu vernichten.

Daß Stan tatsächlich die Aufgabe hatte, seinen Vater zu vernichten, trat im Laufe der Therapie offen zutage. Die Mutter hüllte sich z. B. in rätselhaftes Schweigen und sah voller Schadenfreude zu, wie Stan seinen Vater als dumm, brutal und übertrieben autoritär bezeichnete. Wenn die beiden Männer sich aber einmal zu versöhnen suchten, stachelte sie Stan – mehr oder weniger versteckt – an, seinen Vater weiter zu beschimpfen. In Form einer harmlosen Frage spielte sie dann z. B. auf die Schwäche oder das Versagen des Vaters als Versorger der Familie an und gab Stan damit – aus ödipalen Verheißungen schöpfend – neuen Kampfgeist.

Stan versuchte gleichzeitig, die Aufgaben seiner Mutter und solche Aufgaben loyal zu erfüllen, die ihm sein Vater auferlegt hatte. Ein Loyalitätskonflikt war darum unvermeidbar. Der Vater schien ihn vor allem mit zwei Aufgaben zu betrauen: erstens, die verleugnete Schlechtigkeit des Vaters zu verkörpern und auszuleben, und zweitens, seinem Vater väterliche Wärme und Verständnis zu bieten.

Die erste Aufgabe kann der Selbstwahrnehmung eines Elternteils dienen. Wie wir sahen, muß der jugendliche Delegierte als lebender Kontrast für die Schlechtigkeit (oder Verrücktheit) herhalten, wenn dies ein Elternteil braucht, um sich seiner eigenen Tugend oder geistigen Gesundheit zu versichern. Ein solcher Delegierter erfüllt, wie wir gesehen haben, eine ähnliche Funktion wie der Sklave für seinen Herrn, der die ›Minderwertigkeit‹ des Sklaven als ständige Erinnerung und Versicherung seiner eigenen ›Überlegenheit‹ braucht.

Mr. Manning war der ›gute Junge‹ gewesen, der sein ganzes Leben als Erwachsener in einer langweiligen Stellung festsaß, die nur aus Routine bestand und keine Aussichten auf berufliches Fortkommen bot. Er war in seinen Möglichkeiten eingeschränkt, zwanghaft und deprimiert und mußte deswegen den starken Wunsch, alles liegenzulassen, aus der Tretmühle auszubrechen und dem ›Establishment eins auszuwischen‹, in sich bekämpfen. Er beneidete außerdem seinen älteren Bruder, der, wie oben erwähnt, ›erfolgreich‹ dazu delegiert worden war, für seine Eltern stellvertretend Missetaten zu begehen. Stan stellte nun für Mr. Manning eine späte Möglichkeit dar, mit seinem beneideten Bruder gleichzuziehen. Er verkörperte und inszenierte Mr. Mannings verleugnete Wünsche, indem er die Schule schwänzte, sich der Hippie- und Drogen-Szene anschloß und sich den Werten des Establishments offen widersetzte. Schließlich führte er diese Wünsche auf eine Weise aus, die es seinem Vater nicht nur ermöglichte, sie in sich selbst zu verleugnen, sondern sie auch strafend und selbstgerecht bei seinem Sohn zu verfolgen, genau wie seine Eltern ihre verleugneten Wünsche bei seinem Bruder attackiert hatten.

Über die Stellung als Projektionsschirm für die verleugneten und strafenden Projektionen seines Vaters hinaus befriedigte er durch den engen Zweikampf auch den Wunsch des Vaters nach menschlicher Nähe und Vertrautheit. Selbst wenn er sich mit seinem Sohn in einer Auseinandersetzung befand, so konnte Mr. Manning doch eine Beziehung zu ihm aufrechterhalten, die seine intensiven eigenen Wünsche nach Versorgung und Selbstbestätigung zu erfüllen versprach. Auch diese Bedürfnisse waren in seinen Beziehungen zu seinen eigenen Eltern (insbesondere zu seinem Vater) und dann zu seiner Frau, unbefriedigt geblieben. Kurz gesagt, wenn er mit Stan kämpfte, konnte er hoffen, daß sein Sohn eine solche elterliche Rolle in bezug auf seine Bedürfnisse übernehmen würde. Es stimmt wohl, daß solche Kämpfe auch eine Distanz zwischen den Partnern beinhalten; es tritt aber auch im Laufe der Zeit eine Entwicklung zu ›liebevollen Kämpfen‹ ein, die den Respekt und das Verständnis der Partner füreinander vergrößern. Dies wird in einem späteren Kapitel zu erläutern sein.

Jede Entwicklung in Richtung auf einen ›liebevollen Kampf‹ und damit auf eine eventuelle Aussöhnung mit dem Vater, war jedoch in diesem Fall dazu verdammt, mit der Aufgabe in Konflikt zu geraten, die die Mutter ihm gestellt hatte – der Aufgabe, seinen Vater zu vernichten. Aus diesem Grund konnte Stan einem Loyalitätskonflikt nicht entgehen.

Aus dem Ausstoßungsmodus erwachsende Konflikte

Obwohl Stan sich von Zeit zu Zeit auf dramatische Weise von seinen Eltern zu lösen versuchte, geschah dies nicht unter dem Einfluß eines echten Ausstoßungsmodus. Stan schien sich vielmehr zu lösen, um eine Nische für sich zu finden und sich in eine Phantasiewelt zurückzuziehen. Dieses Verhalten scheint für Jugendliche in bestimmten stark bindenden Familien typisch zu sein.

Jason Tenelli: Gebunden und delegiert

Jason war, wie Marian und Stan, zugleich gebunden und delegiert; bei ihm zeigten sich jedoch andere Variationen von Ablösungskonflikten.

Jason war der vierte von fünf Brüdern und gerade fünfzehn Jahre alt, als er auf unserer Station aufgenommen wurde. Nach dem Buchstaben des Gesetzes mußte man ihn als unverbesserlichen Kriminellen bezeichnen, weil er etwa anderthalb Jahre zuvor angefangen hatte, die Schule zu schwänzen, Zeugnisse zu fälschen, seinen Eltern Geld zu stehlen und nachts nicht nach Hause zu kommen. Er verbrachte diese Nächte außer Hause mit älteren Jungen, und seine Eltern glaubten, daß er Drogen nähme und sich mit Homosexuellen herumtriebe. Er wurde mehrmals in verschiedene Anstalten eingeliefert. Es kam zu einer Krise in der Familie, als er in eine berüchtigte Erziehungsanstalt eingeliefert werden sollte. Er schluckte hundert Hustentabletten und durch diesen Trick einer Selbstmorddrohung wurde er als medizinisch-psychiatrischer Notfall in ein Krankenhaus eingeliefert. Ein paar Monate später wurde er in unser Programm überwiesen.

Die eheliche Beziehung der Tenellis

Wie die Mannings und die Walters waren die Tenellis etwa Mitte Vierzig. Finanziell waren sie dank Mr. Tenellis Karriere als Ingenieur im Staatsdienst gut gestellt. Ihrer sozialen Herkunft nach – beide stammten aus der unteren Mittelschicht – paßten sie besser zueinander als die beiden anderen Ehepaare. Mr. und Mrs. Tenelli versuchten anfangs in den Sitzungen den Eindruck einer grundsätzlichen ehelichen Harmonie zu erwecken. Nach ihrer Ansicht war ihre Ehe von Anfang an gut und problemlos verlaufen. Es gab keine finanziellen Schwierigkeiten, keine ehelichen Probleme; es gab nur Probleme mit den Kindern. Die Eltern waren sich demnach gar nicht über die Krise der mittleren Lebensjahre im klaren. Sie hatten eine zentripetale Lösung für die Anforderungen ihres ehelichen Lebens gefunden, die für sie keinen Kummer brachte.

Als die Ehepaar- und die Familientherapie allmählich in Gang kam, änderte sich jedoch dieser Eindruck; Probleme tauchten auf, die kaum weniger schwerwiegend waren als die der Walters und der Mannings. In gewisser Weise war die Überzeugung der Ehegatten, daß alles in Ordnung sei, ihr größtes Problem. Solche Überzeugungen führen zur Verleugnung, die verhindert, daß sich zwischen ihnen etwas ändert – außer, wenn sie ihre Kinder dafür instrumentalisieren. Es ist also nicht verwunderlich, daß sie in der Beziehung zu ihren Kindern, insbesondere aber zu Jason, ebensoviel Ärger, Frustration und hilflose Wut zeigten wie Harmonie in der Beziehung zueinander.

Mr. Alfonse Tenelli

Mr. Tenelli war von südeuropäischer Herkunft, lebhaft und großzügig. Wenn er an den Familiensitzungen teilnahm, waren alle Anwesenden lebendig und aufmerksam; wenn er nicht da war, breitete sich depressive Müdigkeit und Schweigen aus. Ohne Zweifel war er der dominante Elternteil. Trotz seiner Großzügigkeit fehlte es Mr. Tenelli jedoch vor allem an Introspektionsfähigkeit. Er hatte einen mechanischen Verstand, der jedes Problem, sei es technisch, moralisch oder ästhetisch, so umformte, daß es entweder als »gut« oder als »böse« bezeichnet werden konnte und dann durch eine praktische Formel zu lösen war. In dieser schematischen Anwendung von technischen Methoden auf menschliche Probleme zeigte Mr. Tenelli einen gewissen Mangel an Empathievermögen. Psychologische Komplexitäten konnte er nicht erfassen. Dennoch schien er sich auf eine sonderbare Weise für Menschen zu interessieren, die auf einer anderen emotionalen Wellenlänge funktionierten, und fühlte sich zu ihnen hingezogen. Da ich Mr. Tenellis Therapeut war, habe ich mich oft gefragt, was hinter diesem Mangel an Empathievermögen und psychologischem Verständnis verborgen sein mochte.

Seine frühkindliche Erziehung und seine Herkunft gaben dafür nur wenige Hinweise. Immer wieder betonte er, daß sein Vater, der ein armer Einwanderer aus Europa war, ihm den Wert harter Arbeit vermittelt und dafür gesorgt habe, daß die schlimmen Jungen (und Mädchen), die ihre arme Nachbarschaft in den Slums unsicher machten, ihn in Ruhe ließen. Während sich seine Altersgenossen herumtrieben, arbeitete er hart und brachte es schließlich zu akademischen Ehren und beruflichem Erfolg.

Erst im Laufe seiner Therapie begann er einen nagenden, wenn auch nicht klar ausgesprochenen Verdacht zu entwikkeln, daß sein Leben unausgefüllt und leer bleiben könnte. Er hatte in der Tat wenig von seiner Jugend gehabt und, wie sich herausstellte, nicht die Fähigkeiten und Interessen entwickelt, die er nun benötigte, um seine mittleren Jahre auszufüllen. Abgesehen von seiner Arbeit, die zur Routine erstarrt war, gab es für ihn nur Football-Spiele und gelegentliche Ausflüge am Wochenende, und vor allem seine Kinder – die würden aber nun bald alle selbständig sein.

Mr. Teresa Tenelli

Mrs. Tenelli machte einen wesentlich weniger anziehenden Eindruck als ihr Mann. Für einen zufälligen Beobachter schien sie trotz ihres hübschen Gesichts und ihres attraktiven Äuße-

ren kalt und leer. Im ganzen war sie weniger fähig, ihren Kindern mütterliche Zuneigung zu gewähren als Mr. Tenelli. Bei genauerer Betrachtung erwies sich ihr gegenwärtiges Leben, trotz (oder wegen) seiner vorstädtischen Geschütztheit, als ebenso leer wie der Ausdruck auf ihrem Gesicht. Sie hatte kaum eigene Tätigkeiten außer z. B. den Chauffeur für ihre Kinder zu spielen, einmal in der Woche zu einem Bridgeklub zu gehen, Kerzen herzustellen und sich Seifenopern im Fernsehen anzusehen. Nichtsdestotrotz zeigte sie beim Fortschreiten der Therapie dann einige Funken. Wenn sie in einer Art hysterisch-unbekümmerter Stimmung war, konnte sie anzügliche Witze erzählen oder darüber lachen und auch, mit einer Mischung aus Triumph und Verachtung, ihren Mann als zwanghaft und unreif – genau wie ihre Kinder – bezeichnen. Allmählich enthüllte sie mehr von ihrer zugrundeliegenden Depression, ihrem Gefühl der Deprivation und des Unglücklichseins und ihrer Abneigung dagegen, daß ihr Mann sich so exzessiv mit den Kindern befaßte.
Wir wollen nun sehen, wie Jason benutzt wurde, einige der Probleme zu lösen, die Mr. und Mrs. Tenelli in ihrer Beziehung zueinander weder erkennen noch auflösen konnten.

Konflikte, die aus dem Bindungsmodus entstehen.

Jason war wie Marian hauptsächlich in die Beziehung zu *einem*, dem dominierenden Elternteil verstrickt, zu seinem Vater. In dieser Beziehung herrschte der Bindungs- und Delegationsmodus vor. Der sonst so autoritäre und freimütige Mann erschien im Umgang mit seinem Sohn ängstlich, anklagend und hilflos, er legte damit davon Zeugnis ab, wie sehr sich sein Leben um den Jungen drehte. Mrs. Tenelli, der kühlere und reserviertere Elternteil, hielt sich im Hintergrund; manchmal mischte sie sich jedoch in die Diskussion ein, um ihren Mann und ihre Söhne auf versteckte Weise anzugreifen.
Je häufiger wir Mr. Tenelli beobachteten, desto mehr kamen

wir zu dem Eindruck, daß er Jason wie ein enttäuschter Liebhaber umwarb. Auf einer tieferliegenden Ebene entdeckten wir, daß Mr. Tenelli seinen Sohn in eine Bindung ziehen und versuchen wollte, von ihm die Wärme und Zuwendung zu bekommen, die ihm als Kind vorenthalten worden war. Er überschüttete den Jungen mit Geschenken, Aufmerksamkeit und Versprechungen. Das führte allerdings dazu, daß er auf einem Vulkan saß, sobald Jason unter dem Druck seiner zunehmenden libidinösen und aggressiven Triebwünsche ambivalente Gefühle bezüglich der ›Werbung‹ seines Vaters zu entwickeln begann. In der Tat stand Jason, als er in unser Programm aufgenommen wurde, ganz unter dem Eindruck einer beängstigenden Nähe zu seinem Vater und fühlte sich insbesondere bedroht von den ›homosexuellen‹ Untertönen dieses Verhältnisses. Es war daher nicht verwunderlich, daß er bei der Aufnahme kurz vor einer Panik stand und zwischen dem Wunsch zu fliehen und dem zu bleiben hin- und hergerissen wurde. Aber trotz seiner Panik machte er den Eindruck eines Vulkans kurz vor dem Ausbruch. Die Macht, bei seinem Vater durch den kleinsten Wink Glück, Verzweiflung oder Hilflosigkeit hervorzurufen, berauschte und verwirrte ihn.

Jason war aber nicht nur auf der Ebene elementarer Abhängigkeitswünsche, sondern ebenso auf der kognitiven Ebene gebunden. Das Erscheinungsbild dieser kognitiven Bindung unterschied sich jedoch von unseren Beobachtungen bei Stan. Jasons Vater, dem in einzigartiger Weise jedes Empathievermögen abging, konnte sich nicht auf die emotionale Wellenlänge seines Sohnes einstellen. Er schien auch ganz besonders unfähig zu sein, viele seiner eigenen Bedürfnisse, Motivationen und Empfindungen wahrzunehmen, weil er dazu neigte, emotionale Probleme auf ein simplistisches ›Gut-böse‹-Schema zu reduzieren, das man technisch lösen konnte. Im gleichen Ausmaß, in dem der Vater es fertigbrachte, seine eigenen Konflikte und seine eigenen unerfüllten Bedürfnisse zu verleugnen, mußte Jason dazu dienen, ›Probleme zu besorgen‹. Dazu gab er sich dann auch her. Pflichtgemäß sorgte er für Probleme, die konkret genug waren, daß sie in das empathielose Ingenieurdenken und das ›Law-and-order‹-Schema seines Vaters paßten. Er stahl, nahm Drogen, fälschte Zeugnisse, kam nachts nicht nach Hause etc. Auf diese Weise bestätigte er die Problemdefinitionen seines Vaters und paßte sich dessen stärkerer Realität an. In diesem Prozeß ersetzte er sein eigenes unterscheidungsfähiges Ich durch das realitätsverzerrende Ich seines Vaters, was typisch für die kognitive Bindung zu sein scheint.

Die Familientherapie gab uns einen Einblick in die Art und Weise, in der Jason gezwungen wurde, Probleme für seinen Vater zu beschaffen. Sein Vater nahm ihn zum Beispiel auch dann ängstlich und anklagend zur Seite, wenn er sich auf der Station und draußen tadellos verhalten hatte, und meinte: »Wir haben keinen Grund, zu glauben, daß du dich gebessert hast; sag uns also jetzt, was du gestern wieder auf der Station angestellt hast.« Jason fing dann, zumindest am Anfang der Familientherapie, jedes Mal eine wütende Debatte an und gab schließlich voll widersetzlicher Provokation einige Missetaten oder doch wenigstens einen Hang zu Missetaten zu. Damit hatte er sich dann wieder der ›stärkeren Realität‹ seines Vaters angepaßt. Solch ein kognitives Gebundensein kann, wie wir sehen werden, bei Jugendlichen sehr schnell zur Delinquenz führen, wenn es mit bestimmten Formen des Delegationsmodus verbunden ist. Schließlich war Jason auch auf der Ebene archaischer Loyalität gebunden, wenn auch weniger stark, als ich es bei einigen anderen Familien beobachtet habe. Der Vater erzog seine Kinder dazu, ihre eigenen Bedürfnisse immer den Bedürfnissen der Familie unterzuordnen und machte sich damit zum Fürsprecher starker Familienbande, wie es seiner eigenen Herkunft entsprach. Indem er bei seinen Kindern eine starke Loyalität zur Familie weckte, legte er zugleich den Grundstein für eine ›Ausbruchsschuld‹. Loyalität und ›Ausbruchsschuld‹ waren jedoch nicht so sehr auf die Familie selbst als vielmehr direkt auf den Vater bezogen, denn er war es letzten Endes, der die Bedeutung und die Grenzen der Familie festlegte. Das zeigte sich z. B. deutlich daran, daß er ›wir‹ (die Familie) sagte, wenn er eigentlich

›ich‹ meinte – seine eigenen Wünsche, Bedürfnisse und Grenzen.
Jasons Versuche, aus der Familie auszubrechen oder wegzulaufen, blieben wegen seiner archaischen Loyalitätsbindungen verständlicherweise erfolglos. Jason stellt deshalb ein weiteres Beispiel für erfolglose Ausreißer dar. Gerade dadurch, daß sie ihre Ausreißversuche abbrechen, legen sie Zeugnis davon ab, wie stark ihre Bindungen an die Eltern sind. Auch lieferte das selbstzerstörerische und auf Bestrafung gerichtete Verhalten bei seinen Ausreißversuchen in Jasons Fall einen Beweis dafür, wie er seine Ausbruchsversuche unbewußt als Verbrechen erlebte, die nur durch harte Strafen gesühnt werden konnten.
Trotzdem erklären Jasons Konflikte beim Bindungsmodus nicht alle wichtigen Aspekte seiner Pathologie und insbesondere seines delinquenten Verhaltens. Um diese Aspekte zu verstehen, müssen wir uns mit seinen Ablösungskonflikten beschäftigen, die sich vor allem im Delegationsmodus entwickelten.

Konflikte, die aus dem Delegationsmodus entstehen

In seiner Rolle als Delegierter seines Vaters mußte Jason hauptsächlich zwei Aufgaben erfüllen: er sollte ein akademischer Superstar werden und für Aufregung sorgen. Beide Aufgaben entstanden aus den oben skizzierten, ungelösten Lebensproblemen des Vaters. Beide Aufgaben beinhalteten auch, daß Jason aus der Familie ausgesandt und zugleich an einer langen Leine gehalten werden sollte. Keine der beiden Aufgaben vertrug sich allerdings mit der Vorstellung eines engen Familienzusammenhalts, die der Vater sonst immer in den Vordergrund stellte. Darüber hinaus waren die beiden Aufgaben – ein akademischer Superstar zu werden und für Aufregung zu sorgen – aus inhärenten Gründen nicht miteinander in Einklang zu bringen; sie sind daher ein weiteres Beispiel für ›Konflikte zwischen verschiedenen Aufgaben‹.

Von Anfang an war Jasons erste Aufgabe – akademische Höchstleistungen zu erbringen – zum Scheitern verurteilt. Sein Temperament und seine intellektuelle Veranlagung – er war weder besonders brillant noch besonders fleißig – ließen kaum den Schluß zu, daß er der inständigen Erwartung seines Vaters entsprechen und eine Leuchte der Wissenschaft werden könnte. Dies schien um so unwahrscheinlicher, als die Rolle des Erfolgreichen in der Familie schon von seinem älteren Bruder Richard ausgefüllt wurde. Richard war ganz offensichtlich auf dem Weg zu akademischen Ehren, und Jason schien sich mit der ›negativen Ehre‹ des Unruhestifters und Versagers zufriedenzugeben. Nach meinen Beobachtungen ist dies eine Möglichkeit, wie ein Jugendlicher versuchen kann, mit einer solchen ›unerfüllbaren Aufgabe‹ fertig zu werden.

Da er bei seiner ersten Aufgabe versagen mußte, schien Jason um so entschlossener, bei seiner zweiten Aufgabe Erfolg zu haben, also für Aufregung zu sorgen. Diese Aufgabe bezog typischerweise ihre Bedeutung aus den Erfahrungen – oder genauer: dem Mangel an Erfahrungen –, die der Vater selbst als Jugendlicher gemacht hatte, und seinem Bedürfnis, sie nachzuholen. Mr. Tenelli hatte als Jugendlicher viele Vergnügungen entbehrt, weil ihn sein Vater zu harter Arbeit angehalten hatte, damit er und sein Vater sozial aufsteigen konnten. Nun hatte Mr. Tenelli Jason die Aufgabe delegiert, einen Teil seiner eigenen verlorenen Jugend wieder einzuholen. Er erwartete also, stellvertretend durch Jason, die Aufregungen einer Jugend zu erleben. Zu diesem Zweck gab er seinem Sohn Anlaß zu delinquentem Verhalten und ermutigte ihn noch dabei. Das triste und beschränkte Leben seiner Eltern in der Vorstadt stand in scharfem Kontrast zu den Ablenkungen, für die Jasons nichtsnutzige Abenteurerlust sorgte. In bezug auf Jasons Aufgabe als Unruhestifter verbündete sich der Vater mit der Mutter, die in ihrer hysterisch-unbekümmerten Art dies in entwaffnender Form zugab: Als der Therapeut den Hintergrund von Jasons kriminellem Verhalten zu erforschen suchte, erklärte die Mutter: »Ach, ich glaube, zu Hause war es einfach zu langweilig.« Wie wir später erfuhren, hatten die Eltern absichtlich kleinere Geldsummen in Jasons Reichweite liegenlassen, um zu testen, ob er sie stehlen würde oder nicht. Wie zu erwarten war, ›versagte‹ Jason bei diesem Test.

Jason diente jedoch nicht nur dazu, für Aufregung zu sorgen, er mußte auch für Probleme sorgen. Ich glaube, daß gerade diese Mischung von elterlichen Erwartungen an erster Stelle Jasons besondere Art von delinquentem Verhalten hervorbrachte – eine Delinquenz, die durch ein ängstliches Gebundensein an den Vater, gemischt mit dem selbstdestruktiven Verlangen nach Strafe und erfolglosem Ausreißertum charakterisiert wird.

Konflikte, die aus dem Ausstoßungsmodus entstehen.

Jason war offenbar sehr geringfügig einem echten Ausstoßungsmodus ausgesetzt gewesen, obwohl sein Vater manchmal an dem Punkt angelangt war, wo er imstande gewesen wäre, Jason hinauszuwerfen. Überstürzte, dramatische Ausstoßungen, die von Dauer oder nur vorübergehend sein können, sind, wir wir gesehen haben, typisch für Familienbeziehungen wie die der Tenellis, in denen ein starker Bindungs- oder Delegationsmodus dominiert.

Gail Dixon: Delegiert und ausgestoßen

Gail galt wie Jason als delinquent und unverbesserlich, bevor sie im Alter von sechzehn Jahren in unser Programm aufgenommen wurde. Wie Jason schwänzte sie die Schule, war schwer erziehbar und folglich schon in Erziehungsheimen gewesen. Im Unterschied zu Jason, den ich als erfolglosen Ausreißer klassifiziert habe, hatte Gails Ausreißertum aber schon beträchtliche Formen angenommen. Auch hatten ihre Schwierigkeiten eine längere Vorgeschichte als die Jansons. Gail besaß eine größere Fähigkeit und mehr Härte als Jason, wenn es darum ging, jemand auszunutzen und zu manipulieren, und sie verhielt sich dabei oft zynisch. Allerdings machte sie auf mich den Eindruck eines deprivierten und nach Zuneigung hungernden Mädchens, das unter einer ›Verlassenheits-Neurose‹ litt, wie sie C. Odier (1956) beschrieben hat. Sie war ständig von dem Bedürfnis getrieben, sich an jeden Menschen zu klammern, der ihr etwas menschliche Wärme versprach. Aber offensichtlich war sie gleichzeitig unfähig, die Ambivalenz und Komplexität einer solchen Beziehung auszuhalten, mit dem Ergebnis, daß sie bald wieder ihre ›Freunde‹, Therapeuten und therapeutische Umgebungen wie Krankenhäuser und Erziehungsheime im Stich ließ. Es war nicht überraschend, daß sie nach einigen Monaten auch uns weglief.

Gails Ausprägung von abweichendem Verhalten (d. h. ihr ›unbekümmertes‹ Ausreißen, ihre affektive Verwahrlosung, ihre Tendenz, andere zu manipulieren und auszunutzen) wird eher verständlich, wenn man sie unter dem Aspekt des Bindungs-, Delegations- und Ausstoßungsmodus analysiert. Dazu müssen wir uns wieder kurz den Eltern zuwenden.

Die eheliche Beziehung von Mr. und Mrs. Dixon

Im Gegensatz zu den drei oben beschriebenen Familien waren die Dixons starken zentrifugalen Kräften unterworfen. Zwei Jahre zuvor hatten sie sich entschlossen, in getrennte Wohnungen zu ziehen. Länger schon hatten sich beide verschiedenen Interessen und außerehelichen Beziehungen zugewandt. Dennoch hatten sie ihre Beziehung nicht vollständig abreißen lassen. Sie kamen auch weiterhin relativ häufig zusammen – vorgeblich, um über ihre Kinder zu reden, die bei Mrs. Dixon lebten – und hatten auch hin und wieder noch sexuelle Beziehungen. Von Anfang an gaben sie in der Ehepaar- und der Familientherapie ihrer gegenseitigen Enttäuschung Ausdruck und beklagten sich bitterlich übereinander.

Mrs. Dixon wies vor allem auf das verantwortungslose Verhalten und die Trunksucht ihres Mannes hin. Er hatte eine große Erbschaft, die sie gemacht hatte, durchgebracht, und war dann aus einer Stellung nach der anderen herausgeflogen.

Mr. Dixon betonte dagegen, daß seine Frau, statt ihn aufzubauen, ihn heruntergemacht und demoralisiert habe.

Bei weiterem Nachfragen stellte sich heraus, daß beide Ehegatten schon früher verheiratet gewesen waren – Mr. Dixon sogar zweimal. In den vorherigen Ehen hatte es auch viele wütende Auseinandersetzungen, Untreue und zeitweise erfolglose Trennungsversuche gegeben. Aber jedesmal hatten die Partner, wie in dieser Ehe, Schwierigkeiten dabei gehabt, einen Schlußstrich zu ziehen.
Zu dem Zeitpunkt, an dem sie zu uns kamen, hatte Mrs. Dixon sich als der dominantere Elternteil gezeigt. Sie hatte mehr Energie, mehr Antrieb und Macht als ihr Mann, der sich den Anschein von Willfährigkeit, Hilflosigkeit und Bedrücktheit gab. Wie sich herausstellte, hatte jedoch auch Mr. Dixon noch einige Macht in der Familie.

Mrs. Jeanne Dixon

Mrs. Dixon wuchs in einem Elternhaus auf, das ganz dem glich, welches sie nun ihren Kindern bot – ein Elternhaus mit zwei sich zankenden Eltern, die gewöhnlich jeder seinen eigenen Weg gingen und ständig mit Trennung drohten (obwohl es nie wirklich dazu kam). Da beide Eltern von Mrs. Dixon kulturbeflissen waren, gaben sie ihrem Heim einen Anstrich von Bohème. Ihre Mutter versuchte sich als Sängerin und Malerin und verstand sich als Künstlerin, während ihr Vater, der friedlichere und passivere Partner, sich als Kunstliebhaber darstellte.
Als Erwachsene wurde Mrs. Dixon ihrer ›kunstsinnigen‹, unbeständigen und zudringlichen Mutter sehr ähnlich. Sie war wie diese ständig auf der Suche, angetrieben von einem ›kreativen‹ Projekt, das vollen künstlerischen und finanziellen Durchbruch versprach. Es fehlte ihr jedoch die Ausdauer, das Talent und die Ausbildung, um ihre Träume wahr werden zu lassen. Nach jedem Fehlschlag stürzte sie sich in ein neues Projekt und suchte noch intensiver als zuvor nach ›dem‹ Mann, der sie durch seine Stärke, Geduld und Hingabe von ihrem ›Getriebensein‹ erlösen, ihr aber nichts von ihrem Antrieb nehmen würde.
Nach dem Scheitern ihrer ersten Ehe glaubte Mrs. Dixon, in

Mr. Dixon diesen Mann gefunden zu haben. Auf den ersten Blick flößte Mr. Dixon ihr Vertrauen ein, weil er würdevoll und verantwortungsbewußt erschien. Aber im Laufe der Zeit war sie gezwungen, ihre Meinung darüber zu ändern. Sein würdevolles, ruhiges Äußeres verbarg nicht nur eine ängstliche Passivität; er handelte auch unverantwortlich und zeitweise kriminell. Er brachte ihr ererbtes Geld mit Whisky und Börsenspekulationen durch, er log und betrog. Mrs. Dixons Probleme nahmen zu, als man – fünf Jahre, bevor sie zu uns kam – bei ihr Brustkrebs feststellte. Obwohl eine Brustoperation erfolgversprechend war, entwickelte sie ein immer heftigeres Bedürfnis nach neuen Anfängen. Dieses Bedürfnis schien diesmal auch dazu zu führen, daß ein Erfolg zum Greifen nahe war. Kurz bevor sie zu uns kam, wurde ihr die Möglichkeit geboten, eine Kunstgalerie zu eröffnen, und sie hatte auch einen neuen Freund (der Einfluß im Kunsthandel besaß). Aber während sich ihr diese neue Möglichkeit eröffnete, nahmen auch ihre Ambivalenzen und Zweifel darüber zu, ob sie ihren Mann verlassen sollte. Aus diesem Grund hatte sie sich einverstanden erklärt, an einer Ehepaar- und Familientherapie teilzunehmen, obwohl sie annahm, daß ihre Ehe kaputt sei.

Mr. Karl Dixon

Karl Dixon schien ebensosehr wie seine Frau bestrebt zu sein, in eine Therapie zu gehen – ›wegen der Ehe und der Kinder‹ – und er erschien dabei motiviert, vernünftig und zuverlässig. Es war schwer zu glauben, daß seine Frau ihn als verantwortungslosen und kriminellen Trinker ansah. Die Tatsachen, die im Laufe der Einzel- und Ehepaartherapie auftauchten, verliehen jedoch den Anschuldigungen seiner Frau mehr Glaubwürdigkeit.

Mr. Dixon stammte aus einer Familie mit zwölf Kindern. Er entwickelte als Kind schon eine Verachtung für seine Mutter, die kalt und unnahbar war und ihre Nachmittage und Abende mit Bridgespielen zubrachte, während ihre Kinder dem Vater, den Großeltern oder sich selbst überlassen waren. Da ihm eine konsistente Anleitung durch die Eltern fehlte, fing er früh damit an, die Schule zu schwänzen. Er versäumte oft den Unterricht und stahl in der Oberstufe kleinere Geldsummen, log und betrog. Nachdem er aus der Schule entlassen worden war, schien er jedoch langsam zu sich selbst zu finden. Er hatte, vielleicht wegen seines würdevollen, verantwortungsvollen Aussehens, Erfolg als Verkäufer. Seine Trunksucht, die ihm und anderen von Zeit zu Zeit Schwierigkeiten bereitet hatte, bekam er in den Griff. Aber allmählich nahmen die Anforderungen in der Ehe zu und führten dazu, daß seine zwei ersten Ehen zerbrachen. Das Glück und die Hoffnung schienen ihm wieder hold zu sein, als er in der Mitte seiner dreißiger Jahre Mrs. Dixon heiratete, die damals schön, kunstverständig und wohlhabend war.

Als er zu uns kam – in der Mitte der Fünfziger, ungefähr zwanzig Jahre nach der Eheschließung –, hatte er trotz vieler Enttäuschungen wie seine Frau noch nicht die Hoffnung auf einen neuen Anfang aufgegeben. Obwohl er erst vor kurzem aus seiner Stellung geflogen war, sah er sich nach neuen Möglichkeiten um und erwog auch eine neue Heirat, seine vierte.

Wir wollen nun sehen, wie sich all dies auf Gail, das älteste Kind, unsere Patientin, auswirkte.

Gails Situation

Keiner der beiden Eltern Gails war dominant in dem bisher entwickelten Sinn des Begriffs, da keiner wirklich Anteil an ihr nahm. Wegen dieser beschränkten Anteilnahme fehlte die Art von dauerndem zwischenmenschlichem Konflikt, der aus intensiven emotionalen Bindungen stammt und sie reflektiert. Obwohl sich die Eltern vor allem mit einem neuen Anfang in ihrem eigenen Leben beschäftigten, ließen sie jedoch nicht ganz voneinander ab, Gail wurde damit unausweichlich in die Ambivalenz verwickelt, die ihre Eltern in bezug auf eine Trennung fühlten.

Konflikte, die sich aus dem Bindungsmodus ergeben

Weder der Vater noch die Mutter schienen eine besondere Neigung dazu zu haben, Gail zu binden. Ich bemerkte jedoch, daß die Mutter Gail manchmal auf der Ebene elementarer Abhängigkeitsbedürfnisse band, indem sie das Mädchen offen und regressiv verwöhnte. Zum Beispiel gab sie ihr plötzlich teure Geschenke oder sie war nachgiebig, wenn Gail extravagante Wünsche entwickelte. Solch sporadische und inkonsistente übermäßige Verwöhnung von seiten der Mutter diente, wie mir klar wurde, im wesentlichen der Verschleierung der Tatsache, daß sie das Mädchen ablehnte; diese Ablehnung war auch im Hinblick auf ihre eigenen Erfahrungen und Bedürfnisse nur allzu verständlich. Im allgemeinen schien Mrs. Dixon zwischen Verdammung, Schelte und Zurückweisung des Mädchens einerseits und übermäßiger Befriedigung und Verwöhnung andererseits zu schwanken. Ein Teil von Gails Zynismus spiegelte ihr Wissen um die Inkonsistenz und die Falschheit der ›Freigiebigkeit‹ ihrer Mutter wider. Schließlich brachte Mrs. Dixon Gail oft durch Bestechung dazu, ihr zu Hause zu helfen, weil sie einen Aufpasser für die kleineren Geschwister brauchte.

Konflikte, die sich aus dem Delegationsmodus ergeben

In gewissem Maße benutzten beide Eltern Gail als Delegierte. Die Mutter brauchte Gail insbesondere dann, wenn sie sich leer und verzweifelt fühlte, um Abwechslung in dem vorhin angedeuteten Sinne zu erlangen. Da sie selbst ausgehungert nach sexuell und affektiv befriedigenden Beziehungen war, spionierte sie Gails Korrespondenz und Affären nach und regte sich darüber in einer Weise auf, die einerseits Gail insgeheim ermutigte und es andererseits der Mutter ermöglichte, an Gails Affären teilzunehmen.

Darüber hinaus versuchte Mrs. Dixon, genau wie Mr. Dixon, Gail als Verbündete im laufenden Ehekrieg zu gewinnen. In der Zeit, in der wir Kontakt zur Familie hatten, war Mr. Dixon erfolgreicher bei diesem Unterfangen. Wo immer er konnte, versuchte er Gail zu ermutigen, Verhaltensweisen an den Tag zu legen, die seiner Frau mißfallen und sie in Verlegenheit bringen würden. Zum Beispiel half er dem Mädchen gerade zu dem Zeitpunkt beim Weglaufen aus dem Krankenhaus, als die Mutter anscheinend am meisten darauf angewiesen war, daß Gail dort blieb, d. h. als sie selbst darauf aus war, eine neue Unternehmung anzufangen und dabei keine widersetzliche, streitsüchtige Tochter zu Hause gebrauchen konnte.

Konflikte, die sich aus dem Ausstoßungsmodus ergeben

Je länger die Familie zu uns kam, desto offener traten die vernachlässigenden und abweisenden Tendenzen der Eltern zutage. Die Mutter schrieb Gail nicht nur negative Eigenschaften wie Unehrlichkeit, Betrügerei, Widersetzlichkeit, Unzuverlässigkeit etc. zu, sondern sie neigte auch schon frühzeitig dazu, Gail als ungewöhnlich frühreif und unabhängig zu erklären. Sie bezeichnete Gail als ihren ›kleinen, selbstgenügsamen Schatten‹. Im Alter von vier Jahren erlaubte sie ihr bereits, in einem Schnellrestaurant zu essen. Während sie das Mädchen auf diese Weise in eine frühe Selbständigkeit drängte, rationalisierte sie die Vernachlässigung und Deprivierung als Sorge um Gails Autonomie. (In gleicher Weise ›trainierte‹ sie die beiden jüngeren Brüder Gails in Richtung auf eine frühzeitige Autonomie, mit dem Resultat, daß die beiden – die jetzt sieben und neun Jahre alt sind – gewöhnlich ganz allein aufstehen, selbst Frühstück machen und zur Schule gehen, während ihre Mutter bis spät in den Morgen schläft.)
Daß die Mutter Gail ablehnte, wurde noch deutlicher, nachdem ihre stationäre Behandlung beendet war. Die Eltern blieben noch eine Weile in Ehepaartherapie. Nachdem Gail nun aus ihrem Gesichtsfeld verschwunden war, fühlte sich die Mutter, und in einem geringeren Maße auch der Vater, so

frei, daß sie ihrer Überzeugung Ausdruck gaben, Gail sei im Grunde nur eine Last und ein Unruhestifter. Die Mutter konnte sogar sich und dem Therapeuten eingestehen, daß Gail für sie eine Belastung darstellte. Es war nicht überraschend, daß in dem Maße, in dem die Mutter ihre feindlichen Gefühle in bezug auf Gail offen zugeben konnte, sich das Verhältnis zwischen den beiden augenscheinlich verbesserte. Zumindest eine Zeitlang konnten Gail und ihre Mutter miteinander unter einem Dach wohnen, ohne ebensoviel zu streiten, wie sie es vorher gewöhnlich getan hatten.
Wie es für viele ausgestoßene Jugendliche typisch ist, erschien Gails Ablösungsprozeß oberflächlich und unmotiviert. Durch ihre frühe Ablösung von ihrer Familie neigte sie dazu, die präödipalen und ödipalen Konflikte, die stärker gebundene und delegierte Jugendliche mit ihren Eltern durchkämpfen, mit ihren ›Freunden‹, Bewährungshelfern und Therapeuten zu externalisieren und partiell zu wiederholen. Gleichzeitig richtete sie auf diese Menschen ihre unbefriedigten Bedürfnisse nach affektiver Zufuhr, die sie aber schon bald in Wirbeln von primitiver Ambivalenz zu begraben drohten. Aus diesem Grund mußte Gail jedesmal schnell aus diesen heiß gewünschten und ebensosehr gefürchteten Beziehungen wieder fliehen. Ihre ungeschickten Ablösungsversuche brach sie auf diese Weise bald ab, da keine dieser Beziehungen die Entwicklung von genügend Anteilnahme, Tiefe oder Komplexität zuließ. Die schweren Folgen für ihre Entwicklung sollen uns im nächsten Kapitel beschäftigen.

6. Kapitel: Die Schicksale der Entwicklungs- und Ablösungskonflikte bei Jugendlichen

Um zu einer Beurteilung der Entwicklung eines Jugendlichen zu kommen, müssen wir die Qualität seiner Beziehungen und seiner Konflikte untersuchen. Diese hängen voneinander ab, sie reflektieren seine Entwicklung und beeinflussen sie gleichzeitig. An seine Beziehungen stellen wir dabei die Frage: Wird er durch sie ärmer oder bereichert, beheben sie den Schaden, den frühere Beziehungen angerichtet haben, oder machen sie ihn schlimmer? Und in bezug auf seine Konflikte – seien sie intrapsychisch oder zwischenmenschlich – stellen wir die Frage: Machen sie ihn widerstandsfähiger, reifer und autonomer, oder erdrücken sie ihn, schwächen ihn und bringen seine Entwicklung zum Stillstand? Ich werde diesen Fragen nachgehen, indem ich die Entwicklung des Jugendlichen zu den beschriebenen Interaktionsmodi in Beziehung setze.

Die Entwicklung des Jugendlichen im Licht des Bindungsmodus

Dieser Beziehungsmodus verschiebt das Gleichgewicht zwischen den Beziehungen des Jugendlichen zu Gleichaltrigen gegenüber denen zu seinen Eltern. Wo er vorherrscht, arbeitet er den Beziehungen zu Gleichaltrigen entgegen und bewirkt beziehungsweise intensiviert und verlängert die Beziehungen des Jugendlichen zu seinen Eltern. Wir haben ja gesehen, daß gebundene Jugendliche dazu neigen, Gleichaltrigen aus dem Wege zu gehen.
In der Art und Weise, in der sie den ›Peer‹-Gruppen aus dem Wege gehen, spiegelt sich die Art der Bindung – affektive, kognitive oder Bindung auf der Loyalitäts-Ebene – wider, die jeweils vorherrscht.

Affektiv gebundene Jugendliche sind oft verwöhnt, weil sie davon ausgehen können, daß ihre Eltern ihnen alles auf einem silbernen Tablett servieren. Daher sind sie schnell von Gleichaltrigen enttäuscht und werden leicht von ihnen verspottet und vergrault. Für die Gleichaltrigen verkörpern sie jene kindischen und regressiven Versuchungen, die diese bei sich selbst zu bekämpfen suchen. Als Folge davon kehren die meisten affektiv gebundenen Jugendlichen schnell in den Kreis ihrer Familie zurück, wo sie zwar nicht in Ruhe gelassen werden, sich aber so, wie sie sind, akzeptiert fühlen können.
Kognitiv gebundene Jugendliche (wie Max, von dem im 4. Kapitel die Rede war) müssen sich noch stärker darauf einstellen, bei Gleichaltrigen schlechte Erfahrungen zu machen. Ihnen steht ein ›Kulturschock‹ bevor, der der Kluft zwischen ihrer Familie und der Subkultur der ›Peer‹-Gruppe entspricht. Wenn sie sich vorsichtig in die Welt der Gleichaltrigen wagen, bekommen sie Angst und werden sich schmerzlich ihrer Eigenarten und ihrer selbst bewußt. Viele der Fähigkeiten, die sie gelernt haben – wie Wahrnehmung, Sprach- und motorische Fähigkeiten –, und viele der grundlegenden Annahmen über zwischenmenschliche Beziehungen scheinen nun auf bestürzende Weise fehl am Platz zu sein. Indem sie neue Beziehungen, d. h. eine neue Selbst-Erfahrung und Selbst-Bestätigung mit und durch andere suchen, rennen sie in ihr Unglück. Daher kehren auch diese Jugendlichen schließlich wieder in den Kreis ihrer Familie zurück.
Das gleiche tun auch die durch Loyalität gebundenen Jugendlichen. Ihre reuevolle Rückkehr zu den Eltern ist darüber hinaus, wie ich gezeigt habe, oft gleichbedeutend mit Selbstzerstörung und Buße.
In dem Maße, in dem die Realität der Gleichaltrigen zurücktritt, gewinnt die der Eltern des Jugendlichen an Bedeutung. Sein Gebundensein an sie, das ist bei ihnen deutlich zu merken, bewirkt *sowohl* eine Zunahme der Intensität ihrer Konflikte *als auch* deren Verschleierung. Sie nehmen an Intensität zu, weil der Jugendliche keine anderen Objekte als seine Eltern mehr hat. Das gesamte Beziehungsdrama wird nur mit ihnen

inszeniert. Es ist, als wäre er mit ihnen in einem inzestuösen Treibhaus eingesperrt, wo sich die Ambivalenzen nur um so heftiger entwickeln.

Aber während seine Konflikte an Intensität zunehmen, werden sie gleichzeitig – insbesondere bei der kognitiven Bindung – von einer Verbalisierung und Bewältigung abgeschnitten. Denn wo klar verbalisierte Trennungen von Rollen und Abgrenzungen von Generationszugehörigkeiten fehlen, kommunizieren die Protagonisten auf schwer faßbaren, primärprozeßhaften Wellenlängen, und vor die Konflikte legt sich ein Schleier. Solch eine Verschleierung der Konflikte führt u. a. zu einer erhöhten ›Konsensus-Sensitivität‹, mit der Gefahrensignale der überwältigend-zudringlichen Eltern aufgefangen werden, aber sie läßt einer Entwicklung in Richtung auf Individuierung und Autonomie wenig Raum.

Wenn wir die Entwicklungsprozesse beurteilen wollen, dürfen wir nicht den Fehler machen, nur auf die Qualität der Konflikte im allgemeinen zu achten, sondern wir müssen auch die spezifischen Konfliktlösungen in Betracht ziehen. Konflikte im Bindungsmodus können bestimmte typische ›Lösungen‹ erfahren, die dann auf unterschiedliche Weise Einfluß auf die Entwicklung des Jugendlichen haben.

Eine mögliche ›Konfliktlösung‹ ist hier die dramatische Ausstoßung, wie sie schon beschrieben wurde. Die erhöhte Ambivalenz und das Gefühl der Ausweglosigkeit bringen ein explosives Moment hervor, das schließlich den zentripetalen Knoten sprengt. Solche dramatischen Ausstoßprozesse können, wie wir sahen, auf dem Höhepunkt eines Bindungs- (oder Delegations-) Modus auftreten und endgültigen Charakter annehmen. Wenn dies geschieht, erlebt es der Jugendliche als bitteren Schmerz und tiefe Verletzung. Beide können aber Vorboten einer darauf aufbauenden Entwicklung zur Autonomie sein. Da die Türen zur Familie hinter ihm ins Schloß gefallen sind, kann er endlich neue Beziehungen aufnehmen, neue Lernprozesse machen und mit der Zeit auch erneut Beziehungen zu seinen Eltern aufnehmen, die sich nun auf eine außerhalb der Familie erprobte Autonomiefähigkeit stützen.

Wenn dagegen der gebundene Jugendliche in einer zentripetalen Sackgasse gefangen bleibt, nehmen die Chancen zu einer eigenen Entwicklung ab. Aber selbst hier gibt es Möglichkeiten für eine Entwicklung, solange die Konflikte virulent bleiben, d. h. solange er mit seinen Eltern und sich selbst kämpft, so ungeschickt, fehlgeleitet und undefinierbar diese Kämpfe auch sein mögen. (Als Therapeut schöpfe ich immer dann Hoffnung, wenn es Anzeichen von Konflikten und schmerzlichen Kämpfen gibt. Solche Anzeichen erlauben eine günstigere Prognose als voreilige Versicherungen des Vertrauens und der Kooperationsbereitschaft.)
Die Chancen für eine Entwicklung nehmen ab, wenn die Konflikte nicht ausgehalten, sondern auf Dauer aus der Wahrnehmung herausgehalten oder frühzeitig abgebrochen werden. Innerhalb des Bindungsmodus kann dies auf dreierlei Weise geschehen. Zunächst kann der Jugendliche, der des Kampfes müde ist, seinen Charakter so anpassen, daß er ein ›braves‹, unterwürfiges und willfähriges Familienmitglied wird. Solcherart infantilisiert zu bleiben wird sein Lebensstil, wie es vielen affektiv gebundenen Jugendlichen widerfährt. Der Tiger, der seine Eltern durch seine Trotzanfälle und Forderungen in Angst und Schrecken versetzen konnte, ist jetzt gezähmt. Er wird fett und frißt seinen Eltern – oder ihren Stellvertretern – aus der Hand.
Des weiteren kann der gebundene Jugendliche, der von unerträglichen Konflikten und Ambivalenzen heimgesucht wird, versuchen, das Bewußtsein für die inneren Spannungen dauernd zu betäuben. Max z. B. tat genau das, als er – daran gehindert ›schwere‹ Bücher zu lesen und sich einer ›Peer‹-Gruppe anzuschließen – sich mit Hilfe von Rockmusik und Fernsehen betäubte. (Andere Jugendliche versuchen, denselben Effekt durch psychodelische Drogenerlebnisse zu erreichen.) Schließlich kann der gebundene Jugendliche sich andauernd in eine Phantasiewelt zurückziehen, wenn weder infantile Willfährigkeit noch Betäubung ausreichen. Durch einen solchen Rückzug hofft er, in einer Nische zu überleben, selbst wenn er physisch in der Nähe seiner ineinander ver-

strickten, erdrückenden Familie bleibt. All diese Versuche, Konflikten aus dem Wege zu gehen oder sie zu verhindern, sind ein schlechtes Zeichen für die weitere Entwicklung eines Jugendlichen; dies wird deutlicher werden, wenn wir die Bedingungen des gebundenen Jugendlichen mit denen seiner delegierten und ausgestoßenen Altersgenossen vergleichen.

Die Entwicklung des Jugendlichen im Lichte des Delegationsmodus

In der Regel sind die Beziehungen und Konflikte zwischen dem Delegierten und seinen Eltern weniger erdrückend als die der gebundenen Jugendlichen. Daher lassen sie einer breiteren Entwicklung differenzierter Fähigkeiten und Motivationen und – nicht selten dramatischer – Veränderungen in den Standpunkten und Beiträgen der Partner Raum.

Der Jugendliche, der seine delegierten Aufgaben zu erfüllen versucht, *kann und soll sich aktiv in die Gruppe der Gleichaltrigen hineinbegeben.* Diese Tatsache macht vor allem den Unterschied zwischen seinen Konflikten und Entwicklungschancen gegenüber denen der (hauptsächlich) gebundenen Jugendlichen aus.

Während gebundene Jugendliche dazu neigen, Gleichaltrigen aus dem Weg zu gehen (selbst wenn sie sich ihnen halbherzig und ohne Erfolg anschließen), *suchen* delegierte Jugendliche den Kontakt zu Gleichaltrigen (oder anderen Erwachsenen) mit offener oder versteckter Billigung durch ihre Eltern (sie müssen sich allerdings wie gute Apportierhunde immer wieder bei den Eltern einfinden). Daher kann der delegierte Jugendliche bei Gleichaltrigen Ventile für seine an Intensität zunehmenden aggressiven und libidinösen Triebwünsche finden. Er kann verschiedene Beziehungen aufnehmen, trifft andere Objekte als nur seine Eltern und wird in der Regel nicht durch zu starke Ambivalenzen von ihnen gefangengehalten. Dennoch müssen bestimmte Arten von Konflikten mit seinen Eltern – wie die früher beschriebenen Konflikte zwischen verschiedenen Aufgaben und zwischen verschiedenen Loyalitäten – zumindest vorübergehend an Intensität zunehmen. Dies ist der Fall, wenn ein Delegierter stellvertretend einem Elternteil (oder beiden Eltern) Aufregung verschaffen muß und gleichzeitig ihr tugendhaftes Ich-Ideal verkörpern soll (z. B. ein frühreifer Sexualprotz werden und sich gleichzeitig auf den Priesterberuf vorbereiten); oder wenn er bei der Erfüllung der unbefriedigt gebliebenen Ambitionen seines Vaters sich über dessen sozialen Status hinausentwickelt und ihm gleichzeitig die Möglichkeit erhalten muß, sich weiter als erfolgreichsten Mann in der Familie zu sehen – also vorgeblich eine niedrigere Stellung als sein Vater einnehmen muß.

Solche Konflikte können dem Jugendlichen große Schwierigkeiten bereiten und ihn völlig erdrücken. Dennoch sehen seine Chancen für eine selbständige Entwicklung – das heißt die Möglichkeit, schließlich doch Einsicht, Menschlichkeit und Kraft zu gewinnen – im allgemeinen recht günstig aus. Um dies zu verstehen, müssen wir die Ablösungskonflikte des Delegierten eingehend erforschen und uns ansehen, wie er sich in der Welt der Gleichaltrigen bewegt.

Seine Ausflüge in die Welt der Gleichaltrigen werden zwar von den Eltern gutgeheißen, bergen aber für diese auch mögliche Risiken: So sehr sie auch meinen mögen, daß sie den Delegierten in der Hand haben, so wird ihr Einfluß doch bedroht, sobald die Gleichaltrigen ihm alternative Lebenserfahrungen, Modelle und Werte vorleben. Er bekommt Geschmack an der Freiheit – ähnlich den Schwarzen, die, nachdem ihnen einmal die Alternative zur Unterdrückung bewußt geworden war, immer weitergehende Forderungen nach Freiheiten und Gleichheit ankündigten, sobald ihr Los sich erst einmal zum Besseren gewendet hatte. Wir können hier von einem beschleunigenden Moment im Befreiungsprozeß sprechen. Die neue kognitive Bewältigungsfähigkeit des Jugendlichen, die oben bereits beschrieben wurde, läßt seine diskriminierenden Wahrnehmungsfähigkeiten und das Bewußtsein für alternative Erfahrungen und Modelle anwachsen. Sobald er erst einmal den Kreis der Familie verlassen hat, kann er auf noch

einfallsreichere Vorgehensweisen sinnen, die seinen Ablösungsprozeß im rechten Moment fördern werden.
Je weiter die Ablösung fortschreitet, desto ›objektiver‹ kann er seine Eltern sehen, seine Beziehung zu ihnen, wie auch die Aufgaben, mit denen sie ihn betraut haben. Gleichzeitig kann er erkennen, daß sie konfliktbeladener, bedürftiger und schwächer sind, als er geglaubt hatte, und, was noch wichtiger ist, er kann erkennen, daß sie von *ihren eigenen* Entwicklungskrisen hin- und hergerissen werden. Als Folge davon versteht er leichter, daß sie ihn als Delegierten ausnutzen müssen.
Solche Erkenntnisse können das Gleichgewicht der psychischen Macht auf dramatische Weise verändern. Indem er seine Eltern als verletzlich, konfliktbeladen und schwach bezeichnet – d. h. als Feiglinge, Spießer oder Angehörige des Establishments beschimpft –, gewinnt er einen Ansatzpunkt, sie zu verletzen. Im Hegelschen Herr-Knecht-Modell ausgedrückt: Der Knecht gewinnt und der Herr verliert an Macht.
Aber, und damit taucht eine weitere Ebene des Dramas und seiner Komplexität auf, der Machtzuwachs des Jugendlichen kann auch seine Ablösungsprozesse verzögern und sie sichtlich hindern, weil durch diesen seine Angst und Schuldgefühle vergrößert werden. Er empfindet nun seine Angst deutlicher, weil er stärker als je zuvor aus seinen eigenen Ressourcen leben, die Qual seiner Ambivalenzen und Unsicherheiten als seine eigenen anerkennen (statt sie auf andere zu projizieren) und sich mit Neid und Konkurrenz der gleichaltrigen Jugendlichen auseinandersetzen muß.
Er entwickelt auch Schuldgefühle, weil er seine Loyalität als Delegierter verraten hat. Seine Schuldgefühle können, wie die der ernstlich gebundenen Jugendlichen, dazu führen, daß er sich unter Anzeichen von innerem Aufruhr, Zerrissenheit und möglicherweise Selbstzerstörung windet. Es sieht dann so aus, als könne er nie dem Bann der Eltern entfliehen. Aber im Gegensatz zu dem unumstößlich gebundenen Jugendlichen behauptet der ›verirrte‹ Delegierte in der Regel seine Zugehörigkeit zur Welt der Gleichaltrigen, selbst wenn seine

Eltern durch Ausnutzung seiner Loyalität zu massiv bindenden Strategien Zuflucht nehmen und damit – zumindest für eine Weile – den Ablösungskampf verschlimmern. Dann nämlich kann er gerade in diesem Kampf (der später ausführlich beschrieben wird) zusammen mit seinen Eltern eine Entwicklung durchmachen.

Gary ist ein Beispiel für dieses Drama der Entwicklung und Ablösung bei einem jugendlichen Delegierten. Ich habe Gary früher als den sechzehnjährigen Jungen vorgestellt, den sein Vater dazu delegiert hatte, nachträglich seine eigene Wanderlust zu befriedigen. Hier werde ich mich auf Garys Beziehungen zu seiner Mutter konzentrieren, die von ihm erwartete, daß er ihr vor allem in vier Funktionen diente – zwei davon reflektieren hauptsächlich den Bindungsmodus, die beiden anderen vor allem den Delegationsmodus.

Zunächst war Gary als Auffangbecken der verleugneten und externalisierten Leere und Depression seiner Mutter gebunden. Erst nach vielen Monaten der Familien- und Ehepaartherapie kam die eigene depressive Leere der Mutter voll zum Vorschein, die sich hinter einem aufopfernden Vorstadtleben voll Eintönigkeit, ohne Freude und ohne Hoffnung verborgen hatte.

Es war ganz typisch, daß sie lange Zeit nicht von ihrer *eigenen* Depression und inneren Leere sprechen konnte, sondern sich nur über Garys Depression ausließ – und dabei gezielt alle Anzeichen von befreiender Initiative und Freude bei sich selbst und bei Gary außer Betracht ließ.

Zum zweiten mußte Gary den infantilisierenden und erotisierenden Druck, der von seiner Mutter ausging, aushalten; dieser Druck baute sich als Folge der unbefriedigenden Beziehung zu ihren Eltern und ihrem Mann auf. Es war nicht überraschend, daß er starke homosexuelle und passive Bedürfnisse empfand. So mied er gleichaltrige Jungen, die Konkurrenzansprüche und Herausforderungen an ihn als Mann stellten. Statt dessen ging er ›spezielle‹ Beziehungen zu bestimmten älteren Leuten wie Kunsterziehern und Pfarrern ein, die ihm als Elternersatz dienten.

Aber – und damit kommen wir zur dritten Funktion, die wir als echte Aufgabe bezeichnen können – dieses Vermeiden des Kontakts mit gleichaltrigen jungen Leuten, das von der Bindung durch die Mutter hervorgebracht wurde, stand im Gegensatz zu ihrer Forderung, daß Gary eben diese jungen Leute und Leben in ihr Haus bringen sollte. Er sollte sich anregende Freunde suchen, die die Eintönigkeit um sie herum erleichtern würden und ihr die Aufregungen der Jugend verschaffen konnten, die sie selbst entbehrt hatte. Um dafür als Delegierter zu dienen, mußte sich Gary, wenn auch nur unter bestimmten Bedigungen, in seine ›Peer‹-Gruppe eingliedern.

Schließlich wurde die dritte Funktion durch eine vierte komplettiert, die einen weiteren zentrifugalen Antrieb hervorbrachte. Sie bezog sich auf das Ich-Ideal seiner Mutter. Vor Jahren hatte sie ihre eigenen starken beruflichen Ambitionen aufgegeben, als sie sich um ihre chronisch altersschwachen Eltern sorgen mußte, die durch *ihre* Bindungsmanöver der Tochter dieses Opfer abverlangten. Danach heiratete sie einen Mann, der ihr ein ähnliches Opfer abverlangte, und deshalb übertrug sie auf Gary ihre immensen, unerfüllt gebliebenen eigenen Aspirationen. Ursprünglich gab Gary Anlaß zu der Hoffnung, daß er ihre Ambitionen erfüllen würde, da er aufgeweckt, gutaussehend, freundlich und kunstbegabt war. Sie sorgte dafür, daß seine Talente gefördert wurden, und versuchte, ein Genie aus ihm zu machen, das ihre Träume erfüllen würde.

Schließlich war aber der Punkt erreicht, an dem Gary unter diesen konfligierenden Erwartungen zusammenbrach. Damals war er dreizehn Jahre alt. Er, der einmal die Freude seiner Mutter als ein gutaussehender, zärtlicher, vielversprechender, hochbegabter Schüler gewesen war, wurde nun depressiv, lärmte viel und lief von zu Hause weg. Er interessierte sich nicht mehr für die Schule mit Ausnahme des Kunstunterrichts. Er wurde hin- und hergerissen zwischen dem Wunsch, Gleichaltrige zu meiden und sich ihnen anzuschließen; er sehnte sich nach ihrer Freundschaft, fürchtete aber ihren Spott und ihre Konkurrenz. Er war begierig nach besonderer Aufmerksam-

keit, sobald er jedoch auf geringste Ablehnung stieß, zog er sich zurück. Je mehr er von depressivem Müßiggang gehemmt wurde, desto mehr Sorgen machte sich seine Mutter. Und je mehr sie sich sorgte, desto stärker setzte sie ihn widersprüchlichen Mitteilungen aus. Sie zeigte ihm, daß sie ihn so haben wollte, wie er *gewesen war*, folgsam, charmant und gutaussehend, und nicht so, wie er jetzt war, düster, konfliktbeladen, aufsässig, voller Pickel und dazu noch mit Nichtsnutzen befreundet. Sie forderte ihn auf, sich in der Welt umzusehen, hart zu arbeiten und musterhaft in seiner frühzeitigen Unabhängigkeit zu werden; sie forderte ihn aber gleichzeitig auf, bei ihr zu bleiben und ihrem Leben einen Sinn zu geben. Während sie ihn diesen widersprüchlichen Anforderungen aussetzte, dachte sie, wie sie ihm und ihrem Therapeuten mitteilte, Tag und Nacht nur an ihn und hämmerte ihm damit ein, in welchem Ausmaß ihr eigenes Leben, ihr emotionales und physisches Gleichgewicht allein von ihm abhingen.
In dieser Situation wurde Gary bewußt, welche Bedeutung er für seine Mutter (und, aus etwas anderen Gründen, für seinen Vater) hatte. Ebenso erkannte er, da er in der Welt seiner Altersgenossen – wenn auch unsicher – Fuß zu fassen begann, die eigenen Konflikte und Schwächen seiner Eltern. Damit neigte sich das psychologische Machtgleichgewicht nach seiner Seite. Voll Zorn darüber, daß seine Eltern ihn ausnutzten, machte er sich über sie her und bezeichnete sie verächtlich als beschränkte und altmodische Spießer, die sich an veralteten Wertvorstellungen hochziehen. Er beschuldigte sie, sein Leben zu ruinieren. Seine Eltern reagierten darauf verblüfft und gekränkt. Aber je mehr Erstaunen und Schmerz sie darüber empfanden, desto mehr ließ Garys Entrüstungssturm nach. Er schwankte, wurde mürrisch und versagte in der Schule ebenso wie in seinen Beziehungen zu Gleichaltrigen. Wie unter einem unbewußten Zwang machte er sich zur Zielscheibe des selbstgerechten Zorns seiner Eltern. Indem er sich selbst aufgab, dokumentierte er, daß er das Bedürfnis hatte, für seinen Gewinn an psychischer Macht und für seine zentrifugalen Regungen zu büßen.

Obwohl Gary in dieser Weise in die Bindung durch seine Eltern zurückglitt, gewann er doch insgesamt an Boden. Seine Regression dauerte nur kurze Zeit, wie bald deutlich wurde. Mit Hilfe seiner Einzeltherapie gewann er wieder einen zentrifugalen Antrieb. Ein Jahr später schlug sich Gary zwar immer noch mit vielen Problemen herum, aber er hatte sich wieder in der Schule zurechtgefunden, arbeitete fleißig in einem Halbtagsjob und nahm Beziehungen zu einer Gruppe von Gleichaltrigen auf – jungen Männern und Frauen –, die zu ihm paßten.

Die Entwicklung des Jugendlichen im Lichte des Ausstoßungsmodus

Auch hier müssen wir wieder die miteinander verknüpften Beziehungen und Konflikte des Jugendlichen untersuchen, und die Art und Weise, wie sie von den starken zentrifugalen Kräften des Ausstoßungsmodus beeinflußt werden.
Da der Ausgestoßene von seinen Eltern abgewiesen und vernachlässigt wird, muß er sein Heil in der ›Peer‹-Gruppe und der Welt außerhalb der Familie suchen. Er wird zu einer vorzeitigen Autonomie gedrängt. Diese Beziehungsentwicklung stellt den Gegensatz zum Bindungs-Modus dar, wo die Beziehungen zu den Eltern an Bedeutung gewinnen und die Beziehungen zu Gleichaltrigen an Bedeutung verlieren. Aber obwohl die Beziehungen zu den Eltern nur oberflächlich und von reduzierter Bedeutung sind, sind sie doch nicht frei von Konflikten. In der Tat können Konflikte mit ihnen haßerfüllt und verletzend sein. Dieses scheinbare Paradoxon löst sich auf, wenn uns klar wird, daß die Schwächung der elterlichen Bindung nicht nur einen Aufschub der massiv reaktivierten ödipalen und präödipalen Verwicklungen mit sich bringt; sie nimmt dem Jugendlichen ja auch die Möglichkeit, sich mittels der Durcharbeitung dieser Konflikte in der Beziehung zu seinen Eltern, und was noch wichtiger ist, durch die Erfahrung von liebevoller und besorgter Intimität, zu ent-

wickeln. Das bedeutet, daß ihm all die Eigenschaften und Fähigkeiten abgehen werden, die von liebevollen und intimen, wenn auch konfliktgeladenen Beziehungen leben. Daher bleibt seine Fähigkeit unentwickelt, subtile Empfindungen zu unterscheiden und wahrzunehmen, Empathie zu entwickeln, Triebaufschub zu leisten und sein eigenes Verhalten in bezug auf andere Menschen langfristigen Ziele und Belohnungen entsprechend auszurichten. Da ihm intime und liebevolle Erfahrungen mit seinen Eltern fehlen, brechen die libidinösen und aggressiven Triebwünsche dieses Jugendlichen aller Voraussicht nach abrupt und überraschend durch, wodurch seine Angriffe so brutal und kaltherzig erscheinen. Es verringert sich damit die Chance, daß er noch verspätet die Art von intimer und besorgter Beziehung erfahren kann, die ihm in der Beziehung zu den Eltern entgangen ist.

Meine Erfahrungen mit ausgestoßenen Jugendlichen (darunter vielen ›unbekümmerten‹ Ausreißern), die einer versteckten Vernachlässigung und Abweisung durch ihre Eltern ausgesetzt waren, bestätigen diese Erwartungen. Unter diesen Ausgestoßenen fand ich in der Regel jene rüden, delinquenten Jugendlichen, die in totalem Gegensatz zu den früher beschriebenen gehemmten und gebundenen Jugendlichen keine Skrupel haben, Mädchen zu nehmen und dann wieder abzuschieben, so wie sie andere grundlos und mutwillig angreifen. Sie gingen auf Mitglieder ihrer eigenen Bande genauso leicht los wie auf Außenstehende, Autoritätspersonen, Autos oder auf die Fensterscheiben in ihren Schulräumen.

Wenn wir uns auf die Reifung der kognitiven Fähigkeiten konzentrieren, die ich als einen der Hauptaspekte im Prozeß des Heranwachsens beschrieben habe, entdecken wir gleichfalls eine Entwicklungshemmung. Wir beobachten bei den ausgestoßenen Jugendlichen ebenso wie bei den gebundenen Jugendlichen einen charakteristischen, ›pervertierten‹ Gebrauch der Vernunft. Er unterscheidet sich jedoch in beiden Fällen nach seiner Qualität. Bei gebundenen Kindern erscheint das Denken ›pervertiert‹, indem es zu der ständigen Mystifizierung und abhängigen Verwicklung dieser Kinder beiträgt.

Bei vielen abgehärteten ausgestoßenen Jugendlichen zeigt sich die Perversion der kognitiven Fähigkeiten als manipulierende Gerissenheit.
Gerissenheit wird hier zur Waffe in einem Kampf, in dem es weniger darauf ankommt, daß man die Daten und Beobachtungen, die andere anbieten, benutzen und integrieren kann, sondern daß man diese Daten selektiv ausnutzt, um seine Unabhängigkeit zu sichern, Distanz herzustellen oder den anderen unterzukriegen. Die Reifung der kognitiven Fähigkeiten führt, anders ausgedrückt, nicht dazu, die zwischenmenschlichen Beziehungen zu bereichern und kooperative, gleichberechtigte Vorhaben zu erleichtern. Statt dessen wird sie hauptsächlich dazu benutzt, andere zu überlisten, zu bekämpfen und in Positionen der Schwäche zu drängen, in denen sie keine Bedrohung für die eigene Person mehr darstellen können.
Die Implikationen eines solchen Machtkampfes um die Entwicklung und Ablösung des ausgestoßenen Jugendlichen werden deutlicher, wenn wir noch den dritten, anfangs erwähnten Aspekt des Heranwachsens in Betracht ziehen: die notwendige Verschiebung und Modifikation der Loyalität. Ich habe beschrieben, wie bindende und delegierende Eltern auf die Umschichtung der Loyalitätsbindungen ihrer Kinder einwirken. Statt ihren Kindern bei einer solchen Umschichtung zu helfen, nähren diese Eltern eine exzessive Loyalität, die die Jugendlichen noch enger an sie bindet und sie, wenn es gewünscht wird, zu verläßlichen, tüchtigen Delegierten macht. Im Ausstoßungsmodus ist das Gegenteil der Fall, denn diesem Modus fehlt die Art der überdauernden elterlichen Anteilnahme am Kind, die die anderen beiden Beziehungsmodi auszeichnet. Da diese Eltern ihre Kinder vernachlässigen und abweisen, scheint es ihnen egal zu sein, ob sie treu zu ihnen halten oder nicht. Aus diesem Grund bauen sie jene Bindung nicht auf, die in extremen Fällen aus dem Kind ein lebenslängliches selbstloses Opfer und Anhängsel machen kann. Die abgewiesenen und vernachlässigten Kinder erscheinen also auch nicht von Loyalitäten belastet. Sie sind anscheinend frei

zu gehen, wohin sie wollen, und können sich daher leicht von den Eltern, die sich nicht um sie kümmern, trennen. Aber was aus einem Blickwinkel als Vorteil erscheint, nämlich die Leichtigkeit, mit der sie sich befreien und neue Beziehungen eingehen können, wird zur Belastung, wenn wir nach Tiefe, Verantwortlichkeit und Anteilnahme in menschlichen Beziehungen suchen, nach den Aspekten der Reife, die in den Beziehungen von ausgestoßenen Jugendlichen fehlen. Wenn ein ausgestoßener Jugendlicher sich von seiner Familie trennt, weiß er, daß es für ihn um Bestehen oder Untergehen geht. Anders als ein gebundener oder delegierter Jugendlicher hat er aber schon frühzeitig gelernt, alleine zurechtzukommen. Er hat erfahren, was es heißt, in einem menschlichen Dschungel zu leben, wo die einzelnen sich nicht umeinander kümmern, wo sie einander hereinzulegen und zu manipulieren versuchen, und wo die Beziehungen nur oberflächlich und von gegenseitiger Ausbeutung geprägt sind. Wenn er sich also früh von seinem Zuhause wegbegibt und leicht in die ›Peer‹-Gruppe hineinfindet, trägt er eine Weltanschauung und einen Lebensstil mit sich, der zwar sicher vielen nicht gefällt, aber der einzige ist, den er kennt.[13]

13 Ein Vergleich mit der Mafia liegt auf der Hand. Bei der Mafia finden wir häufig kriminelle Rücksichtslosigkeit, aber auch – und das scheint der Unterschied zu den hier beschriebenen delinquenten Jugendlichen zu sein – eine bestimmte (unangebrachte) Loyalität. Viele Berichte deuten darauf hin, daß bestimmte Arten von Loyalität durchaus stark und ausbeutbar sind. Zum Beispiel können bestimmte Mitglieder der Mafia leicht dafür gewonnen werden, andere Mitglieder zu töten, vor allem wenn sie sich zur Loyalität gegenüber einer bestimmten In-group oder einem Capo verpflichtet fühlen. Ich glaube, daß wir darin Elemente der italienischen Familie wiederfinden, in der die Bindung und Delegation von Kindern, und damit das Einflößen eines starken Loyalitätsbedürfnisses, einhergeht mit einem Mangel an Loyalität gegenüber öffentlichen Autoritäten und Körperschaften wie der Regierung, der Gemeinschaft etc. Auch viele jugendliche Banden zeigen starke Loyalitätsphänomene der einen oder anderen Art. Diese Phänomene bedürfen noch weiterer Untersuchung. Wir müssen uns fragen: Reflektieren diese Loyalitätsphänomene – z. B. die Loyalität der Bandenmitglieder gegenüber dem Bandenführer – Ausgleichsphänomene, d. h.: eine verspätete Reifung zwischenmenschlicher Verhaltensweisen, die diesen Kindern entgangen war, oder sind sie Indikatoren von Familienkonstellationen, in denen sowohl starke bindende und delegierende als auch starke ausstoßende Elemente existieren?

Teil II

7. Kapitel: Die Ablösungsdynamik bei der Schizophrenie

An anderer Stelle habe ich die Schizophrenie als eine Störung beschrieben, die widersprüchlich, komplex und schwer auszuloten ist (s. Stierlin, 1965, 1967, 1969, 1972). Hier werde ich meine Zielsetzung begrenzen. Ich werde einige Formen dieser Störung als Modelle extremer menschlicher Situationen oder als ›Grenzsituationen‹ darstellen, die nach K. Jaspers die Grenzen der menschlichen Existenz aufdecken. Wir konzentrieren uns hier in der Betrachtung der Schizophrenie auf ein außerordentliches Beziehungsdrama, das dennoch einen Bezugspunkt für das Alltägliche abgibt; ein Drama, das schwere Störungen der Beziehungsmodi erkennen läßt.

Die Rolle der Beziehungsmodi im normalen Ablösungsprozeß

Als ersten Schritt müssen wir den Anwendungsbereich dieser Beziehungsmodi erweitern. Wir müssen uns fragen, welche Stellung Bindungs-, Delegations- und Ausstoßungsmodus im normalen Ablösungsprozeß haben. In welchem Ausmaß also reflektieren sie normale, in welchem pathologische Phänomene?[14]

14 Die Psychopathologie geht nach den hier vertretenen Positionen immer von der Annahme einer Prädisposition aus, die mit der sozialen Umgebung interagiert. Für eine Klassifizierung der pathologischen und der normalen Prozesse müssen wir zunächst feststellen, was bei dieser Prädisposition (dem Beitrag des Individuums), bei der sozialen Umwelt (hauptsächlich dem Beitrag der Eltern) und bei der Interaktion zwischen beiden (der Beziehungsdialektik) besonders wichtig ist. Bei der Prädisposition können wir zum Beispiel entweder Symptome als entscheidende Gesichtspunkte betrachten, oder Charaktereigenschaften, die als gleichbleibend angesehen werden. Wynne und Singer (1973a, 1973b) haben kürzlich über diese Prädisposition informiert. In bezug auf die soziale Umwelt können wir die Kommunikation der Eltern als zentralen Faktor erachten, da sie einen gemeinsamen Bezugspunkt der Aufmerksamkeit entweder fördern oder vereiteln (siehe Wynne und Singer, 1965a, 1965b, 1965c, 1965d). Bei der Interaktion können wir also unter anderem entweder darauf Nachdruck legen, wie Gleiches Gleiches hervorbringt,

Um diese Fragen zu beantworten, müssen wir den Ablösungsprozeß in seinem längerfristigen Ablauf betrachten.
Dieser Ablösungsprozeß kann als eine sich allmählich in Richtung auf gegenseitige Selbstverwirklichung und Differenzierung weitende Spirale begriffen werden, die zunehmend zur relativen Unabhängigkeit beider Parteien führt. Der Prozeß dauert von der Kindheit über die Jugend bis zum frühen Erwachsensein eines Kindes an. Eine solche langfristige Betrachtung des Ablösungsprozesses läßt erkennen, daß Bindung, Delegation und Ausstoßung durch die Eltern darin einen legitimen Platz haben – allerdings nur bis zu einem bestimmten Punkt. Diese Beziehungsmodi führen zur Ausnutzung und zur Schädigung eines Kindes, sobald sie zur falschen Zeit, in der falschen Zusammensetzung und mit falscher Intensität auftreten. Wir wollen daher zunächst sehen, wie Elemente dieser Beziehungsmodi bestimmten Phasen des Ablösungsprozesses angemessen sind.
In bestimmtem Ausmaß erscheint die Bindung vor allem in den frühen Phasen der intimen Eltern-Kind-Interaktion als notwendig und gerechtfertigt. Sie bringt dem Kind seine einzigartige Bedeutung zu Bewußtsein. So verstanden ist die Bindung ein Teil der elterlichen Versuche, das Kind in dem Sinne zu ›zähmen‹ (apprivoiser), in dem Antoine de Saint-Exupéry diesen Begriff in seiner Geschichte *Der kleine Prinz* entwickelt hat. Dieser kleine Prinz mußte den Fuchs in der Wüste zähmen, um ihn als Freund und Begleiter zu gewinnen. Er mußte ihm vermitteln, daß er, der Fuchs, für ihn von einzigartiger Bedeutung war. Dadurch, daß er gezähmt und gebunden war, wurde der Fuchs bedeutsam als einzelner, er zählte, und seine Wüste wurde lebendig.
Solch eine Bindung wird aber in zunehmendem Maße unangemessen – das heißt ausbeuterisch und schadenbringend – wenn die Eltern sie weiter auf ein Kind beziehen, das lernen

z. B. wenn Kinder wie ihre Eltern werden (durch Identifikation, Imitation oder Assimilation); oder wir können die Erzeugung von Unterschieden betonen (wenn z. B. Kinder als Reaktion auf die aktiv-zudringliche Art der Eltern passiv werden). In dieser Studie wollte ich bestimmte Beziehungsstile der Eltern und bestimmte Beziehungsdynamiken als entscheidende Gesichtspunkte herausarbeiten.

müßte, seine Autonomie auszuprobieren und sich an ihr zu erfreuen. Dies bezieht sich vor allem auf Jugendliche. Eine eingefahrene, unvermindert andauernde elterliche Bindung des Jugendlichen, der seine Autonomie erkämpfen müßte, kann nur pathogen wirken.

Für den Delegationsmodus gelten ähnliche Überlegungen. Bis zu einem bestimmten Punkt erscheint es legitim, daß die Eltern ihre Kinder als Delegierte einspannen. Bis zu einem gewissen Grad erscheint es ebenso legitim, von ihren Kindern zu erwarten, daß sie ihre Aspirationen und ihr Ich-Ideal realisieren, ihren Familiennamen tragen, ihren Eltern gegenüber loyal bleiben und ihrem Leben einen Sinn geben und Befriedigung erlauben. Besonders in den späteren Phasen der Kindheit – nach dem Kleinkindstadium und vor und während der Jugendzeit – werden legitime Wünsche der Eltern mobilisiert, ihre Kinder zu delegieren. Zu dieser Zeit enthüllt das Kind deutlicher als zuvor seine einzigartige Individualität und seine Fähigkeiten, indem es damit beginnt, seinen Platz in der Welt einzunehmen, während es immer noch im Kreis der Familie verankert ist. Zu dieser Zeit bietet sich also das Kind vielversprechender als zuvor als möglicher Agent und Erfüllungsgehilfe für die Wünsche und Ambitionen der Eltern an.

Delegierende Eltern drohen jedoch insofern ihr Kind auszunutzen, ja es zu schädigen, als sie es nicht als einzigartig und eigenständig anerkennen, als jemand, der sich schließlich von ihnen ablösen und sein Schicksal in die eigenen Hände nehmen muß. Solche Eltern stören die Lösung dieser Aufgabe, wenn sie das Kind mystifizieren und mit ihren eigenen ungelösten Konflikten, unfertigen Nachholbedürfnissen und unerfüllten Hoffnungen belasten, statt es von allzu großen Lasten freizuhalten.

Auch Elemente des Ausstoßungsmodus haben einen legitimen Platz im Ablösungsprozeß; hauptsächlich in den späten Phasen der Jugend scheint ein bestimmtes Maß von ›wohlwollender Vernachlässigung‹ durch die Eltern angemessen zu sein. Solch ein wohlwollendes Vernachlässigen stellt dann die ›vis a tergo‹ dar, die bestimmten Jugendlichen den zusätzlichen und notwendigen Schubs gibt, damit sie versuchen, nur auf sich gestellt zu leben und so ein entscheidend neues Niveau von relativ reifer Unabhängigkeit zu erreichen. Abweisung und Vernachlässigung durch die Eltern werden jedoch schädlich, sobald sie auf ein Kind gerichtet sind, das noch immer Fürsorge und Kontrolle braucht, und das, statt dem kalten Wind der Autonomie und der Konkurrenz ausgesetzt zu sein, noch immer Schutz, besorgte Intimität und Anleitung in einer verwirrenden Welt benötigt. So gesehen liegen die Perioden, in denen eine große Gefahr einer Schädigung besteht, beim Bindungsmodus und beim Ausstoßungsmodus genau entgegengesetzt. Anders als der Bindungsmodus, der in der frühesten Phase der Eltern-Kind-Interaktion am angemessensten und daher am wenigsten pathogen erscheint, wirkt der Ausstoßungsmodus in derselben Phase äußerst schädlich und pathogen, da ja gerade zu dieser Zeit das Kind am hilflosesten und am meisten abhängig von seinen Eltern ist. Jene emotional deprivierten Kinder, die René Spitz (1945) als Opfer des Hospitalismus beschrieben hat – Kinder, die trotz bester medizinischer Vorsorge und Hygiene in Apathie und Depression dahinwelkten –, können als Opfer eines frühen und bösartigen Ausstoßungsmodus angesehen werden.

Innerhalb dieser längerfristigen Betrachtung des Ablösungsprozesses tauchen zwei Lebensphasen auf, die für eine schizophrene Entwicklung besonders kritisch sind: die *frühe Kindheit* (die ungefähr die ersten dreieinhalb Lebensjahre umfaßt) und die *Adoleszenz.* Die erste Phase habe ich in meiner Arbeit *Conflict and Reconciliation (1969)* untersucht; die zweite ist das zentrale Thema des vorliegenden Buches. An dieser Stelle kann ich allerdings nicht alle Vorgänge in den frühen Lebensphasen und auch im gesamten Verlauf des Lebens außer Betracht lassen, auch wenn ich mich hier vor allem damit beschäftige, die Prozesse in der Adoleszenz zu beleuchten.

Annahmen über Schizophrenie

Bevor wir die Schizophrenie unter dem Aspekt der Beziehungsmodi untersuchen, müssen wir uns in Kürze über zwei Annahmen klar werden. Zum ersten nehmen wir an, daß es eine Prädisposition – oder Anfälligkeit – für eine spätere schizophrene Erkrankung gibt, die die hier diskutierte Beziehungsdialektik mitbestimmt. Und zum zweiten nehmen wir an, daß diese Dialektik sehr früh einsetzt – vielleicht schon vor der Geburt (wegen der lange bestehenden Phantasien der Mutter über das noch ungeborene Kind), und sicherlich lange vor der Adoleszenz.

Die neuesten Forschungsergebnisse deuten darauf hin, daß die Prädisposition für eine schizophrene Erkrankung relativ schwach und unspezifisch ist. Wie die menschlichen Intelligenzleistungen beruht sie offenbar auf verschiedenen, auf komplizierte Weise interagierenden Genen. Dennoch scheint eine solche Prädisposition, so schwach und unspezifisch sie auch sein mag, von Anfang an die Chancen eines Individuums zu verringern, zwischenmenschliche Befriedigung, ein Gefühl der Sicherheit und einen Sinn für sein Leben zu finden. Diese Kinder haben dem Anschein nach weniger Antrieb, weniger auf Versöhnung von Widersprüchen gerichtete Stärke und eine schlechtere Ausrüstung zum Überleben als andere Kinder. Es fehlt ihnen die Ausrüstung zur Errichtung und Aufrechterhaltung fester Körpergrenzen, die Fähigkeit, ihre Aufmerksamkeit flexibel und direkt auf andere zu richten und somit menschliche Intimität zu tolerieren und Nutzen aus ihr zu ziehen. Ihre primäre Verletzlichkeit macht sie anfällig für immer weitere Schädigungen. Nicht selten erleiden sie Schäden bei der Geburt und haben häufiger Kinderkrankheiten, die ihr Anpassungspotential noch weiter verringern. Und, was vielleicht am wichtigsten ist, sie wachsen oft bei Eltern auf, die, statt ihre Verletzlichkeit und Traumatisierung auszugleichen, ihren Zustand noch verschlimmern. Auf kumulative Weise sorgen diese Eltern durch ihr Tun dafür, daß die Folgen ihrer Unfähigkeit von ihren Kindern getragen werden müssen.

Aber – und damit kommen wir zu der Beziehungsdialektik, für die wir uns interessieren – die Unfähigkeit der Eltern ist nicht alles. Zusätzlich zur Unfähigkeit und Nachlässigkeit der Eltern sind viele potentielle Schizophrene einer versteckteren, aber nicht minder schädlichen Beeinträchtigung ausgesetzt, die aus *psychologischer Ausnutzung* herrührt.

Wenn wir uns auf diesen Aspekt konzentrieren, erkennen wir die Funktion der Beziehungsmodi wieder, die ich beschrieben habe. Vor allem sind es offenbar die Delegations- und Bindungsmodi, die das Schicksal des potentiell Schizophrenen zu entscheiden haben. Dies ist der Fall, weil sie hier äußerst intensiv eingesetzt werden und ihren Haupteindruck zu einer Zeit hinterlassen, in der das Kind am verletzlichsten ist, das heißt, wenn es am leichtesten formbar, am abhängigsten, am hilflosesten ist, und daher am schnellsten von der Realität des stärkeren Elternteils, insbesondere der Mutter, gefangengenommen wird. Um zu überleben, muß dieses Kind Strategien entwickeln, die ihm ermöglichen, in zwischenmenschlichen Situationen des symbiotischen Typs am Leben zu bleiben. Ich habe sie in *Conflict and Reconciliation* (1969) und an anderer Stelle (1973a) beschrieben. Es benutzt diese Überlebensstrategien auf Kosten seiner zukünftigen Entwicklung und Anpassung. Indem es sich zu einem Spezialisten für ›symbiotisches Überleben‹ entwickelt, legt es seinen zukünftigen zwischenmenschlichen Beziehungen eine Hypothek auf. Und, wie wir gleich sehen werden, wird diese Hypothek zum größten Teil fällig, wenn das Kind in die Adoleszenz eintritt – die Zeit, die uns hier am meisten interessiert.

Extreme Bindung durch die Eltern und ihre Folgen für eine schizophrene Entwicklung

Extreme Bindungen durch die Eltern scheinen eine Wurzel der schizophrenen Störungen zu sein. Sie sind schon weitreichend, wenn auch mit unterschiedlichen Begriffen, beschrieben worden. Besonders L. Wynne und M. Singer (1965a, b, c, d), W. Brodey (1959), R. Laing (1969, 1973), D. Ricks und J. Berry (1970), D. Ricks und G. Nameche (1966), R. Scott und P. Ashworth (1965, 1967), R. Scott und A. Montanez (1972), W. Goldfarb (1969) und R. Welldon (1971) haben Licht auf diese Dynamik geworfen. An diesem Punkt werde ich nur kurz erläutern, wie die schon beschriebenen Arten der Bindung – affektive, kognitive und Loyalitätsbindungen – in eine Beziehung zur Schizophrenie treten können.

Extreme affektive Bindungen, das heißt Exzesse regressiver Verwöhnung und Infantilisierung, scheinen bei Kindern, die später schizophren werden, die Regel zu sein. Einer meiner ersten schizophrenen Patienten, ein junger Mann mit feinen Gesichtszügen, wurde bis zu seiner Einlieferung in ein Krankenhaus im Alter von zwanzig Jahren regelmäßig von seiner Mutter gebadet, bekam immer das zu essen, was er wollte und wurde so auf zahllose Weisen infantilisiert. Seitdem habe ich viele ähnliche Fälle gesehen oder darüber gelesen. (Einige Mütter von potentiell Schizophrenen, besonders von Mädchen, scheinen jedoch, wie T. Lidz (1965) und seine Mitarbeiter bemerkt haben, kalt und abweisend gewesen zu sein, statt dem Stereotyp der überbesorgten ›jüdischen Mutter‹ zu entsprechen.)

Extreme kognitive Bindungen, die weit über das in den vorigen Kapiteln beschriebene Maß hinausgehen, scheinen ebenso verbreitet wie folgenschwer zu sein. Auch hier ist die Literatur – angefangen bei G. Batesons (1969) grundlegender Beschreibung des double-bind – sehr informativ. Die Studien von W. Goldfarb (1962, 1968) und D. Meyers und W. Goldfarb (1962) sind von besonderer Bedeutung. Mit Hilfe von ausgeklügelten Experimenten zeigten diese Forscher, wie Eltern von schizophrenen Kindern diese bis ins Äußerste verwirrten und mystifizierten.

Schließlich haben wir bemerken können, wie viele Eltern ihren potentiell schizophrenen Kindern fast von der Geburt an ein Gefühl tiefer und archaischer Loyalität einimpfen. Von Anfang an vermitteln sie ihnen, daß jede Freude und Bedeutung, die von ihnen getrennt erlebt wird, und jede Abwendung von ihnen, den bindenden und allmächtigen Eltern, das größte Verbrechen des Kindes ist, das die Eltern nur verletzen kann und möglicherweise sogar ihren Tod bedeutet. Auf diese Weise werden die seinem Alter entsprechenden Entwicklungen des Kindes in Richtung auf eine relative Autonomie in seiner Vorstellung gleichbedeutend mit einer mörderischen Aggression, die auf diejenigen gerichtet ist, die ihn am meisten ›lieben‹ und von denen auch er glaubt – oder besser: konditioniert wurde zu glauben –, daß er sie am innigsten liebt. Dies bringt die peinigenden, wenn auch größtenteils unbewußten Schuldgefühle hervor, die ich schon beschrieben habe. Auch hier sind wieder ein paar meiner frühesten Patienten das beste Beispiel. Ich erinnere mich daran, daß sich die Mutter einer meiner Patientinnen, einem Mädchen von sechzehn Jahren, ins Krankenbett zurückzog, als sie erfuhr, daß die Tochter mit einer Freundin in ein Ferienzeltlager gehen wollte. In der Zwischenzeit strömte die Mutter eine leidgeprüfte Besorgnis über die fürchterlichen Sachen aus, die einem Mädchen in einem Zeltlager passieren können, besonders einem so unerfahrenen und selbstsüchtigen Mädchen, das seine eigene Mutter ignoriert und schlecht behandelt. Vor solchen düsteren Prophezeiungen sagte meine Patientin prompt das Ferienlager ab und nahm statt dessen die Stelle der Pflegerin ihrer Mutter ein.

Wenn Eltern ihr Kind gleichzeitig auf der affektiven und auf der kognitiven Ebene und der Ebene der Loyalität binden, führt dies zu einer gegenseitigen Hörigkeit; je stärker diese Bindung ist, um so erdrückender wird diese Hörigkeit. Dieser Zustand wird häufig *Symbiose* oder *symbiotische Verschmelzung* genannt. Diese symbiotische Verschmelzung verzerrt, übertreibt und verlängert die normale symbiotische Entwicklungsphase, die M. Mahler (1972) beschrieben hat. Es ist schwierig, einen Eindruck von der bedrückenden Stärke solch einer pathologischen Verschmelzung zu vermitteln. »Ein Elternteil und ein Kind«, schreiben D. Ricks und G. Nameche, »bilden eine lange Zeit nach dem üblichen Ende der Symbiose ... eine unzertrennliche Einheit. Das Kind wird nicht als eigenständige Person angesehen, und die Grenzen zwischen Elternteil und Kind werden nicht anerkannt. Dieser Elternteil badet womöglich sein Kind bis in dessen Jugend hinein, ist so zudringlich, daß er dem Kind jeglichen privaten Raum im Handeln oder Denken verweigert, und bleibt allen eigenständigen Wünschen des Kindes gegenüber unzugänglich. Vom Kind wird erwartet, daß es sich den elterlichen Wahrnehmungsverzerrungen der Umwelt, den körperlichen Restriktionen und unpersönlichen Beziehungen unterwirft ..., das Kind muß funktionell hilflos bleiben, darf keine anderen engen Beziehungen haben und keine Ausbruchsversuche unternehmen. Der Bericht gibt keinen Hinweis darauf, daß es dem Kind jemals erlaubt war, das Haus zu verlassen, um Verwandte oder Freunde zu besuchen, oder an einem Zeltlager teilzunehmen.«

In der Regel scheinen sich diese Eltern von Kindern in symbiotischer Verschmelzung, wie sie D. Ricks und G. Nameche (1966) beschrieben haben, in einem Patt zentripetaler Beziehungen zu befinden. Viele dieser Eltern scheinen ihre mörderische Wut und Enttäuschung (die sie hauptsächlich in bezug auf den anderen Partner empfinden) dadurch zu ›neutralisieren‹, daß sie in ihrer Ehe ein unsicheres ›Nebeneinanderherleben‹ institutionalisieren. Andere Autoren – wie etwa M. Bowen (1961, 1965, 1966) und T. Lidz et al. (1969) – benutzen die Begriffe ›emotionale Scheidung‹ oder ›Spaltung‹ (marital schism), um dieses Muster einer ehelichen Sackgasse zu beschreiben.

Das vorliegende Material, besonders das von Ricks und Nameche, deutet darauf hin, daß für solche schizophrenen Patienten, die in einer symbiotischen Beziehung (mit einem gestörten Elternteil, der emotional geschieden ist von seinem Ehepartner) leben, die ungünstigsten Prognosen innerhalb aller schizophrenen Erkrankungen gestellt werden müssen, wenn die Möglichkeit einer Remission oder die Entlassung aus einem psychiatrischen Krankenhaus beurteilt werden soll. Daher scheinen sie die besten ›Aussichten‹ zu haben, die hintersten Säle unserer psychiatrischen Anstalten zu füllen. Im

Lichte der obigen Überlegungen ist dies zu erwarten, denn eine exzessive Bindung, die auf allen drei Ebenen funktioniert, muß das Kind darauf trainieren, ein chronischer, unbeweglicher Pflegeempfänger zu werden – sei es in seiner Familie oder in einer Anstalt.

Extreme elterliche Delegation und ihre Folgen für eine schizophrene Entwicklung

Zusätzlich zu einer maximalen Bindung und im Zusammenspiel mit ihr kann eine extreme Delegation zu schizophrenen Folgen führen. Man kann jedoch davon ausgehen, daß sich solche schizophrenen Störungen, was ihr Erscheinungsbild und die Prognose angeht, von denen unterscheiden, in denen eine exzessive Bindung wirkt. Delegierte Patienten, die schizophren erkranken, werden von Konflikten zwischen verschiedenen Aufgaben und Loyalitäten auseinandergerissen. Dennoch kann man auf lange Sicht eine günstigere Prognose stellen als bei fester gebundenen Patienten, denn diese delegierten Patienten können in der Welt der Gleichaltrigen und anderer Erwachsener Fuß fassen, obwohl sie sich in der Gewalt konfligierender Loyalitäten und Aufgaben befinden; sie können dennoch damit zu ihrer endgültigen Befreiung beitragen. Wir können davon ausgehen, daß ihre Störungen eher akut als chronisch verlaufen werden und daß sie zumindest immer wieder für einige Zeit aus den psychiatrischen Anstalten entlassen werden. Meine eigenen – hauptsächlich psychotherapeutischen – Erfahrungen mit schizophrenen Patienten und deren Familien lassen diesen Schluß zu, ebenso wie die Forschungen von denen G. Nameche et al. (1964), R. Scott und A. Montanez (1972) und andere berichten.
Um die Intensität der Konflikte und Anforderungen auszuloten, denen diese Delegierten ausgesetzt sind, müssen wir uns mit den Aufgaben auseinandersetzen, deren Erfüllung von ihnen erwartet wird. Viele dieser Aufgaben beinhalten extreme Anforderungen an den Delegierten und seine Fähigkei-

ten zur Versöhnung von Widersprüchen und scheinen mit dem unvereinbar zu sein, was sein Alter und seine übliche Anpassung erfordern.

Verschiedene ›unerfüllbare‹ Aufgaben treten hier besonders hervor, darunter an erster Stelle die Aufgabe, aus Loyalität zu einem Elternteil den anderen zu zerstören – Hamlet, der am Rande des schizophrenen Zusammenbruchs stand, ist hierfür das klassische Beispiel.

Als zweites müssen wir die Aufgabe erwähnen, das Ich-Ideal eines Elternteils zu verkörpern und zu aktualisieren. Je mehr ein solcher Elternteil spürt, daß er dieses Ideal nicht alleine realisieren kann, desto verzweifelter wendet er sich zur Rettung an das Kind. Dieses Kind, von nur durchschnittlicher Begabung, muß nun schwindelnde Höhen der Leistung und des Ruhms erklimmen und sie willig mit dem delegierenden Elternteil teilen. In anderen Fällen muß es möglicherweise all die Schönheit und Vitalität verkörpern, die dieser Elternteil sich wünscht und bei sich selbst vermißt.

Zum dritten, und dies ist vielleicht die folgenschwerste Aufgabe, wird ein solcher Delegierter dazu herangezogen, die Schlechtigkeit und Verrücktheit zu verkörpern und zu externalisieren, die ein Elternteil in seinem Innersten fühlt und als sein eigenes Schicksal fürchtet. Dieses Kind muß dann, wie bereits beschrieben, der Selbstbeobachtung des jeweiligen Elternteils dienen. Solch ein Elternteil, der unter der (verleugneten) Drohung und Faszination des Wahnsinns lebt, scheint oft zwanghaft dieses Irresein bei seinem Kind zu suchen – und auf diese Weise hervorzubringen. Häufig erscheint diese elterliche Sorge und Beschäftigung mit dem Wahnsinn verständlich. R. Scott und P. Ashworth (1969) haben insbesondere gezeigt, daß Eltern, die unwissentlich Wahnsinn bei ihren Kindern suchen und hervorrufen, oft von den Erinnerungen an verrückte Verwandte und Vorfahren heimgesucht werden. Aus diesem Grund wachsen sie mit der unbeschreiblich beängstigenden Vorstellung und Erwartung auf, daß der Wahnsinn ihre gezeichnete Familie wieder befallen könnte. Bei dem Versuch, diese gefürchteten und allgegenwärtigen Vorstellungen zu kontrollieren, einzudämmen und zu neutralisieren, wird das Kind delegiert, den Wahnsinn darzustellen, das heißt, es entwickelt sich zu dem Familienmitglied, das ihn trägt und faßbar macht.

Die Schicksale bei einer extremen Bindung in der Adoleszenz

Die Adoleszenz bringt den Tag der Abrechnung für Kind und Eltern herbei. Sie treibt die Generationen zu dem kritischen Punkt, an dem sich das Drama der zentrifugalen und zentripetalen Kräfte, von Druck und Zug, der versuchten Individuation und Ablösung, der gegenseitigen Verletzung und der Versöhnung, entrollt, das unser Buch zum Thema hat. Wir wollen nun in Kürze betrachten, wie sich dieses Drama entfaltet, wenn potentiell Schizophrene einer extremen Bindung und Delegation unterworfen werden, während sie sich dem Erwachsensein nähern.

Extreme Bindung

Der bis zum Äußersten gebundene und potentiell schizophrene Jugendliche klammert sich, das folgt aus dem oben Gesagten, an das, was Außenstehende als Krankheit, Hörigkeit und Elend wahrnehmen. Dabei fordert er die psychische Logik – und die Imperative des Überlebens – heraus. Er verzichtet auf alle Chancen der Entwicklung und Befreiung, die er haben könnte. Er bleibt, wie von einem eisernen Band gehalten, in den emotionalen Umkreis der Eltern gebannt. Er ist ein selbstverleugnendes, williges Opfer, ein Isaak, der selbst das Messer trägt, das ihn töten wird.
Das ist in der Tat der Eindruck, den bestimmte schizophrene Patienten bei mir hinterlassen haben. Mit unbeugsamer Entschlossenheit hängen sie an einem Elternteil oder beiden Eltern, obwohl jede ihrer Handlungen, im Gegensatz zu den

bewußten Intentionen der Eltern, zur Zerstörung des Kindes beiträgt. Scott und Ashworth (1969) und Welldon (1971) haben dieses Phänomen beschrieben. Insbesondere hat Welldon über vier Familien mit einem hospitalisierten schizophrenen Kind berichtet, das extrem gebunden war.

Betty ist eine von Welldons Patientinnen. Ihre extreme Gebundenheit und die Entschlossenheit, mit der sie sich an einen destruktiven Familienzusammenhang klammert, beeindrukken den Beobachter stark. Alle Familienmitglieder spiegeln diese Gebundenheit und verstärken sie, und alle Familienmitglieder wehren sich heftig gegen jede therapeutische Intervention, die sie befreien könnte. Wir können bei Welldon folgendes lesen:

»Je erfolgreicher das Pflegepersonal bei Bettys Behandlung war, desto größer wurde die Konkurrenz und um so unerträglicher der Kampf zwischen uns (d. h. den Therapeuten) und der Familie, insbesondere der Mutter. Nach sechs Sitzungen gaben wir auf. Obwohl wir neue Einsichten gewonnen hatten, schien dies die Aufgabe der Therapie zu erschweren, statt zu erleichtern. Die Mutter mit ihrer rigiden und paranoiden Abwehr war unzugänglich für Veränderungen. Für sie mußte Betty krank sein, damit sie sie pflegen konnte. Sie war überzeugt, daß Betty nie geheilt werden könnte, sie wußte, daß Betty nach ihrem Tode in ein psychiatrisches Krankenhaus eingeliefert werden müßte. »Warum kann ich sie denn dann jetzt nicht bei mir haben?« Sie gab andauernd ihrer Furcht Ausdruck, daß etwas Schlimmes passieren könnte, daß etwas schiefgehen könnte, während Betty im Krankenhaus war – sie könnte eine Lungenentzündung bekommen oder von einem männlichen Patienten angefallen werden. Der Vater und der Bruder waren ebenso in diesem Netz erdrükkender und bußfertiger Überversorgung (overprotection) gefangen. Einmal gab die Mutter zu: »Was soll ich sonst machen. Ich kann Betty nur auf diese Art lieben.« Je wirksamer das Pflegepersonal Betty behandelte, desto heftiger mußte der Rest der Familie jede Besserung verleugnen und einen unterschwelligen Widerstand zur Wiederherstellung des familiären Status quo aufbauen, in dem Betty solch eine entscheidende und aufopfernde Rolle spielte.«

Ein weiteres schizophrenes Mädchen aus Dr. Welldons Praxis ist Janet. Sie hatte die letzten sechs ihrer dreiundzwanzig Jahre in einem psychiatrischen Krankenhaus dahingedämmert. Als Dr. Welldon sie das erste Mal sah, schrie sie und lief weg. Sie »ähnelte einem Tier in einem Käfig, erschreckt und frustriert, ohne Hoffnung und hilflos in ihrer Isolation, und erweckte den Eindruck von Gefährdung für sich selbst und für andere«. Janet wurde dann auch zu einem Zeitpunkt physisch krank, an dem die Eltern in ihren therapeutischen Sitzungen offen einen Teil ihrer intensiven Frustration und ihres Elends enthüllen konnten. Sie starb langsam an hypostatischer Pneumonie. Es sah so aus, »als ob Janet ihre eigenen und die Prophezeiungen ihrer Eltern erfüllte, als wäre sie der Hüter eines furchtbaren, unverständlichen Geheimnisses, das nicht enthüllt werden durfte«.

Als er über die Bedeutung von Janets Tod nachdachte, fragte sich Dr. Welldon, ob er einen bösartigen Prozeß in der Familie miterlebt – und möglicherweise beschleunigt – hatte, der die Vertreibung Janets zum Inhalt hatte und schon lange im Gang gewesen war. Dies deutet darauf hin, daß stark gebundene Schizophrene auch paradoxerweise endgültig ausgestoßen werden können. Dieses scheinbare Paradoxon lenkt unsere Aufmerksamkeit auf einen extremen dynamischen Aspekt der Ablösung, der weiterer Überlegung bedarf.

Um diese Dynamik zu verstehen, müssen wir uns daran erinnern, daß eine extreme Bindung einen explosiven Ausstoßungsprozeß auslösen kann. Doch müssen wir uns auch daran erinnern, daß sich hier die Eltern-Kind-Interaktion so gestaltet, daß weder eine extreme Bindung noch eine definitive Ausstoßung für einen Elternteil oder das Kind einen lebenswerten Zustand darstellen. Daher muß ein Kompromiß gefunden werden, und dieser Kompromiß kann dann paradox erscheinen. Wir verdanken Scott und Ashworth (1967) die Aufklärung dieser Situation.

»In einer hypothetisch reinen Symbiose«, berichten Scott und

Ashworth, »haben die beiden Partner keine Beziehungen zueinander, noch können sie sich voneinander trennen. Sie müssen ›eins‹ sein *oder* sie fallen total auseinander. Sie sind entweder ›ganz eins‹ oder ›ganz auseinander‹.« Dennoch kann, wie die Autoren weiter zeigen, ein dramatisches Ereignis eintreten, das die Qualität der symbiotischen Vereinigung verändert und schließlich die Partner voneinander ›trennt‹. Dieses Ereignis nennen sie ›Schlußszene‹ (closure); in unserem Begriffsrahmen kann man es als eine Form der dramatischen Ausstoßung ansehen. Diese Schlußszene, bzw. diese dramatische Ausstoßung, beinhaltet, daß der Patient – d. h. normalerweise ein Kind in der Adoleszenz – »als ›krank‹, verrückt, jenseits menschlichen Einflusses oder menschlicher Hilfe« angesehen wird, daß er dazu verdammt wird, lebendig tot zu sein – eine Schattenexistenz in einem Irrenhaus zu führen. Aber – und dies wirft ein Licht auf das scheinbare Paradoxon – dieser ›tote‹ Patient, der dazu verdammt ist, in einem düsteren Hades zu leben, behält seine Macht, das Leben seiner Eltern mit unaufhörlichem Schrecken, mit Besorgnis und Schuldgefühlen zu erfüllen. Der tote Körper des Patienten bleibt, obwohl er nicht im Hause ist, zugänglich für rituelle Andachten. Aus diesem Grunde wird – (ganz anders als bei den von Vergil und Dante beschriebenen Toten, die sich davor fürchten, vergessen zu werden oder daran Gefallen finden) – vielen lebenden Toten, die man chronisch Schizophrene nennt, Lethes Trank verwehrt: Obwohl sie ihren Eltern aufs Äußerste entfremdet sind, bleiben sie aufs Äußerste an sie gebunden.

Scott und Ashworth haben genau verfolgt, wie es zur ›Schlußszene‹ kommt. »Wenn das ›Kind‹ zum ersten Mal einen Zusammenbruch hat«, erfahren wir, »wird es in der Regel zum Brennpunkt einer besonders intensiven Aufmerksamkeit der Eltern. Es wird zum Objekt genauer – sich gewöhnlich stumm und unaufrichtig vollziehender – Überprüfung durch die Eltern«, während »der Konflikt zwischen den Eltern, der oft tief und unlösbar ist, nun unausweichlich in größerem Ausmaß als zuvor durch den Patienten zum Tragen kommt«. An die-

sem Punkt werden viele Psychiater die Vollstrecker einer endgültigen Besiegelung der Schlußszene.[15]
Sie sprechen die ›Diagnose‹ und folglich das Urteil ›geisteskrank‹ aus und bestätigen es damit offiziell. Aber selbst durch solch eine offizielle Hilfe haben die Eltern wenig Erleichterung in ihrem Elend gefunden. Denn diese Eltern binden einander, wie die Autoren voller Mitgefühl bemerken, nachdem sie eine Schlußszene mit einem kooperativen – d. h. gebundenen – Patienten bewerkstelligt haben, noch fester und tragischer an den Patienten.
»Vom ersten Zusammenbruch an opfern diese Eltern ihr eigenes Leben für den Patienten in rituellen Formen. In diesem Ritual tun sie alles für den Patienten«; es kommt zu einer totalen und tatsächlichen Verleugnung ihrer eigenen Bedürfnisse und Befriedigungen. »Ich will nur, was er will«, sagen sie. Da sie sich selbst kein Leben mehr gönnen, machen sie den Patienten zum Grab all ihrer Hoffnungen und Wünsche.

Extreme Bindung und Ausreißen

Wir können die Ablösungsdynamik potentiell schizophrener Patienten weiter klären, indem wir noch einmal die Situation des Ausreißens betrachten. Wir haben gesehen, daß extreme Bindung dem Ausreißen entgegensteht, da extrem gebundene Jugendliche – und unter ihnen viele Schizophrene – gewöhnlich weder den Willen noch die Fähigkeit haben, um zu Gleichaltrigen auszureißen. Auch verhindern meistens ihre außerordentlichen Schuldgefühle – weil sie ›das schlimmste Verbrechen‹ begangen haben – einen Erfolg beim Ausreißen.

15 Diese Rolle des Psychiaters als Vollstrecker bedarf kritischer Reflexion. In der Regel wird der Psychiater ins Spiel gebracht, wenn die Eltern, nach verschiedenen Episoden voller Qual und Ambivalenz, dabei sind, ihr Kind auf dramatische Weise auszustoßen. Diese Eltern versuchen dann, seine Hilfe zu dem Zweck in Anspruch zu nehmen, ihre Ambivalenz endgültig nach einer Seite hin umschlagen zu lassen. Sie verpflichten ihn als Chirurgen, von dem man erwartet, daß er das schlechte, verfaulende ›Fleisch der Familie‹ als solches diagnostiziert und herausschneidet, seine radikale Abtrennung und Ausstoßung bewirkt. Sie erwarten, daß der Psychiater den Patienten als Kranken und reif für die Einweisung in eine Anstalt be-

Daneben finden wir ganz bestimmte ungewöhnliche Formen des Ausreißens oder ›Extreme beim Ausreißen‹.
Ein solches ›Extrem beim Ausreißen‹ stellen die einsamen Ausreißer mit schizoider Problematik dar, für die Roy, der im 2. Kapitel vorgestellt wurde, ein Beispiel ist. Roy, der viele Monate mit der Diagnose ›Schizophrenie‹ im Krankenhaus war, riß wiederholt von zu Hause und auch aus dem Krankenhaus aus. Einem unbeteiligten Beobachter erschienen seine Unternehmungen unmotiviert, bizarr, einsam und riskant, weil er sich in Hinterhöfen und verlassenen Friedhöfen herumtrieb und sich dabei für Fremde und Polizisten auffällig verhielt. Er wurde bei seinem letzten Ausreißversuch getötet, als sein Schlafsack, den er nahe an den Rand einer Landstraße gelegt hatte, von einem Auto mitgerissen wurde. Soweit ich Roy und seine Familie kannte, hatte ich keinen Zweifel daran, daß er mit dem Leben spielte, um seine peinigende ›Ausbruchsschuld‹ zu besänftigen.
Eine zweite Form extremen Ausreißens – oder ein Äquivalent dazu – kann man ›Ausreißen nach innen‹ nennen, um einen von L. Wynne (1971) vorgeschlagenen Begriff zu benutzen. Hier reißt der Patient nicht tatsächlich aus, sondern nur psychisch, indem er sich in eine Welt der Phantasie und der inneren Objekte vergräbt, neben deren Anziehungskraft die Welt der lebenden Geschöpfe verblaßt. Indem er ›nach innen ausreißt‹, löst er scheinbar seine Bindung an die mächtigen Eltern, aber ohne wirklichen Erfolg. Denn wenn wir seine Phantasien und seine Innenwelt genau analysieren, wie wir es über Monate und Jahre in der Einzel- und Familientherapie gemacht haben, entdecken wir, daß die Bindung *in* dieser inneren Welt *durch sie* funktioniert. Wir entdecken nämlich,

zeichnet. Indem er die offizielle medizinische Bestätigung liefert, soll er die abweisende Seite der elterlichen Ambivalenz bestätigen und ihre Schuldgefühle darüber beseitigen, daß sie ihr Kind ausstoßen. Dieser Psychiater tritt an einem kritischen Punkt in das Leben des Patienten und der Familie ein. Er kann seinen Einfluß benutzen, um den potentiell Ausgestoßenen im Kreise der Familie zu halten, und kann dabei versuchen, die Schlechtigkeit und die Symptome des Patienten wieder in der Familie zu verteilen, das heißt, er kann versuchen, die Ambivalenz der Eltern am Leben und ›bearbeitbar‹ zu halten; er kann aber auch, durch seine Autorität, für den entscheidenden ausstoßenden Schub sorgen.

daß seine Phantasien auf komplizierte Weise mit denen seiner Eltern verwoben sind in einer ›intersubjektiven Verschmelzung‹, wie es I. Boszormenyi-Nagy (1965, 1966) genannt hat. Aus diesem Grund ist ein Ausreißen nach innen kaum weniger illusorisch und selbstzerstörerisch als das tatsächliche Weglaufen von Jungen wie Roy.

Schließlich kann man die Einlieferung in eine Irrenanstalt auch als einen Ausreißversuch betrachten, bei dem Eltern und Patient heimlich zusammenarbeiten und der aller Wahrscheinlichkeit nach wegen der fortgesetzten tragischen Bindung der Familienmitglieder fehlschlagen wird.

Das Zusammenwirken von Bindung und Delegation bei den Ablösungsversuchen von potentiell Schizophrenen

Die Bindung ist ein entscheidender Faktor bei der Entwicklung der Schizophrenie, aber auch die Delegation spielt eine wichtige Rolle. Die Situation und die Prognose für die Beteiligten sind jedoch in diesen beiden Beziehungsmodi verschieden. Je nachdem, welche Loyalitätsbindungen bestehen, welcher Art seine Aufgaben sind und welcher Art und Intensität von Dilemma er ausgesetzt ist, muß der Delegierte tiefere Konflikte und größere Unruhe erleiden, wenn er sich von der Familie zu lösen versucht. Häufig hat diese Unruhe Eigenschaften eines akuten schizophrenen Schubes. Aber weil er mehr zwischenmenschliche Fähigkeiten erworben hat und über Modelle und Werte verfügen kann, die weitere (wenn auch begrenzte) Ablösung und Individuation erlauben, ist er offensichtlich weniger in Gefahr, eine chronische Schizophrenie zu entwickeln, als ein stark gebundenes Kind.

Im alltäglichen Leben treten die Bindung (die zur dramatischen Ausstoßung oder zur ›Schlußszene‹ führen kann) *und* die Delegation des potentiell Schizophrenen gewöhnlich gemeinsam auf. Das Verhältnis der bindenden zu den delegierenden Kräften entscheidet, ob und wie eine Schizophrenie oder ein als Schizophrenie bezeichneter Zustand in der Folge auftritt. Um eine solche Interaktion des Bindungsmodus mit dem Delegationsmodus zu illustrieren, werde ich dieses Kapitel mit der Beschreibung einer Familie mit mehreren Kindern, die potentiell schizophren sind, abschließen.

Zur Familie Smith, die ich anderthalb Jahre behandeln und beobachten konnte, gehörten die Eltern, die beide Mittvierziger waren, und sechs Kinder, von denen sich zwei – beides Mädchen, fünfzehn und neunzehn Jahre alt – in Familien- und Individualtherapie befanden. Ein siebzehn Jahre alter Bruder lebte in einer Hippie-Kommune in einer anderen Stadt. Drei jüngere Kinder, die alle unter zwölf Jahre alt waren, lebten noch zu Hause. Alle drei älteren Kinder waren Ausreißer. Ihre Ausreiß-Episoden drückten stärker als alle anderen Eigenschaften den Einfluß des Bindungs- und des Delegationsmodus auf ihre schizophrene Entwicklung aus. Ich werde mich hauptsächlich auf die Frage konzentrieren, wie diese Modi auf Cindy wirkten. Sie war fünfzehn Jahre alt, als sie zu mir kam.

Cindy, die aussah wie ein Della-Robbia-Engel, der zum Landstreicher geworden war, wurde in ein psychiatrisches Krankenhaus eingeliefert, nachdem sie längere Zeit von zu Hause ausgerissen und dabei bis nach Oregon getrampt war. Während sie auf der Walze war, hatte sie die verschiedensten Drogen genommen, war mehrmals bei LSD-Trips ausgeflippt, von einer Gang vergewaltigt, ins Gefängnis gesteckt worden und hatte sich schließlich Filzläuse geholt. Als sie auf unsere Station aufgenommen wurde, machte sie einen ausgelaugten, unentschlossenen und deprimierten Eindruck. Sie schien von dem Gefühl beunruhigt zu sein, daß alles – und insbesondere ihr Körper – irreal und ›merkwürdig‹ sei. Ein ausführliches diagnostisches Interview ergab, daß ›verrückte und komische Sachen‹ mit ihrem Verstand und ihrem Körper passierten; aber keine dieser Erfahrungen schien eindeutig auf eine schizophrene Erkrankung hinzudeuten. Bevor sie von zu Hause weglief, hatten ihre schulischen Leistungen nachgelassen. Sie schwänzte immer häufiger die Schule und benahm sich auffällig. Dies weckte den Zorn ihres Vaters; er beschimpfte sie als

Schlampe und Herumtreiberin und zwang sie schließlich (nach ihrer Aussage) dazu, mit einer Freundin, die nicht weniger unglücklich und verstört war als sie, von zu Hause wegzulaufen.

Cindy besaß bestimmte Fähigkeiten und Motivationen, die es ihr ermöglichten, Beziehungen zu Gleichaltrigen aufzunehmen; sie hatte sich in der Tat einige beeindruckende Fähigkeiten zum Überleben angeeignet, die es ihr überhaupt erst ermöglicht hatten, bis nach Oregon zu kommen. Insofern unterschied sie sich von den stark gebundenen Jugendlichen, die entweder überhaupt nicht, nur nach innen ausreißen oder ihre Ausreißversuche bald abbrechen müssen.

Als ich Cindy und ihre Familie näher kennenlernte, war ich beeindruckt, wie stark und komplex der Bindungs- und Delegationsmodus waren, unter deren Einfluß sie stand. Beide Eltern waren nicht gesund. Mr. Smith, ein Bankier irischer Abstammung, sah drahtig aus, litt aber unter hohem Blutdruck, Magenkrämpfen, Anfällen von Durchfall und anderen somatischen Beschwerden, die ihn immer wieder für Stunden oder Tage außer Gefecht setzten. Mrs. Smith, die früher Lehrerin gewesen war, hatte starkes Übergewicht, weil sic ihre Schilddrüsenpillen nicht mehr nahm, seit sie entdeckt hatte, daß ihre Kinder sie dauernd stahlen, um dadurch ›high‹ zu werden. Beide Eltern tranken viel, um so Wut, Enttäuschung und Unglück herunterzuspülen, die eine unerträglich gewordene Ehe in ihnen hervorrief; beide kämpften außerdem mit der Last ihrer Vergangenheit.

Mr. Smith, ein argwöhnischer und einsamer Mann, war von seinen Eltern, die arme Einwanderer waren, enttäuscht und depriviert worden. Als junger Mann hatte er eine Zeitlang ein promiskuöses und abenteuerliches Leben geführt; das fand aber ein Ende, als er Anfang zwanzig Mrs. Smith heiratete, deren Reichtum, Gelehrsamkeit und scheinbare Mütterlichkeit auf ihn anziehend wirkten. Die beiden waren jedoch bald in der Sackgasse ihrer unbefriedigten Bedürfnisse gelandet. Mrs. Smith war nämlich nicht die gewährende Mutter und Lehrerin, die er sich gewünscht hatte, sondern im Grunde ihres

Herzens ein gieriges, depriviertes Kind, das in Mr. Smith Vater und Mutter zu finden gehofft hatte, die *ihr* gefehlt hatten. Abgesehen von einem Gefühl der Deprivation, des Hungers und der Unfähigkeit, trug Mrs. Smith jedoch noch eine schamvolle Last; im Alter von acht Jahren hatte sie eine sexuelle Beziehung mit einem Halbbruder angefangen, die bis zu ihrem dreizehnten Lebensjahr dauerte. Daher fühlte sie sich nicht nur hungrig und depriviert, sondern hielt sich für eine Schlampe und von Grund auf schlecht und verdorben.

Da sie unfähig waren, dem anderen zu geben, was er erwartete, neigten beide immer mehr zu offenem Krach. Es gab wütende Auseinandersetzungen über die Frage, wer Frühstück machen oder die Rechnungen bezahlen sollte. Ihre sexuellen Beziehungen, die von Anfang an nicht allzu häufig waren, hörten ganz auf, als Mr. Smith einige Jahre bevor sie zu uns kamen, impotent wurde. Da ihre Bedürfnisse keine Befriedigung fanden, versuchten sie sich gegenseitig mit Hilfe von physischen Symptomen und Beschwerden zu manipulieren und ihre Wut so weit wie möglich zu mildern – mit Alkohol, durch den Rückzug in ein mürrisches Schweigen und die Suche nach einer Nische (für den Vater seine Arbeit, für die Mutter gesellschaftliche Geschäftigkeit), in der jeder hoffte, von dem anderen nicht gestört zu werden. Aber ohne Erfolg: Sie blieben in ihrer zentripetalen Sackgasse. Wut, Enttäuschung und Depression nahmen zu, und sie konnten nicht umhin, die Menschen zu Hilfe zu nehmen, die Gott oder der Teufel ihnen geschickt hatte, um ihr Elend zu lindern oder zu beseitigen: ihre Kinder.

Ich werde mich hier darauf beschränken zu beschreiben, was dies für Cindy bedeutete, und zu zeigen versuchen, wie Cindy dadurch, daß sie den bindenden und delegierenden Strategien ihrer Eltern ausgeliefert war, so unter Druck geriet, daß sie schließlich kurz vor einem schizophrenen Zusammenbruch stand.

Die Bindung, Delegation und Ausstoßung Cindys

Ich beschränke mich darauf, ein oder zwei Beispiele für die oben beschriebenen Modi und Submodi anzuführen; dabei werde ich mit dem Bindungsmodus beginnen. Beide Eltern unterwarfen Cindy in verschiedenem Ausmaß und auf unterschiedliche Weise dem Bindungsmodus auf allen drei Ebenen – der Ebene elementarer Befriedigung und Abhängigkeit, der kognitiven Bindungsebene und der Ebene der Ausnutzung von Loyalität.

Von Anfang an legte Mr. Smith es darauf an, Cindy an sich zu binden, indem er ihr eine besondere, erotisch gefärbte Aufmerksamkeit zukommen ließ. Als Cindy noch ein Kind war, spielte er überreizende und sadomasochistische Spiele mit ihr – d. h. er knutschte sie auf aggressive Weise und schlug sie sogar; in ihrer Jugend setzte er diese Spiele in etwas ›sublimierter‹ Form fort. Auf eine bittersüße, ständig eskalierende Weise spielte er mit Cindy das Spiel: ›wer kann wen am meisten verletzen‹, d. h.: wie kann man es anstellen, daß man dem anderen am tiefsten unter die empfindsame Haut kommt. Erotische – oder wenn man will: genitale und prägenitale – Elemente sprangen dabei dem Beobachter ins Auge, wurden aber von den Beteiligten selbst nicht wahrgenommen. Zusätzlich zu der Bindung durch inzestuöse, sadomasochistische Überreizung und verwoben mit ihr hatte eine Bindung durch Mystifizierung, die ich zu den ›kognitiven Bindungen‹ rechne, von den Protagonisten Besitz ergriffen. Der Vater, der gar nicht wahrnahm, daß er sich auf sadomasochistische Weise zu seiner Tochter hingezogen fühlte, hatte es geschafft, diese Anziehung umzudefinieren und zu verlagern, indem er ihre Interaktion als eigensinnigen Ungehorsam auf Cindys und väterliche Sorge um ihre Zukunft auf seiner Seite beschrieb. Im großen und ganzen gelang es ihm, Cindy dazu zu bewegen, diese Definition ihrer zwischenmenschlichen Realität zu akzeptieren. Es konnte daher nicht ausbleiben, daß Cindy von falschen Voraussetzungen ausging, sobald sie versuchte, ihre inneren Bedürfnisse und Empfindungen zu verstehen. Indem sie sich in dem schiefen kognitiven Bezugs-

rahmen zu definieren suchte, den ihr Vater für sie bereitgestellt hatte, blieb sie an ihn gebunden. Und insoweit sie an ihn gebunden blieb, war ihre Ablösung und die Integration in eine ›Peer‹-Gruppe in Gefahr.
Die Stärke der Bindung auf der dritten Ebene – Ausnutzung von Loyalität – kam zu einem späteren Zeitpunkt in der Familientherapie zum Vorschein. Zu diesem Zeitpunkt hatte Cindy in ihrer Einzeltherapie schon Fortschritte gemacht. Sie begann, ihre Individuation und Ablösung voranzutreiben, empfand aber eine peinigende Sorge, daß sie ihre Familie verletzen würde, wenn sie es wagte, auszuziehen und unabhängig zu werden. Sie stand unter dem Eindruck, daß sie ihre Familie tief und unwiderruflich verletzen würde, und in einem verzweifelten Anlauf, mit diesem Dilemma fertig zu werden, bot sie sich abwechselnd als Erlöser und Opfer für ihre Familie an. In einem Augenblick versuchte sie ihre ›Ausbruchswünsche‹ zu sühnen, indem sie sich in eine selbstaufopfernde Familientherapeutin verwandelte, und zu anderen Zeiten, besonders wenn sie depressiv und verzweifelt war, meinte sie, ihre Eltern würden entweder zusammenbrechen oder voller Wut als Antwort auf ihre zentrifugalen Tendenzen zurückschlagen. In zunehmendem Maße begriff ich die offen selbstzerstörerischen Aspekte von Cindys Ausreiß-Versuchen – wie die Vergewaltigung durch eine Gang oder das ›Ausflippen‹ auf LSD-Trips – als Versuche, für ihre (größtenteils unbewußte) Ausbruchsschuld zu büßen.
Ich übergehe Beispiele dafür, wie Cindy durch ihre Mutter gebunden wurde, die darin in nichts dem Vater nachstand. Statt dessen wende ich mich der Frage zu, wie Cindy als Delegierte benutzt wurde. (Auch hier werde ich mich auf einige Beispiele beschränken.)
Zunächst hatte Cindy als Verbündete ihrer Mutter die Aufgabe, den Vater zu vernichten. Diese Mission verstrickte sie in einen tiefen Loyalitätskonflikt.
In der Familie Smith konnte kein Elternteil als dominant angesehen werden. Beide schienen die gleichen Chancen zu haben, die Kinder auf ihre Seite zu ziehen. Nach einer Phase,

in der die Loyalitäten der Kinder häufig wechselten, stabilisierten sich die Fronten der ›Verbündeten‹ einigermaßen: die drei älteren Kinder befanden sich – wenn auch nicht ganz eindeutig – im Lager der Mutter, die drei jüngeren auf Seiten des Vaters. Diese Frontstellung gab der Mutter bei der strategischen Verwendung ihrer Verbündeten einen Vorteil, denn ›ihre‹ Kinder konnten, da sie älter waren, von zu Hause weglaufen (d. h. dazu gebracht werden), und so dazu benutzt werden, dem Vater Schmerzen zu bereiten (indem man ihn seiner quasi-inzestuösen Freuden beraubte und/oder ihn als schlechten Vater entlarvte). Die drei jüngeren Kinder, die alle noch unter zwölf Jahre alt waren, konnten dem Vater einen ähnlichen Dienst (noch) nicht erweisen. Es konnte deshalb nicht überraschen, daß Mrs. Smith voll Wonne in den Familiensitzungen und den Nachinterviews von Cindys Eskapaden berichtete, während Mr. Smith erniedrigt und wütend zuhörte. Seine Wut nahm noch zu, als sich herausstellte, daß Mrs. Smith die ganze Zeit durch Telefonanrufe und Kontakte über Dritte darüber informiert war, wo sich Cindy während dieser Episoden aufhielt, während Mr. Smith vollkommen im Unklaren gelassen wurde.

Dadurch, daß sie die Unternehmungen ihrer Tochter heimlich unterstützte, betraute Mrs. Smith – in ihrer ›unheiligen‹ Allianz mit Cindy – sie jedoch nicht nur mit der Aufgabe, sich gegen den verhaßten Ehemann zu stellen; sie lud ihr noch eine weitere Aufgabe auf, die auf direktere Weise ihr selbst diente: die Aufgabe, die Mutter mit von außen stammender Aufregung (oder Nahrung für das Es) zu versorgen, die innerhalb der Familie Smith immer schwieriger zu produzieren und zu bekommen war.

Häufig schien es, als sei Mrs. Smith begierig und gebannt von den Andeutungen, die Cindy über Drogenparties, sexuelle Erfahrungen und Abenteuer machte. Während sie sich so von den morbiden Unternehmungen Cindys nährte, ließ sie scheinbar unschuldige Bemerkungen und Fragen fallen, die andeuteten, daß sie ein Verlangen nach einer höheren Dosis solcher Dinge verspürte. Als Cindys Betreuer und Therapeut Pläne und Strukturen festzulegen versuchte, die Cindys Abenteuerlust eindämmen sollten, stellte z. B. sie die scheinbar harmlose Frage: »Ist es nicht wieder mal Zeit zum Weglaufen, Cindy?«

Dennoch – und dies fügt Cindys Loyalitäts- und Aufgabenkonflikten eine weitere Dimension hinzu – schien Cindy nicht nur als Reaktion auf die versteckten Aufstachelungen der Mutter, sondern auch als Reaktion auf Äußerungen ihres Vaters wegzulaufen. Diese Äußerungen bezogen sich aber auf eine andere Aufgabe als die, die ihre Mutter im Sinn hatte. Mrs. Smith ermutigte Cindy hauptsächlich zum Ausreißen, weil sie Cindy brauchte, um Mr. Smith zu ärgern und für sich (vielleicht sogar für die ganze Familie) ›Nahrung für das Es‹ zu besorgen. Mr. Smith (der selbst in bezug auf seine Beziehungen und Wünsche an Cindy zerrissen war) versuchte, Cindy zu binden und gleichzeitig als Versuchskaninchen für das freie und ungebundene Leben zu benutzen, das er selbst in zunehmendem Maße suchte – und gleichzeitig fürchtete! Mr. Smith zeigte selbst immer deutlicher die Neigung wegzulaufen. Diese Neigung führte zu einem Verhalten, das seltsam unzusammenhängend und halbherzig war. Zum Beispiel redete er viel darüber, daß er in eine bestimmte Stadt im mittleren Westen ziehen und ein neues Geschäft anfangen wollte; schließlich stattete er dieser Stadt einen Besuch ab, ›um alles Notwendige zu veranlassen‹. Aber nachdem er in der Stadt angekommen war, stellte sich heraus, daß er überhaupt keine Pläne gemacht und keine Vorbereitungen getroffen hatte. Er hatte keine Verabredungen oder Empfehlungen und konnte keine Erkundigungen einziehen. Da er sonst nichts zu tun hatte, ging er in ein Fisch-Restaurant und fuhr dann wieder nach Hause. Gegen Ende der Familientherapie bot er das Wohnhaus der Familie zum Verkauf an – ein weiterer Beweis für den Wunsch wegzulaufen. Auch dieser Versuch blieb folgenlos. Während er selbst halbherzig und ambivalent seinen eigenen Ausreißwünschen gegenüber war und nicht zum Zuge kam, schien er unersättlich in seinem Verlangen, etwas über Cindys Taten zu erfahren.

Schließlich betrauten die Eltern Cindy auch mit Aufgaben, die

bei genauerem Hinsehen ihrem eigenen Über-Ich dienten. Beide brauchten Cindy, um verschiedene Aspekte ihres eigenen Ich-Ideals zu realisieren, die ihnen versagt geblieben waren – strahlende Schönheit und Attraktivität im Fall der Mutter, akademischer Erfolg im Fall des Vaters. Jeder brauchte Cindy, um das zu realisieren, was er oder sie am meisten oder schmerzlichsten in sich zu vermissen glaubte. Die Mutter, ein fettes, häßliches Entlein, versuchte durch Cindy die Hoffnung auf körperliche Schönheit und Attraktivität, die sie selbst wie eine Verzweifelte erreichen wollte, zu erlangen. Der Vater, der selbst die Oberstufe des Gymnasiums nicht beendet hatte, drängte Cindy zu schnellem akademischem Erfolg, der ihm selbst versagt geblieben war. Cindy machte immer wieder große Anstrengungen, das unerreicht gebliebene Ich-Ideal ihrer Eltern zu erfüllen und empfand immer wieder große Schuldgefühle und Konflikte, weil sie es nicht schaffte. (Wie sollte sie denn überhaupt körperliche Schönheit und Integrität entwickeln und in der Schule erfolgreich sein, wenn all ihre Energie von der Aufgabe absorbiert wurde, so viele offenbar unlösbare delegierte Dilemmata miteinander in Einklang zu bringen?)
Eines dieser Dilemmata bringt uns zu der zweiten Über-Ich-Funktion, der Selbstbeobachtung, die Cindy für ihre Eltern zu erfüllen hatte. Sie hat die Beobachtung des Kindes durch die Eltern als Ersatz für die Selbstbeobachtung der Eltern zum Inhalt. Ein solcher Ersatz für die Selbstbeobachtung spielt offenbar eine entscheidende Rolle für die Entwicklung der schizophrenen Störungen. Zum Beispiel rekrutierte die Mutter, anstatt ihre eigenen Sünden und ihre Scham wahrzunehmen und mit ihr zu Rande zu kommen, Cindy für diese Aufgabe. Sie hatte, wie schon erwähnt, mit einem Halbbruder in der Zeit zwischen ihrem achten und dreizehnten Lebensjahr sexuelle Beziehungen unterhalten. Dieses Erlebnis war nie analysiert und durchgearbeitet worden und erfüllte sie mit einem durchdringenden Gefühl primitiver, allumfassender Scham. Um mit diesem Schamgefühl fertig zu werden, benötigte sie (unter anderem) eine sündhafte Tochter, die es ihr

ermöglichte, ihr eigenes Gefühl der Scham über eine projektive Identifizierung loszuwerden. Wie sich herausstellte, versuchte Cindy diesem versteckten Bedürfnis ihrer Mutter dadurch zu entsprechen, daß sie sich sündhaft und schamlos benahm.

Schließlich bot Cindy Anlaß zu der Annahme, daß sie zu ihren anderen Funktionen als Delegierte auch noch die Aufgabe erfüllte, das primitive, strafende Gewissen ihrer Eltern zu verkörpern. Über das grausame archaische Gewissen schizophrener Patienten ist viel geschrieben worden. Je mehr wir aber über Patienten wie Cindy und ihre Familie erfahren, desto sicherer kommt uns zu Bewußtsein, daß die Patienten auch noch in diesem Bereich die Last tragen, die sie von anderen aufgebürdet bekommen haben.

Heute sieht Cindys Zukunft nicht allzu rosig aus. Als ihr Therapeut plante, das Krankenhaus zu verlassen und anderswo zu arbeiten, riß Cindy von dort aus. Aber schon vorher war die Familientherapie nicht recht vorangekommen.

Stärker als zuvor waren die Familienmitglieder in ihrer Feindseligkeit gefangen, sie fehlten häufig oder wiederholten ständig dieselben Diskussionen. Mr. Smith war immer näher daran, Cindy endgültig hinauszuwerfen. Er beschimpfte sie als unverbesserliche, widerspenstige, boshafte Göre, die nur darauf aus sei, sich selbst und ihn zu vernichten. Aber bevor er sie endgültig hinauswerfen konnte, riß Cindy wieder aus.

Nachdem sie weggelaufen war, versuchte Mr. Smith, sie zu vergessen. Er war aber, wie es in solchen Fällen häufig ist, nicht dazu in der Lage; obwohl er Cindy abgeschrieben hatte, war sie für ihn eine nie versiegende Quelle der Unruhe und der schuldbewußten Sorge.

Nach einigen Monaten auf der Walze – die sie größtenteils in der Gesellschaft eines gleichfalls von zu Hause ausgerissenen Freundes verbrachte – fand Cindy eine Art neuer Familie. Es handelte sich um eine religiös angehauchte Kommune mit ziemlich strikten Regeln, die in einer entfernten Ecke des Landes lebt. Bisher hat sich Cindy an diese Regeln gehalten, sie waren ihr sogar eine Stütze. Während sie sich in ihrer

neuen ›Kommune-Familie‹ einrichtet, hält sie den Kontakt zu ihrer Mutter aufrecht. Sie schreibt ein- bis zweimal im Monat einen Brief und dient auf diese Weise weiterhin ihrer Mutter als Delegierte. Durch die lange Leine der Loyalität gehalten, dient sie immer noch als Figur in den ehelichen Kämpfen ihrer Eltern und bringt ihren Vater zu Wutausbrüchen bei dem Gedanken, daß sie mit ihrer Mutter ›konspiriert‹. Und genau wie früher erfüllt Cindy zusätzlich die Aufgabe, für beide Eltern stellvertretend Aufregung und genaue Kenntnisse über einen Ausbruch aus der Familie zu besorgen.
Auf diese Weise ist Cindy, obwohl sie nicht mehr zu Hause ist, immer noch dem Konflikt zwischen verschiedenen Aufgaben und Loyalitäten unterworfen. Im Augenblick hat sie jedoch anscheinend ein Moratorium gefunden, das diese Konflikte mildert, und in der Welt der Gleichaltrigen und anderer Erwachsener Fuß gefaßt. All das kann, so problematisch es auch aussieht, ihre allmähliche Befreiung von den Eltern fördern; erst mit der Zeit wird sich herausstellen, ob und wie diese Befreiung stattfindet.

8. Kapitel: Bindungslosigkeit*

Im vorigen Kapitel habe ich die Extreme der Bindung und der Delegation umrissen, wie wir sie bei der Schizophrenie finden. Im folgenden werde ich mich auf ein anderes Phänomen konzentrieren, das ein Licht auf bestimmte Extreme des Ausstoßungsmodus wirft – die verdeckte Vernachlässigung und Ablehnung von Kindern durch die Eltern.

Ich muß dazu allerdings den Begriff des Extrems in diesem Bereich erläutern. Wird die Eltern-Kind-Beziehung frühzeitig und vollständig abgebrochen, so bedeutet dies den Tod für das Kind, es sei denn, es findet Ersatz für die Eltern oder ein neues Heim. Wir beschäftigen uns also mit Extremen des Ausstoßungsmodus, die auch einige nicht-ablehnende Elemente einschließen. Diese Kinder haben die Grundlage für ein autonomes Leben trotz – teilweise sogar wegen – einer frühzeitigen und andauernden Deprivation erlangt. Diese Grundlage ermöglicht es ihnen, die Ausstoßung zu überleben und ihre (relative) Beziehungslosigkeit und ihre mangelnde Fähigkeit zu Schuldgefühlen und Loyalität in Vorteile für das Überleben zu verwandeln. Der Begriff ›wayward‹ reflektiert die Quintessenz des Ausstoßungsmodus. ›Wayward‹ leitet sich nach ›Websters Dictionary‹ aus ›awayward‹ her, das sowohl ›abgewiesen‹ als auch ›abgewandt‹ bedeutet und auf Ausstoßung oder Flucht schließen läßt. Der abgewiesene/abgewandte Mensch ist, wiederum nach Websters Dictionary, eigenwillig und unbeherrscht, und neigt dazu, seinen (bzw. ihren) Launen zu folgen. Dazu gehört, daß er keinen klaren Grundsätzen oder Verhaltensvorschriften folgt und daher oft das Gegenteil von dem tut, was erwünscht ist oder erwartet wird. Diese Eigenschaften machen den Unterschied zwischen

* ›waywardness‹ wurde mit Bedacht nicht mit ›Verwahrlosung‹ übersetzt, da die Unfähigkeit zu Objektbeziehungen und nicht die asoziale Erscheinungsebene betont werden soll. Anm. d. Übers.

dem bindungslosen Menschen und dem typischen Schizophrenen aus, der bei genauerer Untersuchung von den Gesetzen und Erwartungen, die von anderen stammen (so verdeckt und idiosynkratisch sie auch sein mögen), in der Gewalt gehalten und erstickt wird.

Dennoch können die Begriffe Schizophrenie und Bindungslosigkeit im üblichen Gebrauch ähnliche oder in Beziehung zueinander stehende Phänomene bezeichnen, weil sie unterschiedslos und – besonders im Fall der Schizophrenie – widersprüchlich verwendet werden (siehe Stierlin, 1967). Trotz dieser Überschneidung treten durch diese Begriffe unterschiedliche Schicksale und Dynamiken menschlicher Beziehungen klar hervor.

Zentral ist an diesem Punkt die Annahme, daß die potentiell schizophrene Persönlichkeit eine entscheidende Erfahrung gemacht hat, die der potentiell bindungslosen Persönlichkeit fehlt – *die Erfahrung, daß man zumindest für eine Person, einen Elternteil (oder Elternersatz), von Bedeutung war.* Das kleine Kind, das habe ich in meinem Buch *Conflict and Reconciliation* (1969) erläutert, muß geliebt und bewundert werden (d. h. für jemand Bedeutung haben), nicht so sehr deswegen, weil es das ›verdient‹, sondern einfach, weil es ein kleines Kind ist. Der potentiell Schizophrene war für jemand von Bedeutung – dafür zahlt er allerdings einen hohen Preis: seine Bedeutung für seine Eltern hing davon ab, daß er durch sie gebunden und delegiert blieb. Wie hoch dieser Preis auch sei, wichtig ist, *daß* er für jemand von Bedeutung war.

Dies ist meiner Meinung nach der wichtigste Grund, warum der potentiell Schizophrene so häufig zu seiner Versklavung mit beiträgt und für die Ketten der Schuld und der Loyalität sorgt, die ihn und seine Eltern in einer erstickenden Symbiose aneinander fesseln. Denn wo jemandem ein Gefühl von Bedeutung vermittelt worden ist, sind Hoffnungen und Befürchtungen entfacht worden – Hoffnungen und Befürchtungen, die sich sogar an eine ausbeuterische und erdrückende Beziehung hängen. Im Gegensatz dazu fehlt dem potentiell bindungslosen Kind ein solches Gefühl der Bedeutung; es fehlt ihm daher auch die Hoffnung und die besorgte Anteilnahme einer Beziehung, deren häufige Nebenerscheinung exzessive Schuldgefühle und Loyalitätsbindungen sind.

An dieser Stelle können wir uns mit den Ansichten des verstorbenen D. Winnicott über die positiven Aspekte des Schuldgefühls und der Loyalität beschäftigen. Besonders die Schuldgefühle beinhalten nach Winnicott (1958) den Willen und die Fähigkeit, den anderen in die eigenen Überlegungen einzubeziehen, und deshalb auch – wenn auch oft in verzerrter und übertriebener Weise – wahrzunehmen, welchen Eindruck die eigene Aggression auf ihn macht. Daraus resultiert dann das Bedürfnis, diese Aggression wieder ›gut‹ zu machen, indem man sie vom anderen zum Beispiel auf sich selbst lenkt oder durch Wiedergutmachungsversuche büßt. Ein gewisses Maß an Wiedergutmachung, die in eine empathische und differenzierte Wahrnehmung des anderen integriert ist, scheint allerdings für die individuelle Entwicklung unerläßlich zu sein. Winnicott führt hier den Arzt an, der durch die Behandlung seiner Patienten eine – seine Entwicklung fördernde – Wiedergutmachung als lebenslange Aufgabe in Angriff nimmt.

Diesem positiven, entwicklungsfördernden Verständnis von Schuldgefühlen und Loyalität liegt nach Winnicotts Ansicht eine ›Anteilnahme‹ (concern) genannte Fähigkeit zugrunde. Diese Fähigkeit scheint stark davon geprägt zu sein, wie dem Kind das Gefühl seiner Bedeutung vermittelt worden ist. Bei dem potentiell Schizophrenen scheint diese Fähigkeit zur Anteilnahme – und daher auch die Anfälligkeit, durch Ketten des Schuldgefühls und der Loyalität gebunden zu werden – pervertiert und ausgenutzt zu sein, aber sie ist jedenfalls vorhanden. Bei dem potentiell bindungslosen Kind erscheint sie im Gegensatz dazu nur schwach und unterentwickelt. Dies hat nun einen Einfluß auf den ganzen Kampf dieses Kindes ums Überleben und insbesondere auf die Frage, wie sich seine Ablösung in der Adoleszenz vollziehen wird, wenn seine libidinösen und aggressiven Triebwünsche erwachen, neue kognitive Fähigkeiten auftauchen und es in der Regel seine Loyalitätsbindungen verschieben und modifizieren muß.

Wir wollen nun zwei klinische Syndrome betrachten, die jene Aspekte der Beziehungslosigkeit, wie sie hier definiert wurde, illustrieren. Ich denke dabei an bestimmte Formen des Narzißmus und bestimmte Formen der Soziopathie.

Bindungslosigkeit und Narzißmus

H. Kohut (1966, 1973) vor allem hat die narzißtischen Störungen erforscht und beschrieben und aus seinen Erkenntnissen die folgenden Annahmen formuliert. Kohut ordnet narzißtische Störungen auf einem Kontinuum ein, das von schweren narzißtischen Neurosen bis zu leichten Störungen des Selbstwertgefühls reicht. Er revidiert damit die ältere psychoanalytische Auffassung, nach der die libidinöse Entwicklung schrittweise vom Narzißmus zur Objektliebe fortschreitet, indem die narzißtischen Anteile allmählich zurücktreten und schließlich ganz verschwinden. Kohuts begrifflicher Rahmen erlaubt die Differenzierung verschiedener Formen und Quellen des Narzißmus. Im folgenden werde ich mich auf bestimmte Typen von narzißtischen Individuen konzentrieren, die bei Kohut erwähnt sind und die ich aus meiner eigenen Praxis als bindungslos kenne.
Diese Individuen sind egozentrisch, aber ihre Egozentrik führt nicht dazu, daß sie die Verbindung zur Realität verlieren. Auch ist ihre Persönlichkeitsorganisation relativ stabil; sie unterscheiden sich deshalb von den sogenannten ›borderline‹-Patienten, die labiler sind und deren Bezug zur Realität unsicher ist. Da diese Menschen egoistisch (oder eigenwillig) sind, können sie sich nicht auf Dauer verlieben (trotz oder wegen des oft zügellosen Sexuallebens). Im allgemeinen sind sie so unzugänglich für die Anwesenheit und die Bedürfnisse von anderen, daß diese kaum für sie existent sind, es sei denn, sie erfüllen eine entscheidende Aufgabe, die ich gleich erörtern werde.
Auch scheinen sie wie die bindungslosen Persönlichkeiten in der Definition nach Webster ihren Launen zu folgen und –

was am wichtigsten ist – sich nicht an allgemeine Werte und Normen zu halten. Ihre moralischen Grundsätze sind offenbar leicht erschütterlich, im Gegensatz etwa zu denen bestimmter zwanghafter Patienten, die sich niemals von ihrer Übergewissenhaftigkeit lösen können.

Viele dieser narzißtischen Individuen, und dies stimmt ebenfalls mit Kohuts Beobachtungen überein, sind offenbar ungewöhnlich kreativ. Diese Eigenschaft wird zum Teil verständlich, wenn wir uns überlegen, daß Kreativität zunächst eine relative Freiheit gegenüber Konventionen verlangt (d. h. gegenüber alltäglichen Normen und Werten); und zum zweiten den Versuch reflektiert, eine frühreife psychische Synthese und Autonomie zu erlangen. Indem die narzißtischen Persönlichkeiten ihre eigenen Welten oder Visionen schaffen, treibt sie ihre ›Eigenwilligkeit‹ und Eigenständigkeit voran – und häufig zu weit.

Die hervorstechendste Eigenschaft dieser narzißtischen Persönlichkeiten ist jedoch ihre Größenvorstellung, d. h. ihr exzessives Selbstwertgefühl. Dieses Selbstwertgefühl enthüllt aber bei eingehender Betrachtung sein genaues Gegenteil, nämlich eine geheime Angst vor der Tatsache, gar nichts wert zu sein, und eine verzweifelte Furcht, als ganz unbedeutend angesehen zu werden. Diese Furcht verwandelt alle Unternehmungen in eine Suche nach Bestätigungen für den (im innersten angezweifelten) Wert der eigenen Person. Ihre endlose und unerfüllbare Suche nach Bestätigung zwingt sie dazu, jeden, den sie treffen – in der Tat jeden, der existiert – als potentiellen Bewunderer und Zeugen für die Bedeutung der eigenen Person heranzuziehen. Dies stellt die eine wichtige Ausnahme in der sonst allgemein und durchgängigen Unzugänglichkeit der narzißtischen Persönlichkeit dar. Die anderen zählen nur insoweit und werden insofern wahrgenommen, als sie ihr Bewunderung und Bedeutsamkeit bringen. Diese Tatsache erklärt das scheinbare Paradoxon, daß ein Mensch, der einen kalten und für die Bedürfnisse und die Existenz anderer Menschen unzugänglichen Eindruck macht, auf die scheinbar unwichtigste oder nur eingebildete Geringschätzung durch diese anderen verletzt reagiert. Diese Überempfindlichkeit in bezug auf reale oder eingebildete Geringschätzung ist, nach Kohut, vielleicht die wichtigste und problematischste Eigenschaft in den Übertragungsbeziehungen von Narzißten. Obwohl sie dazu tendieren, ihren Analytiker zu behandeln, als wäre er Luft oder ein auswechselbarer Einrichtungsgegenstand (trotz oder wegen ihrer offenen Idealisierung seiner Person), sind sie tief getroffen, wenn der Analytiker ein winziges Detail ihrer Lebensgeschichte vergessen zu haben scheint, oder wenn er ein paar Minuten zu spät kommt – denn das ist für sie ein Beweis dafür, daß er sie nicht als bedeutend ansieht.

Woraus entwickelt sich solch ein narzißtisches Bedürfnis nach Selbstbestätigung? Hier gibt es noch viele offene Fragen. Es gibt vermutlich verschiedene Entwicklungslinien, die zu verschiedenen Typen des Narzißmus führen, und es ist auch wahrscheinlich, daß es für den hier diskutierten Typus mehr als eine Entwicklungslinie gibt. Kohuts Erkenntnisse über die frühen Eltern-Kind-Beziehungen bei einigen dieser Patienten sind hier von richtungweisender Bedeutung gewesen. Wenn diese Eltern erwähnt werden, tauchen sie als kalte, versagende Individuen auf. Sie haben es offensichtlich nicht geschafft, ihren potentiell narzißtischen Kindern das bleibende Gefühl des Selbstwerts zu vermitteln, d. h. ein Gefühl, daß sie um ihrer selbst willen geliebt und bewundert werden. Dies stimmt mit meinen eigenen Beobachtungen als Therapeut solcher Patienten überein. Jedesmal wenn ich einen solchen Patienten besser kennenlernte, war ich davon beeindruckt, wie er in einem zwischenmenschlichen Vakuum ohne elterliche Wärme, Fürsorge und Anteilnahme aufgewachsen war. Zwar haben die Eltern ihnen häufig ein stabiles Zuhause mit materiellen Annehmlichkeiten geboten und schienen sie eher zu vernachlässigen als abzuweisen, dennoch konnte diese Vernachlässigung nur als Ausstoßung wirken und die Kinder daran hindern, die von Winnicott beschriebene Fähigkeit zur Anteilnahme zu erlernen. Indem sie sich auf eine lebenslängliche überkompensierende Suche nach Selbstbestätigung aufmachten, versuchten diese Kinder aus ihren Schwierigkeiten Vorteile zu machen. Ihre Egozentrik und ihre relative Unabhängigkeit von allgemeinen Werten und Normen, und daher ihre Unabhängigkeit von den Banden der Loyalität und von quälenden Schuldgefühlen, half ihnen anscheinend dabei, frühzeitig autonom und sogar kreativ zu werden, mit der Folge, daß sie immer neue Bewunderer zur Selbstbestätigung gewinnen konnten. Aber selbst wenn sie erfolgreich waren, schien dies auf ihrer endlosen Suche nach Bestätigung bestenfalls eine Atempause zu sein. Ein wirkliches Gefühl des Selbstwerts bleibt ihnen solange versagt, wie sie gerade jene Kräfte aus ihrer Erfahrung ausschließen, deren Fehlen sie ausnutzen: Anteilnahme, Schuldgefühle und Loyalität.

*Bindungslosigkeit als Soziopathie**

Wie die Begriffe Schizophrenie und Narzißmus ist der Begriff *Soziopathie* zu umfassend und umstritten. Trotzdem kann er nützlich sein, um eine andere Gruppe von bindungslosen Individuen zu unterscheiden, die, wie die oben besprochenen narzißtischen Persönlichkeiten, weitgehend eine Verbindung zur Realität aufrechterhalten und deshalb nicht als Psychotiker erscheinen, sich aber doch von den narzißtischen Persönlichkeiten unterscheiden.

Diese soziopathischen Persönlichkeiten kann man ebenfalls bindungslos nennen, weil auch sie als eigenwillig, indifferent gegenüber den Bedürfnissen anderer, launisch, prinzipienlos und an den allgemeinen Wertvorstellungen und Normen uninteressiert erscheinen. Auch ihnen fehlt anscheinend die Fähigkeit zur Anteilnahme und die damit verbundene Fähigkeit, Schuldgefühle und Loyalität zu empfinden. Ebenso erscheint ihr Ich-Ideal oft als oberflächlich und leicht korrumpierbar.

Ihr ›Abgewandtsein‹ von anderen Menschen ist jedoch häufig nicht unmittelbar ersichtlich, denn anders als viele scheinbar

* Dieser Begriff hat in den USA den Begriff ›Psychopathie‹ abgelöst. Anm. d. Übers.

über den Dingen schwebende und selbstgenügsame narzißtische Persönlichkeiten, scheinen sich solche soziopathischen Individuen durch ihre Fähigkeit, sich beliebt zu machen und verführerisch zu sein, besonders auf ihre Mitmenschen einstellen zu können. Sie können Menschen manipulieren und hereinlegen und von deren Bedürfnissen gut leben. In dieser Gruppe finden wir gewöhnlich Zuhälter und andere Geschäftemacher, die die Bedürfnisse anderer Leute nach Abhängigkeit, Aufregung und Selbstüberhöhung ausbeuten. Diese Fähigkeiten zur psychologischen Manipulation dient ihnen dazu, andere zu überlisten, zu unterwerfen oder zu erniedrigen. Im Grunde sehen sie die Welt der Menschen als einen Dschungel an, in dem gilt: *homo homini lupus*. Um in diesem Dschungel zu überleben, verlassen sie sich auf die Fähigkeit zur Manipulation oder auf rohe Gewalt und verwandeln damit ihre beschädigte Fähigkeit zur Anteilnahme und zur Empfindung von Schuldgefühlen und Loyalität in positive Möglichkeiten und Instrumente.

Anders als die oben beschriebenen narzißtischen Persönlichkeiten, scheinen die soziopathischen Persönlichkeiten nur selten kreativ zu sein, zumindest im üblichen Sinen dieses Wortes. Alles was sie an Kreativität besitzen, verwenden sie nämlich zu dem Zweck, Macht über andere zu gewinnen – durch Überlistung, Manipulation und Unterdrückung.

Ein weiterer Unterschied zwischen narzißtischer und soziopathischer Bindungslosigkeit taucht hier auf: Während die narzißtische Persönlichkeit Selbstwertbestätigung sucht, indem sie immer neue Bewunderer rekrutiert, scheint die soziopathische Persönlichkeit dieses Ziel zu verfolgen, indem sie andere beherrscht und demütigt. Beide Verhaltensweisen deuten auf Machtgier hin. Der Narzißt scheint auf subtilere Weise nach Macht zu verlangen, der Soziopath tut dies brutal und offen. Narzißtische und soziopathische Formen des Machthungers brauchen sich jedoch nicht gegenseitig auszuschließen. Wir können hier etwa an Reinhard Heydrich denken, der nach Himmler der zweite Befehlshaber von Hitlers SS war. Die Tschechen hatten ganz besonders unter ihm zu leiden, sie nannten ihn den Henker. Heydrich machte einen sanften und fast femininen Eindruck, er war stets vorzüglich gekleidet und liebte Bach und gotische Kathedralen. Und doch war er so rücksichtslos und machthungrig, daß selbst Himmler, gegen den er mit der Zeit intrigierte, ihn schließlich fürchtete. (Diese Tatsache hielt Himmler allerdings nicht davon ab, Tausende unschuldiger Tschechen umzubringen aus Rache für die Ermordung Heydrichs durch tschechische Fallschirmjäger.)

In der Regel scheinen narzißtische und soziopathische Individuen allerdings, trotz einer vergleichbaren Sucht nach Selbstwertbestätigung, zu verschiedenen Gruppen zu gehören. Selbst wenn ein Soziopath auf ähnliche Weise wie eine narzißtische Persönlichkeit nach Bewunderung trachtet, greift er dabei eher auf die auffallenden und gängigen Attribute der Macht zurück wie teure Autos, attraktive Frauen, Kleidung etc.

Die verzweifelte Suche des Soziopathen nach Selbstbestätigung deutet wieder auf das hin, was er bei seinen ausstoßenden, d. h. vernachlässigenden und abweisenden Eltern erfahren hat – und oft noch erfährt. Diese Eltern konnten häufig noch nicht einmal ein stabiles Zuhause bieten, im Gegensatz zu den Eltern von vielen narzißtischen Individuen. Daher fehlt diesen Kindern die notwendige frühe Stabilisierung (wie ich sie ausführlicher in meinem Buch *Conflict and Reconciliation* beschrieben habe). Häufig sind sie sowohl auf inkonsistente Weise als auch brutal behandelt worden. Dies scheint mit Beschreibungen des Lebens in den Großstadtghettos übereinzustimmen, aus denen viele ›erfolgreiche‹ Soziopathen stammen. Psychiatrische Autoren wie S. Minuchin et al. (1967), E. Pavenstedt (1965), H. Hendin (1969) und die autobiographischen Berichte von Claude Brown (1965) und Malcolm X (1965) zeichnen das Bild eines menschlichen Chaos, in dem Zurückweisung, Vernachlässigung und Brutalität im Überfluß vorkommen.

Ein ›Kind der Straße‹ namens Ralph zeichnet ein anschauliches Bild davon; er schreibt:

»Von dem Augenblick an, wo ich geboren war, hat mich meine Mutter nie an etwas gehindert. Ich erfuhr alles über das Leben auf der Straße, wo ich aufwuchs. Als ich ungefähr sieben Jahre alt war, hatte ich meinen ersten Fick. Es war nicht so besonders, aber das war dem Mädchen egal. Ich lernte das Gute und das Böse – nicht von meiner Mutter, sondern von all meinen Müttern, Brüdern und Schwestern in El Barrio. Ich hab' Schießereien zwischen den Schwarzen und der Polizei gesehen, und wie sich die Gangs gegenseitig umbrachten. Kugeln sind bei mir durchs Fenster geflogen. Ich hab' alles gelernt, was man auf der Straße zum Überleben braucht ...« (L. Cole, 1970).

All das scheint mit meiner früher geäußerten Ansicht übereinzustimmen, daß nur die ›stärksten‹ ausgestoßenen Jugendlichen es schaffen, als erfolgreiche Soziopathen zu leben. Denn nur diese jungen Menschen verwandeln anscheinend das, was sie belastet (ihre mangelhafte Fähigkeit, Anteilnahme, Schuldgefühle und Loyalität zu empfinden), in Vorteile, die ihnen beim Überleben helfen. Viele andere, die weniger durchsetzungsfähig sind, gehen offenbar unter. Sie werden zu verängstigtem, demoralisiertem menschlichem Treibgut: beziehungslose Jugendliche mit verschiedenen Erscheinungsbildern psychischer Störungen wie Desorganisation, die häufig eher auf eine Diagnose amorpher Schizophrenie als auf Soziopathie hindeuten.

Der bindungslose ausgestoßene Jugendliche in der Ausreißerkultur

Bindungslose ausgestoßene Jugendliche entwickeln sich, wie wir sahen, oft zu ›unbekümmerten Ausreißern‹. Wir wollen deshalb kurz untersuchen, auf welche Weise die heutige Subkultur der Ausreißer den Beitrag dieser bindungslosen ausgestoßenen Jugendlichen widerspiegelt.

Diese Subkultur ist komplex und immer im Fluß. Sie wird durch die Bedürfnisse und Beiträge der annähernd sechshunderttausend jungen Menschen gebildet, die in jedem Jahr von zu Hause fortlaufen, und sie ist so mannigfaltig und pluralistisch wie die heutige US-amerikanische Gesellschaft, zu der sie gehört. Von dieser großen Subkultur stellen die bindungslosen ausgestoßenen Jugendlichen – davon sind die meisten, wenn nicht alle, unbekümmerte Ausreißer – nur einen Ausschnitt dar. Dieses Segment ist jedoch sehr wichtig und scheint eine Erklärung für einige der auffälligsten Aspekte dieser Subkultur zu erlauben.

Diese Aspekte sind die Antithesen zu dem ›liebevollen Beisammensein‹, wie sie sich ursprünglich im ›Geist von Woodstock‹ und in dem Buch von C. Reich, *Die Welt wird jung (The greening of America)* (1971) fand, mit ihrer Vision von einem Leben miteinander, frei von Aggression und Machtkämpfen. Solche Visionen wurden im Laufe der Zeit immer verschwommener, als sich immer mehr detaillierte und objektive Untersuchungen der Subkultur ansammelten. Diese Studien, die so wohlmeinende Beobachter wie L. Ambrosino (1971) und B. Wein (1970) unternommen haben, widersprachen der Vorstellung von dem liebevollen und befreiten Umgang der Ausreißer miteinander und zeichneten statt dessen das Bild eines grimmigen Kampfes ums Überleben. Dieser Kampf ums Überleben, der in Wohngemeinschaften, an den Treffpunkten der Großstädte und in Haschkellern stattfindet, läßt die besonderen Stärken, Bedürfnisse und Probleme von bindungslosen ausgestoßenen Jugendlichen klar hervortreten. Er stellt auch den Hintergrund dar, von dem man einige ideologische Behauptungen der Jugendlichen in der Subkultur bewerten muß.

Eine dieser Behauptungen betrifft die Geringschätzung von längerdauernden Beziehungen und Verpflichtungen jeglicher Art. Der verstorbene F. Perls war ein Vertreter dieser ideologischen Position. In einem seiner bekanntesten Zitate, das auf dem vielleicht beliebtesten Poster der Gegenkultur abgedruckt ist (auf dem sich ein jugendliches Liebespaar inmitten einer wunderschönen Landschaft befindet), lehnt er es ab, daß man den Erwartungen des anderen entsprechend sich verhalten soll. Statt dessen preist er die ›wunderbaren‹ Zufallsbekanntschaften, die frei von Fesseln sind. Auf diese Weise spielt er Loyalitätsbedürfnisse herunter und zerstreut alle Schuldgefühle über das Versagen gegenüber dem anderen und darüber, daß man ihn verlassen hat.

Eine weitere Behauptung, die in Beziehung zu der vorherigen steht, betrifft das Recht eines jeden, ›das zu tun, was ihm Spaß macht‹ (do your own thing). Diese weitverbreitete ideologische Behauptung kann fast das moralische Credo der Gegenkultur genannt werden. Bei genauerer Betrachtung entpuppt es sich als die neueste Version des ›robusten amerikanischen Individualismus‹ früherer Zeiten, dessen Robustheit jetzt von der milden Rhetorik des liebevollen Beisammenseins bemäntelt und gemildert wird. Wie der Individualismus von früher, legt dieses ›tun, was einem Spaß macht‹ dem Recht des Individuums auf Selbstverwirklichung übergroße Bedeutung bei, auf Kosten der Bereitschaft, mit anderen solidarisch zu handeln und Verzichte für sie zu leisten.

Im täglichen Kampf des Ausreißers ums Überleben zeigen diese beiden ideologischen Haltungen – keine längeren Verpflichtungen einzugehen und ›zu tun, was einem Spaß macht‹ – einige ihrer Implikationen. Sich nicht festzulegen, fällt hier mit dem nomadischen Lebensstil zusammen, der es erforderlich macht, daß man seinen Aufenthalt, seine Freunde und Sexualpartner häufig wechselt. Aber dies trägt nicht zu einer Entwicklung, wie wir sie verstehen, bei, auch wenn es sich mit dem Leben auf der Walze gut verträgt.

Auch das ›tun, was einem Spaß macht‹ verliert seinen Glanz, wenn wir es im Lichte des Lebens betrachten, das der Ausreißer tatsächlich führt. ›Das tun, was einem selbst Spaß macht‹, bedeutet nämlich häufig, daß man dem schadet, was dem anderen Spaß macht. Zum Beispiel beinhaltet der Drogenkonsum oft, daß man, um ihn zu bezahlen, mit Drogen handeln muß und dabei neue Kunden – d. h. bislang unbekümmerte Jugendliche ohne Mißtrauen – süchtig macht.

Wenn diese Überlegungen stimmen, müßte die Subkultur auch eine exzessive Suche nach Selbstbestätigung bei vielen ihrer

Mitglieder aufweisen. Auch diese Erwartung scheint von unseren Beobachtungen gestützt zu werden. Obwohl sie sich zu Anwälten eines einfachen, unmittelbaren und nicht von Konkurrenz erfüllten Lebensstils machen – wie ihn C. Reich in *Die Welt wird jung* eindrucksvoll beschreibt –, scheinen viele Angehörige der Subkultur verzweifelt danach zu drängen, im Vordergrund zu stehen. Das geschieht oft durch ein Verhalten und durch Werte, die das Gegenteil von dem sind, womit man Ansehen und Bedeutung in der Kultur der ›Spießer‹ gewinnt. Viele Jugendliche fühlen sich daher dazu getrieben, schmutziger auszusehen, längere Haare zu haben und sich noch obszöner auszudrücken als ihre Kameraden. Manchmal zeigen sie sogar stolz ihre Einstichnarben oder prahlen damit, wie oft sie ausgeflippt sind, um bedeutsam zu erscheinen. Die Konkurrenz, die in der verachteten konventionellen Welt herrscht, scheint sich hier nur auf einer anderen Ebene abzuspielen. Wie in der ›konventionellen‹ Welt, finden wir eine ›Dramaturgie des Auftritts‹ oder ein ›Eindrucks-Management‹ der Art, wie sie E. Goffman (1969, 1971) beschrieben hat. Es ist dies ein Lebensstil, in dem »Loyalität, Sicherheit, Dankbarkeit, Liebe und Freundschaft als Ausdruck süßlicher Sentimentalität angesehen werden«.

Schließlich überrascht es uns nicht, daß wir – wieder im Gegensatz zu der ›Liebe‹, Aufrichtigkeit und Gemeinschaft, die in der Gegenkultur demonstrativ verkündet werden – häufig eine Verherrlichung der Macht und der Gewalt finden. Brutale Macht ist, wie wir gesehen haben, für den bindungslosen Soziopathen das hauptsächliche Mittel, um Bedeutung zu erlangen. Rückblickend erscheint es deshalb fast unvermeidlich, daß auf Woodstock – das ursprünglich als Schwelle auf dem Weg zu einem neuen Menschen und zu einer neuen Kultur gefeiert worden war – Altamont folgen würde. Dort wurde am 6. Dezember 1969 (bei einem Freiluftkonzert der *Rolling Stones,* d. Ü.) ein junger Schwarzer von den *Hell's Angels* zusammengeschlagen und erstochen, während sich eine Menge faszinierter Zuschauer drumherum versammelte und es schweigend geschehen ließ.[16] Und es ist auch kein Wunder, daß die *Hell's Angels* und ihresgleichen mit ihren Stahlhelmen, Hakenkreuzen und schweren Motorrädern beim jugendlichen Kinopublikum oft mehr Anklang gefunden haben als friedlichere und bescheidenere Mitglieder der Subkultur.

Die Eltern der bindungslosen ausgestoßenen Jugendlichen

Wer sind die Eltern der bindungslosen ausgestoßenen Jugendlichen? Was bringt sie dazu, ihre Kinder unterschwellig zu vernachlässigen und zu verstoßen, und sie auf diese Weise in eine verfrühte Autonomie zu drängen? An dieser Stelle werde ich solche Fragen nicht ausführlich behandeln; statt dessen möchte ich einige Gedanken und Beobachtungen anführen, die sich aus den weiter oben vorgestellten begrifflichen und klinischen Perspektiven ergeben.

Diese Eltern scheinen nicht weniger als die Eltern von hauptsächlich gebundenen Jugendlichen und delegierten Kindern in einer Krise der mittleren Jahre zu stecken. Häufig suchen sie eine zentrifugale Lösung dafür; sie möchten ein neues Leben anfangen und Befriedigung und Sicherheit außerhalb des Kreises der Familie suchen. Dabei erleben sie ihre Kinder als Hindernisse.

Der Versuch einer zentrifugalen Lösung für die Krise scheint jedoch oft durch eine übermächtige Tatsache beeinflußt und ausgeschlossen zu werden, die vor allem arme und/oder schwarze Eltern betrifft – den unaufhörlichen Kampf ums Dasein.

Betty Jackson, die in einer Sonderausgabe des Magazins *Time* über amerikanische Frauen (20. März 1972) beschrieben wurde, ist ein Beispiel für eine solche Lebenssituation. Ob ihre Kinder bindungslose ausgestoßene Jugendliche werden, läßt sich hier nicht sagen, wichtig ist, daß sich bei ihr der Kampf ums Dasein, den viele Eltern tagtäglich führen, ganz deutlich erkennen läßt.

16 Siehe dazu den Bericht von Nicholas von Hoffmann *Violence at Altamont* in der *Washington Post* vom 2. Januar 1970.

Im Alter von fünfzehn Jahren, so erfahren wir, hatte Betty Jackson ein uneheliches Kind und das, zusammen mit dem Tode ihrer Mutter, war das »Ende meiner Träume«. Im Jahre 1960 zog sie nach New York und arbeitete vier Jahre lang als Hausmädchen, bis sie wegen einer weiteren Schwangerschaft ihre Stellung verlor. Seitdem lebt sie von der Sozialhilfe.

Im Augenblick wohnt sie mit vier von ihren sieben Kindern in einer Vier-Zimmer-Wohnung in einem Ghetto in der Bronx und erzählt: »Ich lebe in der Hauptstadt der Drogen und dazu noch in einer der schlimmsten Straßen. Die Wohnung ist dreimal ausgeraubt worden, und ich bin einmal niedergestochen worden. Wir haben keine Heizung. Warmes Wasser gibt es nur ab und zu. Weil alles undicht ist, fällt der Putz von den Wänden. Seit dem letzten Jahr ist ein Fenster kaputt. Die Kinder schlafen in ihren Kleidern. Ich heize mit dem Ölofen, aber die Gas- und Elektrizitätsrechnung ist immer noch sehr hoch. Einmal hatte ich einen elektrischen Heizkörper, aber der wurde gestohlen. Überall wimmelt es von Kakerlaken. Die Ratten tanzen Walzer auf dem Fußboden.«

Obwohl die Sozialfürsorge die monatliche Miete bezahlt, sagt sie, daß die zusätzlichen 128 Dollar, die sie zweimal im Monat erhält, kaum für das Allernotwendigste reichen. »Ich bin ein Sklave meiner finanziellen Probleme«, sagt sie, »und was die Dinge angeht, die man angeblich haben muß, ist mein Leben ganz bedeutungslos.« Sie ist jetzt sechsunddreißig Jahre alt und sagt von den drei Männern, von denen ihre Kinder stammen, »daß es nie so aussah, als würde einer von ihnen mich heiraten«. Obwohl sie sich sterilisieren ließ, um weitere Schwangerschaften zu verhindern, hat sich doch nichts geändert. Sie sagt, daß alle Hoffnungen, die sie noch hatte, wieder eine geregelte Arbeit zu finden, zerstoben, als ihre neunzehn Jahre alte Tochter vor zwei Wochen ein uneheliches Kind zur Welt brachte. Ihre Hauptsorge gilt dem Kampf ums Überleben, erklärt sie.

Als man sie über die Zukunft fragte, antwortete sie: »Wenn sich die Dinge nicht sehr verändern, werden meine Kinder sie gar nicht erleben. Diese Gesellschaft wird sie umbringen und sie versklaven, und sie werden auch nicht in der Lage sein, wegzulaufen.« Ihre Situation faßt Betty Jackson so zusammen: »Ich will ja nur einen Platz, wo ich leben kann. Diese Gesellschaft macht mich noch verrückt.«

Im Fall Betty Jackson scheint vor allem der Kampf um das *materielle* Überleben dazu beizutragen, daß sie als aktive, besorgte Mutter versagte. Die meisten ausstoßenden Eltern der Mittelklasse haben keine vergleichbaren materiellen Sorgen, auch wenn ihre Stellungen und ihre Finanzen ebenfalls ungeordnet sein mögen. Sie kämpfen eher mit dem psychologischen als mit dem materiellen Elend. Indem sie versuchen, mit diesem psychologischen Elend fertig zu werden, scheinen diese Eltern unfähig zu sein, jemanden (und insbesondere ihre Kinder) in bedeutsamem Ausmaß zu binden oder zu delegieren, weil sie unablässig Selbstbestätigung suchen. Darum übergehen sie ihre Kinder oder betrachten sie als Bedrohung oder Belästigung.

Im wesentlichen können Eltern ihre Selbstbestätigung auf zwei Weisen suchen, die sich häufig überschneiden: auf *narzißtische* Weise im Erfolg als Künstler, Wissenschaftler oder Geschäftsmann, oder auf *soziopathische* Weise, durch den Griff nach ausbeuterischer Macht. (Je größer die ausgeübte Macht ist, desto schwieriger wird es im Normalfall, diesen Leuten die Bezeichnung ›Soziopath‹ anzuhängen, zumindest zu ihren Lebzeiten. Gewöhnlich reservieren wir nämlich unsere erniedrigenden und diskriminierenden Bezeichnungen für die Unterdrückten und die Entrechteten.)

Bei vielen ausstoßenden Eltern treffen wir (wenn auch oft versteckt und verkleidet) die Merkmale der oben beschriebenen Bindungslosigkeit, obwohl diese nun nicht selten verklärt werden. Wir hören von der ungewöhnlichen Hingabe dieser Eltern an ihre Arbeit, davon, daß sie sieben Tage in der Woche achtzehn Stunden lang arbeiten, von ihrem ›künstlerischen Antrieb‹ und ihrem Dienst für das Wohl der Allgemeinheit. Was auch immer an Rationalisierungen angeboten wird, viele von ihnen vernachlässigen ihre Kinder, während sie selbst verspätet Selbstbestätigung suchen.[17] Sie verhalten sich so, weil sie selbst dieses Gefühl, für jemanden von Bedeutung zu sein, nie erfahren haben, als sie es am nötigsten hatten: als sie kleine Kinder waren. Da sie nicht für wichtig gehalten wurden, mußten sie den größten Nutzen daraus ziehen, daß sie in frühzeitige Autonomie gedrängt wurden. Nun, da sie selbst Eltern geworden waren, blieb ihnen nichts anderes übrig, als ihre Kinder wiederum auszustoßen – d. h. sie unterschwellig zu vernachlässigen und abzuweisen. So gesehen bleiben auch diese Eltern, wie die zuvor diskutierten massiv bindenden Eltern, an ihre zwischenmenschliche Vergangenheit gebunden, während sie ihre Kinder zum Grab ihrer Hoffnungen und Wünsche machen.

17 Natürlich ist es auch möglich und nach meiner Erfahrung nicht ungewöhnlich, daß Eltern Selbstbestätigung suchen als unwissentliche Delegierte *ihrer* Eltern.

9. Kapitel: Die Befreiung der Eltern im mittleren Lebensalter

An dieser Stelle möchte ich eine generelle Perspektive entwerfen, die ihre Auswirkungen auf die Therapie von Eltern *und* ihren heranwachsenden Kindern hat. Der Kern dieser Perspektive ist der Begriff der *Befreiung.* Er ruft die Vorstellung hervor, daß Fesseln abgeworfen werden, daß Leben und Hoffnung wieder aufblühen und man aus einer bedrückenden und ausbeuterischen Umwelt befreit, die Unterdrücker und Ausbeuter los wird.

So verstanden ist Befreiung ein individuelles und ein zwischenmenschliches Phänomen zugleich. Sie ist ein individuelles Phänomen, weil Freude, das Gefühl der Befreiung und die zunehmenden Energien und Hoffnungen individuell erlebt werden. Sie ist ein zwischenmenschliches Phänomen, weil sich die bedrückende Umwelt und die Unterdrücker gemeinsam mit dem unterdrückten Individuum verändern müssen, damit eine wirkliche Befreiung stattfindet. Im besten Fall ist eine solche Befreiung daher *gegenseitig.* Unterdrücker und Unterdrückte, Wärter und Gefangene, Sklavenhalter und Sklave, Ausbeuter und Ausgebeuteter, beide Parteien gewinnen eine neue Freiheit. Dies deutet also auf eine sich ausweitende zwischenmenschliche Dialektik oder eine positive Gegenseitigkeit hin und fördert sie.

Ein Elternteil, der die Krise der mittleren Jahre bewältigen will, muß eine solche gegenseitige Befreiung anstreben, d. h. eine Befreiung, die nicht nur ihm selbst, sondern auch dem realen oder phantasierten Unterdrücker oder Ausbeuter die Freiheit gibt. Von dieser Studie her gesehen ist es meist ein Ehepartner oder sind es die heranwachsenden Kinder, denen dieser Elternteil die Rolle des Unterdrückers oder Ausbeuters versteckt oder offen zuschiebt; dasselbe findet dann auch umgekehrt statt. Was also fordert eine solche auf Gegenseitigkeit gerichtete Befreiung von einem Elternteil in den mittleren Jahren?

Ganz allgemein gesagt fordert sie, daß er oder sie auf charakteristische Weise versöhnen müssen, was ich an anderer Stelle (1969) – J. Baldwin (1895, 1899, 1915) und E. Becker (1962, 1964) folgend – als die grundlegenden Aufgaben des Tuns und des Mit-sich-geschehen-lassens beschrieben habe. Indem man *tut*, erklärt man seine Interessen, zeigt Initiative, steckt seine Ziele, Bedürfnisse und Prioritäten ab. Man versichert sich, daß man das Zentrum aktiver selbstverantwortlicher Handlungen ist. Solches Tun beinhaltet Zueigenmachen – nicht nur, daß man sich seine Bedürfnisse, Intentionen und Phantasien zu eigen macht, sondern auch seine Konflikte, Ambivalenzen, dunklen Seiten, Schwächen und Fehler, für die man die Verantwortung übernehmen muß. Zueigenmachen heißt, so verstanden, jenen Schmerz zu übernehmen, der der Entwicklung zur Reife inhärent ist.

Mit-sich-geschehen-lassen beinhaltet die Fähigkeit und den Willen, sich vom anderen beeinflussen zu lassen und seinen oder ihren Bedürfnissen, Wünschen und Entwicklungen gegenüber offen zu sein – selbst wenn dieser andere als Unterdrücker oder Ausbeuter empfunden wird.

Bei einer solchen Versöhnung von Tun und Mit-sich-geschehen-lassen wird die Befreiung zur gegenseitigen Befreiung. Dies steht im Gegensatz zu der einseitigen Pseudo-Befreiung des Revolutionärs, der sich im Moment seines Triumphs in einen rachsüchtigen Gegen-Unterdrücker verwandelt und damit eine negative Gegenseitigkeit fortsetzt. Die hier gemeinte Befreiung ist dagegen eine positive Gegenseitigkeit, durch die beide Seiten ein neues Bewußtsein voneinander und eine neue Freiheit füreinander gewinnen.

Wenn wir die Befreiung von den Eltern im mittleren Lebensalter im Hinblick auf dieses Modell untersuchen, können wir wieder das Konzept der Beziehungsmodi als Anleitung benutzen. Wir können dann zwischen verschiedenen Aufgaben und Linien unterscheiden, die auf mehreren Ebenen die notwendige Versöhnungsaufgabe von Tun und Mit-sich-geschehenlassen reflektieren.

Die Befreiung der Eltern durch die Bearbeitung der Beziehung zu ihren eigenen Eltern

Auf einer ersten Ebene müssen wir uns mit der Befreiung dieser Eltern von ihren eigenen Eltern auseinandersetzen – ihren entweder internalisierten Elternimagines oder ihren noch lebenden Eltern. ›Befreiungsarbeit‹ auf dieser ersten Ebene hat wesentlichen Einfluß darauf, wie sich diese Eltern von ihren Ehepartnern und Kindern befreien können. Diese Befreiungsarbeit auf der ersten Ebene vollzieht sich in verschiedenen Formen und hängt davon ab, ob diese Eltern als Kinder ihrer eigenen Eltern vor allem gebunden, delegiert oder ausgestoßen waren – oder es noch sind.

Wir gehen dabei von den folgenden Annahmen aus:

1. *Eltern, bei denen der Bindungsmodus vorherrscht,* waren – und sind es häufig noch – auch von ihren eigenen Eltern gebunden.

2. *Eltern, bei denen der Delegationsmodus vorherrscht,* waren – und sind es häufig noch – von ihren Eltern delegiert.

3. *Eltern, bei denen der Ausstoßungsmodus vorherrscht,* waren – und sind es häufig noch – von ihren eigenen Eltern ausgestoßen.

Kurz gesagt: als Folge davon, daß sie selbst gebunden, delegiert oder ausgestoßen waren, wurde die Befreiung dieser Eltern von ihren eigenen Eltern abgebrochen. Ihnen wurde die Last auferlegt, mit den Folgen der Bindung, der Delegation und der Ausstoßung zu leben und sie rückgängig zu machen. Dies führte dann dazu, daß sie wiederum die Möglichkeit zur gegenseitigen Befreiung ihrer selbst, ihrer Ehepartner und ihrer Kinder störten. Befreiungsarbeit auf dieser Ebene setzt voraus, daß ein Elternteil mit dem zu Rande kommt, was seine eigenen Eltern ihm angetan haben. Sie beinhaltet, daß er die Gefühle der Wut, des Ärgers und der Enttäuschung, die er insgeheim empfindet, weil seine Eltern nicht so waren, wie sie hätten sein sollen, und darüber, was sie ihrem Kind angetan haben, das nun selbst Kinder hat, als seine eigenen anerkennt und durcharbeitet. Diese Arbeit kann, wenn sie gelingt, zu Trauer, Resignation und Vergebungsbereitschaft führen, die schließlich nicht nur zu einer persönlichen Entwicklung, sondern auch zu einer neuen Sicht der eigenen Eltern führen kann und dazu, daß man diese mit allen ihren Schwächen und Stärken akzeptieren kann.

Wenn die Eltern tot sind, bleibt diese Befreiung unvermeidlich an Erinnerungen und jene internalisierten Imagines der Eltern gebunden – wie die unantastbaren Identifikationen, Werte und Normen (die man in bezug auf sich selbst und seinen Ehegatten wie seine Kinder für gültig erachtet) –, die auch jetzt noch Macht über das Leben dieses Elternteils ausüben. Wenn die Eltern noch leben, können sie aktiv in die Befreiungsarbeit einbezogen werden. Dies gelingt immer häufiger in der Familientherapie, wie die Literatur zu diesem Problemkreis zeigt. Besonders I. Boszormenyi-Nagy (1965 a, 1966, 1972) vertritt diesen Drei-Generationen-Ansatz, aber auch S. Fisher (1956) und D. Mendell (1956, 1958) haben Beispiele von Familientherapien berichtet, an denen drei Generationen beteiligt waren. In diesen Therapien waren die Eltern in den mittleren Jahren unmittelbar mit ihren eigenen Eltern konfrontiert; ihre Befreiung von ihnen konnte sowohl direkt gefördert als auch analysiert werden.

Ein therapeutisches Setting, an dem drei Generationen beteiligt sind, liefert vielleicht den besten Beweis für die Richtigkeit der oben angeführten Arbeitshypothesen – zumindest was vorwiegend bindende und delegierende Großeltern anbelangt. Es ist höchst unwahrscheinlich, daß Großeltern, die einen betonten Ausstoßungsmodus ausüben, an einer solchen Drei-Generationen-Therapie teilnehmen, daher kann man diese Probleme nicht so leicht untersuchen. Wir sind nun in der Lage zu beobachten, wie eine Mutter, die ihr Kind bindet, selbst von ihrer Mutter gebunden wird. Wir stellen z. B. fest, wie eine Mutter, die ihre Tochter mystifiziert und auf regressive Weise verwöhnt, selbst noch von ihrer Mutter gefangengehalten wird; diese besucht sie häufig, überschüttet sie mit Geschenken und gibt ihr widersprüchliche Anweisungen, was sie tun und was sie lassen soll. Oder wir beobachten direkt, wie ein Vater, der seinen mittelmäßig begabten Sohn mit der Aufgabe betraut hat, außergewöhnlichen akademischen Erfolg zu haben, selbst noch unter dem Druck der Erwartungen seines Vaters schwankt, ein berühmter Professor zu werden – obwohl sie sich schon längst als abseitig und unerfüllbar erwiesen haben.

Ein großer Teil der Befreiungsarbeit auf dieser ersten Ebene muß jedoch zwangsläufig in Abwesenheit der Großeltern vonstatten gehen, da diese entweder nicht erreichbar oder gestorben sind. Die Befreiung der Eltern muß sich dann an dem vollziehen, was in der Einzel-, Familien- oder Ehepaartherapie zum Durchbruch kommt oder, wenn die Therapie nicht möglich ist, an den üblichen Entwicklungsschicksalen zwischenmenschlicher Beziehungen. Die Eltern der Eltern und die Beziehungen der Eltern zu ihnen werden wieder gegenwärtig durch die Erinnerungen und Assoziationen, die der therapeutische Prozeß in Gang bringt. Diese Erinnerungen und Assoziationen werden immer emotionsgeladener, je mehr die Therapie sich in ›drei Dimensionen‹ entwickelt, d. h., je mehr sie die Beziehungen der Gegenwart mit den Beziehungen der Vergangenheit verbindet.

Eine solche Befreiung von den eigenen Eltern – seien sie internalisiert oder noch am Leben – beinhaltet eine Versöhnung von Tun und Mit-sich-geschehen-lassen: Sie impliziert eine neue Selbstbehauptung gegenüber den Eltern, ein neues Abstecken der eigenen Bedürfnisse, Ziele und Prioritäten, und zwar relativ unbeeinflußt von dem, was die Eltern von einem erwarten oder erwartet haben. Sie impliziert auch, daß man seine Verpflichtungen anerkennt (so schwierig es auch sein mag, sie zu ermessen), daß man seine Fehler und Mängel akzeptiert, wie auch die Konflikte und Ambivalenzen, obwohl man sie zu Recht seinen Eltern anlasten könnte. Insbesondere Konflikte bei der Individuation und Konflikte zwischen verschiedenen Loyalitäten und unvereinbaren Aufgaben, wie sie in den Kapiteln 4 bis 7 beschrieben wurden, muß man sich zu eigen machen, das heißt, man muß sie in seinem Innersten fühlen und sich mit ihnen auseinandersetzen. Mit-sich-gesche-

hen-lassen beinhaltet seinerseits, daß man, trotz oder wegen der neuerlangten Selbstbehauptung, seine Gefühlsbande und Ähnlichkeiten zu seinen Eltern anerkennen kann; es bedeutet, daß man zum Schluß akzeptieren kann, was man durch sie geworden ist und was sie mit einem gemacht haben.
Kummer, Trauer, Resignation sind die Begleiterscheinungen einer solchen Befreiung von den eigenen Eltern, denn man muß manchen Verlust ertragen und akzeptieren, zum Beispiel den Verlust der idealisierten Elternimagines (die dazu dienten, darunterliegende Wut auf sie und Enttäuschungen über sie zu verstecken und zu verleugnen) oder deren Kehrseite, den Verlust einer bequemen Zielscheibe für die eigenen Projektionen und Demütigungsversuche. Diese Trauerarbeit kann auf relativ undramatische und unauffällige Weise vonstatten gehen und dabei eine neue, einfühlsame Wahrhaftigkeit in der Familie, für das Ehepaar oder in einer Einzeltherapie reflektieren und auslösen, ebenso wie in den übrigen Beziehungen. Sie kann aber auch dramatisch auftreten – wobei sie als akuter, tiefer Schmerz empfunden wird – und dann eine sofort befreiende Kraft entwickeln, wie unter anderem N. Paul und G. Grosser (1965) gezeigt haben.

Die Befreiung durch das Durcharbeiten der ehelichen Beziehung

Die Befreiungsarbeit auf dieser zweiten Ebene – die den Ehegatten und die Ehe betrifft – ist eng mit dem verwoben, was auf der ersten Ebene geschieht. Auch auf dieser zweiten Ebene muß die Befreiungsarbeit ›dreidimensional‹ geschehen, das heißt, sie muß eine Verbindung zwischen den Beziehungsschicksalen der Vergangenheit und denen der Gegenwart herstellen.
Nach unserem begrifflichen Modell kann die gegenseitige Befreiung hier auf unterschiedliche Weise fehlschlagen; sie kann fehlschlagen, wenn die Ehepartner nicht aus ihrer zentripetalen Sackgasse herauskommen, wenn sie sich in einer erdrük-

kenden Pseudo-Gemeinschaft oder Pseudo-Feindschaft gegenseitig aufreiben. Sie kann aber auch fehlschlagen, wenn sie sich zu schnell zentrifugalen Kräften überlassen, denn dann sind sie in Gefahr, sich voneinander zu trennen, ohne sich überhaupt richtig kennengelernt zu haben.

Für Ehepaare in den mittleren Jahren stellt sich das Problem der Befreiung jeweils anders, wenn ihre Ehe von einem zentrifugalen oder zentripetalen Beziehungsmuster beherrscht wird. Der Begriff der Befreiung bezieht sich im strengen Sinne nur auf zentripetale Sackgassen. Wenn er sich auch auf zentrifugale Situationen beziehen soll, muß er erweitert werden. Wir wollen also zunächst betrachten, wie sich die Befreiung aus einer zentripetalen Sackgasse in der Ehepaar- oder Familientherapie zeigen kann.

Ein solcher Ausweg aus einer zentripetalen Sackgasse ergibt sich nach meiner Erfahrung häufig, wenn sich erst einmal eine dreidimensionale (d. h. mehrere Generationen umfassende) Perspektive eröffnet hat. Im Normalfall beginnen die Eltern sich darüber klar zu werden, daß jeder den anderen widersprüchlichen Erwartungen ausgesetzt hat und immer noch aussetzt. Zum Beispiel erkennt eine Frau, daß sie ihren Mann so schwach und unterwürfig haben will, wie ihr eigener Vater war, und ihn gleichzeitig als ›sich selbst bestätigenden Delegierten‹ (man beachte die contradictio in adjecto) benutzen will, damit er stellvertretend ihre Wünsche nach Siegen im männlichen Konkurrenzkampf erfüllt. Der Mann erkennt seinerseits, daß seine Frau eine bewundernde, selbstbescheidene Haushälterin für ihn sein soll, ein attraktives Aushängeschild seines gesellschaftlichen Erfolges, und daß sie gleichzeitig die regenerierende mütterliche Stärke und Versorgung verkörpern muß, die er, ihr Kind-Ehemann, braucht. Besonders R. Laing et al. (1971) und vor kurzem C. Sager et al. (1971) haben solche miteinander unverträglichen Wahrnehmungen und Erwartungen von Ehepaaren beschrieben. In diesen Erwartungen enthüllen sich die bindenden und delegierenden Kräfte der Eltern dieser Ehegatten. Wo sich die Therapie dreidimensional entwickelt, können die Ehepartner den

Bereich ihrer Wahrnehmungen und Erwartungen korrigieren und reorganisieren und damit ihre zentripetale Verstrickung auflösen. In diesem Prozeß beenden viele von diesen Ehegatten und Eltern ihre ›emotionale Scheidung‹, wie M. Bowen dieses Phänomen genannt hat; sie erleben neue – oft die ersten – Flitterwochen und entdecken immer wieder neue Seiten an ihrem Partner. So entfaltet sich vor unseren Augen eine positive Gegenseitigkeit.
Im Gegensatz dazu müssen viele zentrifugal orientierte (und nicht selten narzißtische) Eltern zuerst entdecken, daß jeder für den anderen von Bedeutung ist – oder von Bedeutung sein kann –, bevor sie eine echte Befreiung erleben können. Sie müssen es zuallererst mit sich geschehen lassen, daß sie gezähmt werden – d. h. durch eine intime, langdauernde Beziehung ihre einzigartige Bedeutung bestätigt bekommen – wie der Fuchs in Saint-Exupérys Geschichte *Der kleine Prinz*. Die Aussichten für eine solche ›Zähmung‹ sind allerdings, wie die Therapeuten dieser oft narzißtischen Patienten und Eltern bezeugen können, häufig nicht allzu groß. Aber erst nachdem sie gezähmt sind, das heißt feste gegenseitige Bande der Loyalität und Anteilnahme entwickelt haben, besteht die Hoffnung, daß sie sich im oben entwickelten engeren Sinne des Wortes voneinander befreien können.

Die Befreiung der Eltern durch Bearbeitung der Beziehung zu den heranwachsenden Kindern

An dieser Stelle kommen wir nun zu der dritten Ebene der notwendigen ›Befreiungsarbeit‹. Wenn sie die Ablösung von ihren heranwachsenden Kindern betreiben, ergibt sich für viele Eltern die letzte Möglichkeit, die Fesseln zu lösen, die sie noch an ihre eigenen Eltern binden. Wenn sie diese Chance verpassen, werden ihre Kinder, statt zum Auslöser ihrer Befreiung, wie ich in den Kapiteln 7 und 8 angedeutet habe, zum Grab ihrer Hoffnungen. Im Interesse der Eltern *und* der heranwachsenden Kinder muß die Befreiung gegenseitig sein.

Auch hier müssen wir die Dinge in einer dreidimensionalen (drei Generationen umfassenden) Perspektive sehen. Wir bemerken dann, wie Eltern ihre heranwachsenden Kinder auf dieselben Wege führen, die sie von ihren eigenen Eltern geführt worden sind; wie sie ihre eigenen Kinder zur längst fälligen Wiedergutmachung der Schäden benutzen, die ihre eigenen Eltern bei ihnen angerichtet haben. Gleichzeitig erkennen wir, wie diese Eltern ihre Kinder zu dem Zweck gebrauchen, eine unerträgliche Ehe erträglich zu machen. Diesen Aspekt haben I. Boszormenyi-Nagy und G. Spark (1973) ausführlich dargestellt.

Die Eltern und die heranwachsenden Kinder müssen auch hier eine Versöhnung von Tun und Mit-sich-geschehen-lassen erreichen. Durch das Tun versichern sich die Eltern ihrer eigenen Interessen und Überzeugungen, übernehmen sie die Verantwortung für ihre Handlungen und Verpflichtungen, erkennen sie die Konflikte und Ambivalenzen an, die Zeichen ihrer Krise des mittleren Alters, die bis dahin dadurch verleugnet wurden, daß sie ihre Kinder gebunden und delegiert haben. Durch das Mit-sich-geschehen-lassen öffnen sich die Eltern für die wahren Bedürfnisse, Interessen und Mitteilungen ihrer Kinder und machen damit von der Möglichkeit Gebrauch, die diese ihnen anbieten, eine neue Freiheit zu gewinnen und einen Bezugspunkt, mit dessen Hilfe sie ihre eigene Lebenskrise lösen können.

Die Besonderheiten dieser gegenseitigen Befreiung hängen wiederum davon ab, welcher Beziehungsmodus vorherrschend ist.

Wo der Bindungsmodus dominiert, bietet der Drang des Jugendlichen nach Auflösung der Bindung – so versteckt und kompliziert er auch sein mag – den Eltern den größten Anlaß zur Hoffnung auf ihre eigene Befreiung. Jeder Versuch eines Jugendlichen, seine Bindung abzustreifen, bringt unvermeidlich seine Eltern aus der Fassung und führt zeitweilig dazu, daß ihre Ängste und ihre Krisen schlimmer werden. Trotzdem erfüllt dieser Jugendliche für seine Eltern eine ähnliche Funktion wie der Ketzer und ›Abtrünnige‹ Martin Luther im sechzehnten Jahrhundert für die katholische Kirche. Ohne Luther wäre diese Kirche sehr wahrscheinlich unter der Last ihrer üblen, grenzenlosen Korruption zusammengebrochen. Indem Luther diese Korruption anprangerte, zwang er die Kirche zu Reformen, während er selbst durch seine Trennung von der Kirche das Stigma eines Rebellen und Häretikers zu tragen hatte.

Der Jugendliche kann durch seine Ablösung dazu beitragen, daß die Eltern ein Gefühl dafür bekommen, was ihnen ihre eigenen Eltern angetan haben. Ein Therapeut, der sowohl Objektivität bewahrt als auch allen am Prozeß Beteiligten empathisch nahesteht, kann diesen Prozeß fördern. Zum Beispiel erinnerte sich eine bindende Mutter, die ihre heranwachsende Tochter beschimpfte, weil diese ›eigenwillig und selbstsüchtig‹ Freunde suchte, statt sich um ihre liebevolle Mutter zu kümmern, plötzlich in einer Familiensitzung daran, wie sie selbst als Jugendliche unter solchen bindenden Strategien ihrer eigenen Mutter gelitten hatte. Die befreiende Wirkung einer solchen Perspektivänderung eines Elternteils – weg von dem Jugendlichen und hin zu den eigenen Eltern – kann ebenso plötzlich wie dauerhaft sein. Die Mutter erlebt nun Traurigkeit, Anfälle von Schuldgefühl, aber auch Erleichterung. Im Laufe der Zeit schaffen diese Empfindungen eine neue Einstellung zu ihrem Kind, die differenzierter, reflektierter und einfühlsamer ist als die vorherige. Dasselbe geschieht mit dem Kind in bezug auf sie.

Ähnliche Überlegungen lassen sich auf Eltern anwenden, die vor allem den Delegationsmodus benutzen. Jugendliche, die sich weigern, Aufträge auszuführen, und damit den Loyalitäts- und Aufgabenkonflikten zu entfliehen versuchen, tragen ebenfalls zur Befreiung der Eltern bei. Sie zwingen so die Eltern dazu, ihre bisher verleugneten Ambivalenzen und Konflikte (wieder) als eigene anzuerkennen, und bringen sie so dazu, daß sie sich mit der Sackgasse, in der sich ihre Ehe befindet, und mit dem auseinandersetzen, was ihre eigenen Eltern ihnen angetan haben.

Wo wir Eltern, die vor allem den Ausstoßungsmodus anwenden, und ihre vernachlässigten Kinder vorfinden, müssen wir die Bedeutung der gegenseitigen Befreiung wiederum näher bestimmen. Um sich in der oben ausgeführten Bedeutung des Wortes zu befreien, muß der ausgestoßene Jugendliche an erster Stelle Bedeutung für seine Eltern erlangen. Deshalb muß er die Eltern, die vollauf mit der Suche nach Selbstbestätigung beschäftigt sind, dazu bringen, daß sie ihn nicht mehr vernachlässigen. Indem er dagegen rebelliert, daß sie ihn ausstoßen, und auf seiner Bedeutung besteht, trägt dieser Jugendliche zur überfälligen Wiedergutmachungsarbeit seiner Eltern bei. Möglicherweise zwingt er sie nun zu der Erkenntnis, daß auch ihre eigenen Eltern sie nicht beachtet und sie damit zu einer (für zwischenmenschliche Beziehungen katastrophalen) ständigen Suche nach Selbstbestätigung gedrängt haben. Die Befreiung ausgestoßener und vernachlässigter Jugendlicher scheint analog der Befreiung von vielen ausgestoßenen und vernachlässigten Armen zu sein. Auch diese Armen scheinen dazu verdammt zu sein, daß sie ihr Leben ›im Dunkeln‹ der Unbedeutsamkeit verbringen, von der B. Brecht (1967) geschrieben hat. Viele reiche, d. h. ›bedeutende‹ – Mitglieder der Gesellschaft sind gleichgültig gegenüber ihren Leiden und behandeln sie, als seien sie überflüssig. Um sich von den Reichen zu befreien, müssen die Armen deshalb zuerst sich ihrer Bedeutung versichern – für die Reichen wie für sich selbst. Als Teil eines solchen Versuchs müssen sie die Reichen angreifen und sie dabei als aktiv ausbeutende Unterdrücker bezeichnen, während die Reichen in der Tat ihnen gegenüber ›nur‹ gleichgültig sind. Durch den Haß auf die Reichen – der Haß auf der anderen Seite hervorruft – hoffen die Armen eine Beziehung herzustellen, die paradoxerweise humaner und psychisch leichter zu ertragen ist als die Nicht-Beziehung, die von der Indifferenz der Reichen hervorgebracht wird. Gehaßt und angegriffen zu werden, bedeutet nun, daß man jemand ist, daß man Bedeutung besitzt. Die Armen lindern auf diese Weise nicht nur ihren Schmerz darüber, daß ihr Schmerz ignoriert wird, sondern sie legen auch den Grundstein für die spätere gegenseitige Befreiung.

Die Befreiung der Eltern in der heutigen Gesellschaft

Wir sind nun in der Lage, uns aus neuer Sicht mit der Befreiung der Eltern in mittleren Lebensjahren in unserer heutigen US-amerikanischen Gesellschaft zu beschäftigen. Diese Gesellschaft ist pluralistisch, mobil und immer schnelleren Veränderungen unterworfen. Unablässig bewegt sie sich auf ein neues demokratisches und egalitäres Bewußtsein hin, in dem neue Rechte und Lebensstile – die der Frauen, der Schwarzen und der Kinder – verlangt und, wenn auch oft widerwillig und verspätet, eingeräumt werden.

Vom Standpunkt von Eltern in den mittleren Jahren aus gesehen, die sich zu befreien suchen, erscheint die Gesellschaft im Zwielicht. (Hier denke ich vor allem an Eltern aus der Mittelschicht, die anders als Betty Jackson – schwarz und arm zugleich – nicht von dem endlosen Kampf ums Dasein überwältigt werden.) Die Gesellschaft bietet ihnen mehr als je zuvor Möglichkeiten zur Selbstverwirklichung, für einen neuen Anfang und eine neue berufliche Karriere, eine neue Ehe; dazu noch neue und unkonventionelle Beziehungsmöglichkeiten. Aber diese neuen Möglichkeiten – und das stellt die andere Seite der Medaille dar – beinhalten auch neue Möglichkeiten für Konflikte und Versagen. Wenn sie sich aktiver in diese Gesellschaft hineinbegeben, setzen sich diese Eltern unweigerlich der Konkurrenz, der Einsamkeit, der Überreizung und der Erkenntnis aus, daß das, was sie in der Vergangenheit gelernt und getan haben, ihnen bei einem neuen Anfang wenig nützt. Kurz, sie müssen eine neue Kraft und die Fähigkeit entwickeln, ihre Handlungen, Fehler und Konflikte als eigene anzuerkennen und dafür die Verantwortung zu übernehmen, damit sie das Versprechen der Befreiung einlösen können.

Eltern in den mittleren Jahren brauchen diese Kraft, um in der neuen Ausreißer-Kultur für Erwachsene bestehen zu können; wenn ihnen diese Kraft fehlt, riskieren diese ›ausgerissenen Eltern‹ ein böses Erwachen. Ihre Situation unterscheidet sich nur wenig von der ihrer davongelaufenen Kinder, die in einsamen, von Verbrechern heimgesuchten Hinterhöfen der Gesellschaft landen, statt neue Möglichkeiten und die Freiheit zu finden.

Das Konstrukt der Beziehungsmodi lenkt hier unsere Aufmerksamkeit auf ein Paradoxon. Es scheint nämlich so, als ob Eltern, die hauptsächlich binden und delegieren (und, wie wir sahen, selbst von ihren Eltern und Ehepartnern gebunden wurden), den besten Gebrauch von den neuen Möglichkeiten machen könnten, d. h. ihren Ausbruch aus der Ehe realisieren und eine neue berufliche Karriere machen könnten. Durch einen solchen Anfang könnten sie die zentripetale Verstrikkung lockern und sich den erforderlichen Bewegungsspielraum schaffen, um die Befreiung als dreidimensionale und gegenseitige wirken zu lassen. Bei genauerer Betrachtung entdecken wir jedoch, daß für viele dieser Eltern zentrifugale, befreiende Schritte unmöglich und undenkbar scheinen. Da sie nur daran gewöhnt sind, zu binden und zu delegieren, und ihrerseits gebunden und delegiert zu werden, sind diese Eltern nur dazu in der Lage, die Gefahren und nicht die Möglichkeiten zu sehen, die einem befreienden Verhalten innewohnen. Sie fürchten die Einsamkeit, das Versagen und die Niederlage, die ihrer Meinung nach auf sie warten, wenn sie sich in die kalte, verwirrende, von Konkurrenz beherrschte Welt begeben; sie brauchen womöglich Zeit und eine Therapie, bevor sie von den Möglichkeiten der Gesellschaft Gebrauch machen, d. h. einen neuen Anfang wagen und dabei Einsamkeit und Niederlage riskieren können. Das führt dann paradoxerweise nicht unbedingt zu der gefürchteten Zerrüttung ihrer Ehe oder Familie, sondern stellt ein neues Gleichgewicht zwischenmenschlicher Nähe und Distanz her, das einer gegenseitigen Befreiung förderlich ist.

Was vom Standpunkt der vorwiegend bindenden und delegierenden Eltern wie ein Vorteil aussieht, kann vom Standpunkt der Eltern, bei denen der Ausstoßungsmodus vorherrscht, ganz anders aussehen. Indem sie sich einfach dem zentrifugalen Sog der Gesellschaft überlassen, kann die Befreiung dieser Eltern nur fehlschlagen. Sie geben nur der Versuchung nach, mit Hilfe von anonymer Bewunderung oder nackter Gewalt Selbstbestätigung zu finden, auf Kosten einer schon lange fälligen Arbeit an den Beziehungen zu Hause. Einer meiner Patienten, ein brillanter Rechtsanwalt und bekannter Politiker, ist ein Beispiel dafür. Er war dreimal verheiratet und wurde dreimal geschieden. Drei Kinder stammen aus diesen Ehen, die er aber praktisch nie sah, weil er zwanghaft sechzehn Stunden pro Tag arbeitete. Zu den verschiedenen Freundinnen in verschiedenen Städten – die er besuchte, wenn er dort geschäftlich etwas zu tun hatte – unterhielt er flüchtige und wenig verpflichtende Beziehungen. Seine persönliche Geschichte enthüllte einen alkoholsüchtigen Vater und eine nachlässige, depressive Mutter, die ihn zwangen, sein Heil in früher Unabhängigkeit, Macht und Berühmtheit zu suchen. Es gab Anzeichen dafür, daß er unter der hektischen Suche nach Selbstbestätigung Schuldgefühle verborgen hielt und darüber verzweifelt war, daß er seine Kinder genauso vernachlässigte und ausstieß, wie er selbst vernachlässigt und ausgestoßen worden war. Dieser Komplex konnte aber nicht durchgearbeitet werden, weil sein Verlangen nach Selbstbestätigung und Macht in Konflikt mit der Therapie geriet, die eine langfristige Anteilnahme von ihm gefordert hätte.

10. Kapitel:
Epilog. Der sogenannte Generationenkonflikt

Traditionellerweise wurde das Drama der Ablösung in der Adoleszenz als ›Generationskonflikt‹ angesehen. In diesen zusammenfassenden Bemerkungen möchte ich nun Überlegungen zur Bedeutung solch eines Generationskonflikts im Lichte des hier von mir gegebenen Modells darlegen.

Der Begriff ›Konflikt‹ setzt in seiner eigentlichen Bedeutung verschiedene Parteien voraus, deren vitale Bedürfnisse und Interessen einander widersprechen. Aus diesem Grunde müssen sie ihre Bedürfnisse und Interessen verteidigen, indem sie sich offen oder versteckt bekämpfen. Wir wollen uns also kurz ansehen, wie die beiden am sogenannten Generationskonflikt beteiligten Parteien ihre vitalen Bedürfnisse und Interessen definieren und dem anderen gegenüber verteidigen.

Die Interessen und Bedürfnisse der Jugendlichen werden vor allem von den drei anfangs erwähnten Aspekten bestimmt: Intensivierung der Triebwünsche, kognitive Reifung und (relative) Verschiebung von Loyalitätsbindungen – *weg* von den Eltern und *hin* zu Gleichaltrigen und anderen Erwachsenen. Diese drei Aspekte stellen die treibende Kraft in der Adoleszenz dar, daher sind sie auch in der Lage, das Machtgleichgewicht zwischen den Generationen zu verschieben. Weil ihre Vitalität zunimmt, können die Jugendlichen kraftvoller und mit besseren Argumenten als zuvor ihre Bedürfnisse und Prioritäten verteidigen, ihre Eltern entlarven, die sie ausnutzen oder ausstoßen, und sich von ihnen abwenden.

Die Vitalität der Eltern dagegen läßt nach, deshalb sind sie durch eine solche Selbstbehauptung des Kindes verwundbar; immerhin können sie noch beträchtliche Reserven dagegen mobilisieren. Sie können ihre ökonomische Macht, ihren Einfluß und ihr überlegenes Wissen (insbesondere die Kenntnis der Schwäche des Jugendlichen) benutzen, um ihn erfolgreich zu bekämpfen oder zu manipulieren.

Es stellt sich nun die Frage: Kann es eine gegenseitige Befreiung im Kontext dieses Generationskonflikts geben? Meine Antwort darauf lautet: Ja – wenn der Konflikt ein ›liebevoller Kampf‹ bleibt oder wird (siehe Levi, Stierlin, Savard, 1972), in dem die Beteiligten, statt zu versuchen, sich gegenseitig zu vernichten, das Existenzrecht des anderen anerkennen.

Damit dies geschieht, müssen folgende Voraussetzungen gegeben sein:

Zunächst müssen die beiden Parteien danach streben, die Unterschiedlichkeit ihrer Bedürfnisse und Interessen herauszuarbeiten und zu artikulieren. Von einer solchen Position der ›klar artikulierten Verschiedenheit‹ (articulate separateness) ausgehend, müssen sie fähig und willens sein, einen gemeinsamen Punkt der Aufmerksamkeit zu teilen und dadurch sicherzustellen, daß die Kommunikation und die Beziehung aufrechterhalten wird. Diese andauernde Kommunikation auf der Basis einer ausgesprochenen Verschiedenheit unterscheidet sich von der verschwommenen, klebrigen Gebundenheit, die man in Familien mit schizophrenen Kindern findet, aber auch von der Entfremdung und dem Abbruch der Kommunikation, die man bei vielen ausstoßenden und zentrifugalen Beziehungen findet.

Ein liebevoller Kampf beinhaltet zum zweiten, die zunehmende Entwicklung eines Bewußtseins davon, daß die Partner voneinander abhängig und sich gegenseitig verpflichtet sind. Dieses Bewußtsein kann dem Streben der Beteiligten nach ausschließlicher Verfolgung egoistischer Interessen und Machtpositionen entgegenstehen. Es schafft ein Gleichgewicht zwischen selbstbezogenem ›Tun‹ und dem auf den anderen Bezogenen ›Mit-sich-geschehen-lassen‹.

Zum dritten trägt ein liebevoller Kampf, dadurch daß er für beide Seiten eine Versöhnung von Tun und Mit-sich-geschehen-lassen herbeiführt, zur Wiedergutmachung auf beiden Seiten bei, wie es im 9. Kapitel umrissen wurde. Er ermöglicht eine dreidimensionale Befreiung, die im Idealfall die Eltern der Eltern und die noch ungeborenen Kinder der Kinder mit einschließt. Statt in einem liebevollen Kampf ausgetragen zu werden, kann der Generationskonflikt aber auch abgebrochen werden oder zu einem Todeskampf werden, bei dem beide Parteien verlieren müssen. Das Konzept der Beziehungsmodi ermöglicht es uns, die verschiedenen negativen Ausgangsmöglichkeiten zu umreißen, die der Konflikt zwischen den Generationen nehmen kann.

Wo eine extreme Bindung überwiegt, scheint der Ausbruch des Generationskonflikts verhindert worden zu sein; damit kann er sich auch nicht zu einem liebevollen Kampf entwikkeln. Starke Bindung wirkt der Entwicklung und Artikulation von unterschiedlichen Bedürfnissen und Positionen entgegen. Aus diesem Grund wird eine gegenseitige Entwicklung und Wiedergutmachung verhindert. In extremen Fällen ist das Kind dazu verdammt, ein Schattenleben zu führen, während seine Eltern von dem Verlust der Hoffnungen und Wünsche, die sie mit ihrem Kind verbunden haben, erdrückt werden und ihn doch nicht betrauern können.

Wo der Ausstoßungsmodus vorherrscht, kann eine frühzeitige und artikulierte Verschiedenheit erreicht werden, allerdings um den Preis, daß die Entwicklung des Kindes gehemmt wird und ihm ein Gefühl von Bedeutung der eigenen Person abgeht. Ohne dieses Gefühl der Bedeutsamkeit, das von beiden Seiten vermittelt werden muß, kann sich aber ein liebevoller Kampf nicht entwickeln.

Wenn ein Jugendlicher vor allem delegiert wird, erscheint der Generationskonflikt häufig auffällig und intensiv zu sein. Bei dieser Konstellation finden wir viele – vielleicht die meisten – Jugendliche, die ihre Rebellion offen zur Schau tragen, indem sie Drogen nehmen, sich den Autoritäten und Konventionen widersetzen, promiskuös sind und ausreißen. Im Normalfall werden diese Jugendlichen in der Familientherapie als die ›rebellischsten‹ und widersetzlichsten von allen Geschwistern herausgestellt. Dieses Etikett ist jedoch irreführend, da sich bald herausstellt, daß die meisten von ihnen in Wirklichkeit ganz loyale und fügsame Kinder sind. Ihre Rebellion ist unecht, weil sie nur das tun, was die Eltern von ihnen wollen.

Indem sie Drogen nehmen, sich sexuell promiskuös verhalten oder sich den Konventionen widersetzen, reagieren sie – wenn auch oft auf ungeschickte und scheinbar widersprüchliche Weise – auf die versteckten Erwartungen ihrer Eltern. Wenn sie von Konflikten geschüttelt werden, sind dies vor allem Loyalitätskonflikte und Konflikte zwischen verschiedenen Aufgaben, die ihre Eltern ihnen aufgeladen haben. Obwohl sie bessere Aussichten auf die Entwicklung und Ablösung haben als die stark gebundenen und die ausgestoßenen Jugendlichen, fehlt auch diesen Jugendlichen die artikulierbare Verschiedenheit, die einen liebevollen Kampf in Gang halten kann.

Eine letzte Bemerkung über Ausreißen

In diesem Buch habe ich Überlegungen über jugendliche Ausreißer angestellt, über Eltern, die ausreißen, und über die Subkultur der Ausreißer. Nun, am Schluß dieser Überlegungen, stellt sich heraus, daß Ausreißen kaum Chancen auf Erfolg hat. Durch das Ausreißen können wir in der Tat einen Abstand gewinnen. Wir können auch Erleichterung finden. Wir können neue Möglichkeiten erkennen und neu anfangen. Wir können sogar eine neue Blüte der Vitalität und Hoffnung erleben. Aber irgendwann müssen wir einhalten und uns Rechenschaft darüber ablegen, was wir gewonnen haben. An diesem Punkt stellen wir fest, daß der andere, seien es die Eltern oder die Kinder, noch immer in und um uns ist. Und dies fordert uns immer wieder dazu auf, den anderen in einen liebevollen Kampf zu verwickeln, der eine gegenseitige, dreidimensionale Befreiung zum Ziel hat.

11. Kapitel: Überlegungen zur Familientherapie Jugendlicher

Seit ich »Eltern und Kinder« vor ca. sechs Jahren schrieb, entwickelte ich, unterstützt von den Mitgliedern unseres Heidelberger Teams, das darin dargestellte Interaktionsmodell weiter. Es stellt heute ein integratives Modell dar, das neben eigenen Beiträgen und Ideen die anderer Forscher einbezieht. Zur Zeit umfaßt es fünf, sich zum Teil überschneidende Hauptperspektiven, die jeweils zentrale Systemkräfte erfassen und therapeutischem Handeln die Richtung weisen sollen. Diese fünf Perspektiven lassen sich mit den Linsen eines Teleskops vergleichen: Sie bringen bestimmte Aspekte des Beobachtungsfeldes scharf ins Blickfeld, während sie andere ausblenden oder unscharf am Rande verschwimmen lassen. Zugleich konstituieren sie einen Rahmen für therapeutisches Handeln.

Vor allem dieser Rahmen und seine Bedeutung für die Therapie der im Trennungsprozeß stehenden Jugendlichen sollen uns in diesem abschließenden, für die Neuausgabe von »Eltern und Kinder« geschriebenen Kapitel beschäftigen.

Das verlangt zunächst eine kurze Skizze einiger zentraler Elemente des heutigen Modelles vor dem Hintergrund der ursprünglichen, 1974 in diesem Buch publizierten Konzepte.

Die erste Hauptperspektive: *Bezogene Individuation*

Der Begriff Individuation bezeichnet in erster Linie die Ausbildung und Erhaltung individueller Eigenschaften und psychologischer Grenzen. Solche Individuation macht es möglich, uns in den verschiedensten zwischenmenschlichen Kontexten als getrennt und zugleich bezogen zu erleben. Sie schließt die Differenzierung der Innenwelt in bewußte und unbewußte

Sphären, in klar artikulierte Gefühle, Bedürfnisse, Erwartungen, innere und äußere Wahrnehmungen usw. und die Abgrenzung einer solchen differenzierten Innenwelt von der Außenwelt, insbesondere von den Ideen, Bedürfnissen, Erwartungen und Ansprüchen anderer ein. Sie wird immer wichtig – und zugleich auf die Probe gestellt –, wenn emotionale Nähe und Empathie eine menschliche Beziehung kennzeichnen bzw. ihre Voraussetzung sind. Sie ist sowohl Voraussetzung wie Ausdruck einer gelungenen Trennung und Versöhnung im Jugendalter.

Der Begriff »bezogene Individuation« beschreibt sowohl das Verhalten eines Einzelnen, etwa eines Jugendlichen in einer Zweierbeziehung, als auch von mehreren Personen, etwa von Familienangehörigen in ihrem Familienfeld. Störungen der bezogenen Individuation liegen vor, wenn sich Angehörige ungenügend gegeneinander abgrenzen, symbiotisch miteinander verschwimmen oder wenn sie sich starr und kommunikationsfeindlich von einander abkapseln. Im einen Falle läßt sich von Unter-, im anderen von Überindividuation sprechen.

In das, was ich ursprünglich als Entgleisungen der Beziehungsmodi der Bindung, Delegation und Ausstoßung beschrieben habe, fließen stets Störungen der bezogenen Individuation ein. Dennoch läßt sich die bezogene Individuation – ihre Dynamik und ihre Störungen – als Hauptgesichtspunkt von den beiden anderen Beziehungsmodi abgrenzen.

Im Trennungsdrama des Jugendalters betonten psychoanalytische Autoren bisher vor allem die Bedeutung der Individuation als Fähigkeit zur Abgrenzung der eigenen Gefühle, Erwartungen, Positionen, etc. Der Begriff »bezogene Individuation« besagt: Abgrenzung allein genügt nicht, sie muß mit Bezogenheit verbunden, in eine fortlaufende Beziehung eingebettet sein.

Beides – Abgrenzung von, sowie Bezogenheit zum, anderen – zeigt sich am deutlichsten in der Fähigkeit und Bereitschaft der Partner zum Dialog. In solchem Dialog lassen sich unterschiedliche Gefühle, Erwartungen und Positionen artikulieren, ein gemeinsamer Aufmerksamkeitsfokus teilen, Konflikte definieren, gegenseitige Bestätigung und Anerkennung vermitteln. Es vollzieht sich darin das, was ich 1971 »positive Gegenseitigkeit« genannt habe. Jugendliche Ausreißer vermeiden typischerweise solchen Dialog. Sie grenzen sich durch ihr Ausreißen ab, wollen oder können aber nicht mehr mit den Eltern sprechen. Ziel der Therapie ist daher vor allem die Ermöglichung oder Wiederermöglichung des Dialoges zwischen den Generationen.

Einige therapeutische Konsequenzen dieser Perspektive

»Ermöglichung des Dialoges« beinhaltet wesentlich zweierlei:

1. *Training* in dialogischer Kommunikation. Dazu gehören etwa: Training im Sprechen in Ich-Form (z. B. »*Ich* fühle dies; *ich* erwarte dies; *ich* hoffe dies« anstatt »man« fühlt dies, »man« erwartet dies, »man« hofft dies, etc.), im Aussenden klarer Botschaften, Vermeiden falscher oder vereinfachender Ursachenzuweisungen (wie etwa »Du *machst* mich verrückt; du *machst* die Kinder depressiv; du *bereitest* mir schlaflose Nächte«, etc.), Vermeiden globaler Bezichtigungen (wie etwa »Du hast mir *nie* wirkliche Zärtlichkeit gezeigt; du hast *schon immer* meine Selbstverwirklichung sabotiert; du hast dich *stets* vor der Verantwortung gedrückt; etc.), Vermeiden einer abstrakten und Bevorzugung einer möglichst präzisen, anschauungsgeladenen Sprache, Hinhören auf das, was der andere ausdrückt und auszudrücken versucht, Bestätigung (Validierung) von dessen Kommunikation. Solche Kommunikationsfertigkeiten, deren jeder Dialog bedarf, lassen sich auf vielerlei Weise – etwa im Kontext einer Einzel-, Gruppen- oder Familientherapie – lernen.
2. *Förderung* der Bereitschaft zum Dialog. Vielen Jugendlichen und ihren Eltern fehlt solche Bereitschaft: ihr Zerwürfnis ist zu groß, es mangelt an gutem Willen zur Kommunikation. Damit es zur konstruktiven, dialogischen Kommunikation kommen kann, müssen die Quellen des

Zerwürfnisses verständlich werden. Dazu bedarf es einer Neueinstellung unseres beobachtenden Teleskopes. Sie erfolgt, richten wir den Blick auf die Beziehungsmodi von Bindung und Ausstoßung.

Die zweite Hauptperspektive: *Die Beziehungsweisen von Bindung und Ausstoßung*

Bindung und Ausstoßung wurden im ursprünglichen Text zusammen mit der Delegation als drei zentrale Beziehungs- bzw. Interaktionsweisen dargestellt. Heute gebrauche ich den Ausdruck »Interaktionsweisen« nur noch für Bindung und Ausstoßung. Die Delegation, die als Interaktionsmodus zwischen Bindung und Ausstoßung angesiedelt war, bildet nun eine eigene Perspektive. Sie wird uns gesondert beschäftigen.

Bindung als Folge versäumter Trauer

Im ursprünglichen Text berücksichtigte ich vor allem einen Aspekt der Bindung ungenügend: Die zu jeder Bindung beitragende – ja ihr oft zugrunde liegende – ungeleistete Trauerarbeit. Was unter Trauerarbeit zu verstehen ist, hat Freud 1916 in seiner klassischen Studie »Trauer und Melancholie« beschrieben. Sie bedeutet Abschiednehmen, Schmerz ertragen, oft aber auch das Erleben und Durcharbeiten vieler ambivalenter und widersprüchlicher Gefühle, wie Wut und Enttäuschung, die uns mit der betrauerten Person oder Sache verbinden. Auch der Trennungsprozeß im Jugendalter verlangt von Eltern und Kindern Trauerarbeit. Beide – Eltern und Kinder – müssen einander aufgeben und daher betrauern, um sich auf neuer Ebene finden zu können. Wo immer eine übermäßige, wenn man will: pathologische Bindung vorliegt, wird – und wurde in der Regel schon vorher – Trauerarbeit versäumt und damit die neue, im Trennungsprozeß anstehende Trauerarbeit erschwert oder unmöglich gemacht.

Ein Elternteil etwa nahm nicht Abschied von den eigenen Eltern, blieb somit an diese gebunden. Er überspielt und kompensiert nun den nicht geleisteten Abschied, indem er sich massiv an eine andere Person – sehr häufig ein Kind – bindet. Oft ist die Person, von der der Abschied nicht gelang, bereits tot. In solchem Falle dient ein gebundener Jugendlicher häufig als Ersatz für verlorene, aber unbetrauerte Eltern, Geschwister oder Verwandte.

Für die Therapie bedeutet diese Sicht in erster Linie: Die Arbeit der »Ent-Bindung« besteht großenteils in nachzuholender Trauerarbeit. Dafür zwei kurze Beispiele:

Klaus, ein umhütetes Einzelkind, stand ein Jahr vor seinem Abitur, vermochte sich aber nicht auf die Schule zu konzentrieren. Darüber gerieten er und seine Eltern in immer größere Angst. Er gab schließlich den Schulbesuch auf und konsultierte unter dem Druck seiner Eltern mehrere Nervenärzte. Die sprachen zuerst von einer neurotischen, dann von einer psychotischen Störung. Am Ende wurde er in ein psychiatrisches Landeskrankenhaus eingeliefert. Hier wurde er einige Monate lang mit Medikamenten behandelt. Nebenher lief eine Gruppentherapie. Nach seiner Entlassung aus dem Spital ging er wieder zur Schule, erschien jedoch lustlos und hielt sich von Freunden und Freundinnen fern. In dieser Situation entschlossen er und seine Eltern sich zu einer Familientherapie. Für Klaus (und die Eltern) trat die Wende ein, als seine Mutter in einer Familiensitzung sagen konnte: »Mir ist klar geworden, daß mein Mann und ich zu sehr an Klaus hängen; wir ließen ihm keine Luft. *Es ist nur so schmerzhaft, ihn loszulassen.*« Aber sich diesem Schmerz zu stellen, half ihr, Klaus und ihrem Gatten, sich sowohl zu ent-binden – voneinander zu befreien – als auch eine neue Ebene der Beziehung zu finden.

Das folgende Beispiel zeigt, wie versäumte Trauerarbeit auf eine Ersatzperson verschoben und hier übermäßig bindend wirken kann. Eine ent-bindende Therapie muß solche versäumte Trauerarbeit gleichsam am Ursprungsort und mit der Ursprungsperson zu ermöglichen suchen.

Sorgenkind war hier die 16jährige Sabine. Sie war vor etwa neun Monaten, zwei Jahre vor ihrem Abitur stehend, von zu Hause ausgerissen und in der Drogenszene ausgeflippt. Sie kehrte nach einigen Tagen zu ihren Eltern zurück, schlief von da an die meiste Zeit zu Hause, verbrachte aber ihre Tage außerhalb der Schule mit anderen herumbummelnden und schuleschwänzenden Jugendlichen. Nach ihrer Rückkehr zu den Eltern löste sie ein Karussell von Konsultationen bei verschiedensten Psychiatern und Psychologen aus.
Bereits im ersten Familieninterview stellte sich heraus, daß Sabine ihrer Mutter als Aufregungs- und Sorgelieferant diente und diese damit aus einer chronischen Depression »herauspeitschte«. Die Mutter war seit dem durch einen Verkehrsunfall verursachten Tode eines jüngeren Bruders Sabines in Vereinsamung erstarrt, hatte sich ihrem Mann entfremdet und besaß seither nur noch Sabine als zentrale Bezugsperson, die ihre Vereinsamung abzuschwächen und ihrem Leben einen Sinn zu geben vermochte. Mehrfach stand die Mutter, ihren eigenen Aussagen zufolge, vor dem Selbstmord. Die Sorgen um ihre Tochter ließen sie jedoch alle Selbstmordgedanken vergessen und sich in eine hektische Aktivität stürzen: sie nahm Kontakte mit Lehrern, Psychologen, Ärzten und Bekannten auf und kam, wegen der gemeinsamen Sorge um die Tochter, auch mit ihrem Ehemann wieder ins Gespräch, allerdings ohne eine Lösung finden zu können. Immerhin: Sabine hatte erreicht, daß sich die Eltern – wenn auch nur im Rahmen der von ihr geschaffenen Ausnahmesituation – wieder näherkamen.
Um die Mutter und Sabine voneinander zu ent-binden (und zugleich die altersunangemessenen und Sabine überfordernden Delegationen aufzulösen), war auch hier zu allererst ein bisher blockierter Trauerprozeß in Gang zu bringen. Er galt dem tragisch verunglückten Bruder Sabines, von dem die Mutter niemals wirklich Abschied genommen hatte. In dem Maße, in dem die Familie gemeinsam die versäumte Trauerarbeit nachzuholen vermochte, lockerte und veränderte sich auch die Bindung zwischen Mutter und Sabine. Letztere besuchte wie-

der die Schule und schloß sie mit einem befriedigenden Abitur ab.

Weitere Überlegungen zur Ausstoßung

Bei der Ausstoßung, sahen wir, handelt es sich wie bei der Bindung um eine langfristig zum Zuge kommende Beziehungsstruktur, die aber – im Gegensatz zur Bindung – ein dauerndes Nicht-wichtig-Nehmen und Vernachlässigen des ausgestoßenen Jugendlichen einschließt.
Ausstoßung findet sich häufig bei zerbrochenen (Scheidungs-) Familien: Kinder aus früheren Ehen mahnen ihre Eltern, die sich in neuen Beziehungen, einer neuen Ehe, neuen Kindern investieren möchten, irritierend an eine unangenehme Vergangenheit, die sie abschütteln möchten. Sie findet sich weiter nicht selten in Situationen, in denen Frauen – häufig als Folge sie überfordernder Delegationen – eine anstrengende berufliche Karriere mit einer traditionellen Hausfrauen- und Mutterrolle zu versöhnen suchen. Stehen hier keine alternativen Bezugspersonen – wie der Ehemann, Großeltern etc. – zur Verfügung der Kinder, bedingt das oft deren (mehr oder weniger massive) Vernachlässigung.
Was immer aber die Quellen solcher Vernachlässigung sein mögen, das Ziel der Therapie bleibt sich gleich: Die Neu- oder Reinvestierung der Eltern und Kinder ineinander. Im Gegensatz zur Ent-Bindungs- läßt sich nunmehr von einer *Bindungsarbeit* sprechen. Sie ist, so lehrt die Erfahrung, in der Regel schwerer als Ent-Bindungsarbeit, hat jedoch mit letzterer etwas Zentrales gemeinsam: auch sie verlangt häufig die Ermöglichung einer versäumten Trauerarbeit.
Denn der ausgestoßene Jugendliche verlor oft seine Eltern, bevor er von ihnen Abschied nehmen konnte. Sie waren aus dem einen oder anderen Grund in entscheidenden Lebensphasen nicht – oder nicht mehr – für ihn da, ohne daß er solches Nicht- oder Nicht-mehr-Dasein hätte bewußt und schmerzhaft realisieren und daher betrauern können. Es feh-

len ihm lebendige Erinnerungen an Gespräche, an gemeinsame Erlebnisse, an Begegnungen, die den Elternteil zu einem wirklichen, d. h. ausschließlich verfügbaren und emotional besetzten Beziehungspartner machten oder machen könnten.
Therapeutische Bindungsarbeit mit ausgestoßenen Jugendlichen bedeutet daher zu allererst: Die verlorenen, vielleicht niemals besessenen Eltern müssen, soweit dies möglich ist, »real« werden. Das kann entweder durch Wiederherstellung von abgebrochenen Kontakten, von Wiedervereinigung und schließlicher Versöhnung geschehen, oder, als Voraussetzung für ein Abschiednehmen durch Trauerarbeit, durch Wiederbelebung von Erinnerungen und durch emotionales Hinführen zu den verlorenen Eltern oder anderen wichtigen Bezugspersonen.
Daneben bedeutet Bindungsarbeit häufig die Ermöglichung tragender, vertrauensbereiter Bindungen an Menschen, die nicht der Familie angehören, aber es dem Ausgestoßenen auf die eine oder andere Weise ermöglichen, die in seiner Ursprungsfamilie versäumten Beziehungen oder Erfahrungen nachzuholen. Dies kann etwa in jener Art von vorsichtiger, unaufdringlicher, den Patienten immer wieder bestätigender analytischer Psychotherapie geschehen, die Heinz Kohut (1973) für bestimmte narzißtische Persönlichkeiten (bei denen es sich meiner Erfahrung nach oft um ausgestoßene Individuen handelt) empfiehlt.
Die genannten, sich bei ausgestoßenen Jugendlichen ergebenden therapeutischen Probleme deutet das folgende Beispiel an: Hans, zur Zeit unseres Kontaktes etwa 18 Jahre alt, war bereits vor zwei Jahren von zu Hause ausgezogen. Das Zusammenleben mit seiner Schwester und alleinstehenden Mutter, erzählte er, sei immer unerträglicher geworden. Die Mutter habe bei ihm immer häufiger die schlechten Seiten seines Vaters entdeckt und gescholten: Egoismus, Starrsinn, emotionale Kälte. Der Vater war vor sieben Jahren – Hans war damals neunjährig – ohne Vorankündigung, gleichsam bei Nacht und Nebel, aus dem Haus gezogen. Seitdem bestehe kein Kontakt mehr zu ihm. Möglicherweise sei er im Ausland, möglicher-

weise habe er sich umgebracht. Hans hatte nur vage Erinnerungen an ihn. Im ganzen war sein Vaterbild negativ gefärbt und entsprach dem, was ihm die Mutter ständig vom Vater erzählt hatte.

Bei einem folgenden, im Beisein der Mutter und Schwester geführten Gespräch erfuhr ich, daß die Mutter den Vater nur wenige Monate nach dem plötzlichen Tode ihres eigenen Vaters kennengelernt und bald darauf geheiratet hatte. Ihr Mann, Hans' Vater, habe damals, ganz ähnlich wie ihr verstorbener Vater, ein freundliches, extrovertiertes Wesen gezeigt, das sich aber nach der Heirat bald verändert habe. Er sei immer mürrischer, egoistischer, starrköpfiger, ausbeuterischer geworden, so daß sich das Familienleben zunehmend zu einer Hölle gestaltete. Sie sei daher froh gewesen, als er eines Tages verschwunden war. Darum habe sie auch keine weiteren Nachforschungen nach ihm angestellt.

Die Mutter war am bewegtesten, als sie vom Tode *ihres* Vaters sprach. Es wurde schnell deutlich, daß sie dessen Tod nicht wirklich betrauert, niemals wirklich von ihm Abschied genommen hatte. Fast übergangslos hatte sie den Vater durch einen Ehemann ersetzt, der ihm auf den ersten Blick ähnlich war. Später schlugen dann dem Manne gegenüber die ebenfalls ihrem Vater geltenden verdrängten, negativen Gefühle durch – vor allem Wut, weil er (der Vater) sie verlassen, weil er sie bindend ausgebeutet hatte. Aber da sie diese Gefühle nicht bewußt hatte erleben und durcharbeiten können, blieben sie abgespalten und richteten sich schließlich gegen den Ehemann (wobei der Vater weiter idealisiert und geschont blieb). Da keine offene Kommunikation zwischen den Ehepartnern möglich war, steigerte sich die beidseitige Frustration und Spannung bis zur Ausstoßung (bzw. Flucht) des Mannes. Bald nachdem er das Haus verlassen hatte, band sich die Mutter an einen neuen Freund, der sie wieder an die Wärme ihres Vaters erinnerte. Die abgespaltenen negativen Gefühle richteten sich dagegen auf Hans, ihren Sohn, auch dessen schließliche Ausstoßung herbeiführend.

Therapeutisch war hier zweierlei notwendig: 1. Bei der Mutter Ermöglichung einer versäumten Trauerarbeit unter Teilnahme ihrer Ursprungsfamilie, und 2. bei Hans Ermöglichung einer neuen, dem Vater geltenden wiedervereinigenden Bindungsarbeit: Hans mußte alles versuchen, um seinem Vater auf die Spur zu kommen und ihn für sich real werden zu lassen, so schwierig diese Suche sich auch gestalten mochte. Immerhin: Bereits in solcher Suche, in solcher Investierung im verschollenen Vater schuf Hans die Voraussetzung für ein wirkliches Abschiednehmen von ihm. Fände solch Abschied nicht statt, ließe sich voraussehen, daß auch Hans in *seinen* Partnerbeziehungen das selbst-destruktive Muster des Vaters wiederholen würde.

Die dritte Hauptperspektive:
Die Delegation

Die Delegation, die im ursprünglichen Text als Interaktionsmodus zwischen Bindung und Ausstoßung angesiedelt war, bildet nunmehr eine eigene Hauptperspektive. Innerhalb dieser Perspektive differenzieren sich einige weitere, therapeutisch relevante Aspekte der Delegationsdynamik. Dazu gehört die Unterscheidung zwischen *gebundenen* und *ausgestoßenen* Delegierten.

Gebundene Delegierte müssen Aufträge bewältigen, die sie im emotionalen Spannungsfeld der Familie festhalten. Dazu kann der Auftrag gehören, dem Leben eines alternden Elternteils Sinn zu geben, diesem zu gestatten, sich ständig für den Delegierten zu sorgen, ja für ihn aufzuopfern. Weiter kann ein gebundener Delegierter beauftragt sein, das Leben eines früh verstorbenen Geschwisters weiterzuführen und die von der Familie in dieses Geschwister gesetzten Erwartungen und Ideale zu erfüllen. Dadurch erspart er den Eltern die dringend notwendige Trauerarbeit. Das war bei der auf Seite 211 beschriebenen Sabine der Fall gewesen, die dementsprechend überfordert worden war.

Ausgestoßene Delegierte erleiden andersartige Überforderungen. Sie wurden als Kinder vergleichsweise wenig gebunden, erfuhren schon früh elterliche Kälte und Distanzierung. Sie mußten sich schließlich darauf einstellen, ein Minimum an elterlicher Anerkennung und Zuwendung durch die perfektionistische Erfüllung bestimmter elterlicher Erwartungen zu gewinnen. Ich fand solche Delegationen häufig bei Individuen, die an einem Krebsleiden erkrankten. Letztere erschienen häufig delegiert, sich zu niemals aufmuckenden, konformistischen, selbstlosen Persönlichkeiten zu entwickeln, die ihre Eltern und Mitmenschen, auch wenn sie durch diese Ausstoßung und Versagung erlitten hatten, idealisierend verklärten.

Delegation und Triangulation

Im ursprünglichen Text beschrieb ich unter anderem Delegierte, die von beiden Eltern beauftragt waren, den anderen Elternteil abzuwerten oder zu zerstören. Solch eine widersprüchliche und destruktive Beauftragung kann, so zeigte ich, manche Delegierte in eine hoffnungslose Lage bringen, die nur noch Selbstmord oder Psychose als Auswege zuläßt.

Widersprüchliche, von verschiedenen Auftraggebern stammende Delegationen zeigen sich auch in dem, was die Familienliteratur als Triangulation beschreibt – die Einbeziehung eines Dritten in eine Zweierbeziehung. Er wird benötigt, um diese Beziehung zu entschärfen oder zu stabilisieren. Das geschieht immer dann, wenn ein Kind als Sorgen- oder Problemlieferant gebraucht wird, um die Eltern von eigenen, gegen den Partner gerichteten explosiven Gefühlen von Frustration und Wut abzulenken. Sie setzen sich nicht mit *ihren* Problemen und ihren gegenseitigen Enttäuschungen auseinander, sondern hadern über die falschen Erziehungspraktiken des anderen, oder bewerten das Kind als Beweis von dessen Inkompetenz. Ein derartig trianguliertes Kind ist ein mehrfach gebundener Delegierter im eben beschriebenen Sinne.

Dieses Modell vermag unsere Wahrnehmung eines bestimmten abwegigen (als delinquent, psychotisch, etc. etikettierten) Verhaltens grundlegend zu ändern. Solches Verhalten zeigt sich nun nicht mehr (bloß) negativ, z. B. als Ausdruck einer Ich- oder Über-Ich-Schwäche, Haltlosigkeit, Verführbarkeit, seelischen Unreife, Psychopathie, etc., sondern positiv als Leistung, ja möglicherweise Opferleistung des Kindes für seine Eltern und Familie. Die bereits erwähnte Sabine, die durch ihr »Ausflippen« die depressive Mutter vom Selbstmord abhielt, liefert dafür ein Beispiel. Wir können sagen: Durch sein abwegiges und häufig selbstdestruktives Verhalten ermöglicht solch Delegierter das psychologische Überleben eines oder beider Eltern. Zugleich entlastet er sie von Angst, Scham und Schuld; denn der Kranke, der Versager ist ja er und nicht sie, die Eltern. Er ist weiter oft das einzige Familienmitglied, das Probleme und Konflikte auf sich zu nehmen und darzustellen vermag, die die anderen verbergen müssen. Deshalb fungiert er häufig als Initiator und Katalysator einer Therapie, von der alle Familienmitglieder profitieren.

Im Rahmen des Delegationsmodelles wird weiter häufig eine eskalierende Trotz- und Rachedynamik sichtbar. Sie ergibt sich fast zwangsläufig, wird solch Delegierter immer größeren Überforderungen ausgesetzt und bleibt ihm die Anerkennung dafür versagt. Gerade seine Verdienste um die Familie, seine Opfermission geben ihm nun die Möglichkeit, die Eltern und anderen Familienmitglieder mit Scham, Angst und Schuld zu belasten. Schon die Tatsache, daß er sich als krank und gestört offenbart, daß er im Leben scheitert, liefert den lebendigen Beweis für das Versagen und die Schlechtigkeit seiner Eltern. Am längeren Hebelarm der Schuldauslösung sitzend, ist er in der Lage, an seinen wirklichen oder vermeintlichen elterlichen Ausbeutern eine schreckliche, trotzige Rache zu nehmen.

Das durch das Delegationsmodell ausgesteckte (veränderte) Wahrnehmungsfeld offenbart somit gerade die Eltern als Notleidende. Dem Therapeuten zeigt sich nicht nur die Überforderung des delegierten Kindes, sondern auch die seiner Eltern. Dabei erkennt er, daß diese als Kinder *ihrer* Eltern in der Regel eine schwere Bürde von Enttäuschung, vorenthaltener Liebe und vorenthaltener Gerechtigkeit, von Versagung, unverschuldeten Traumata und Verlusten zu tragen haben, die sie nunmehr auf die eine oder andere Weise an die eigenen Kinder weitergeben. Entweder versuchen sie, von diesen Kindern zu bekommen, was sie von den eigenen Eltern nicht bekamen, oder sie suchen die Kinder für das zur Rechenschaft zu ziehen, was ihnen von ihren Eltern angetan wurde.

Das sich aus dem Delegationsgesichtspunkt herleitende Ziel der Therapie ist daher die Ermöglichung eines sowohl konfrontierenden als auch versöhnenden Dialoges. Darin lernen die Eltern ihre Kinder mit neuen Augen zu sehen und, wenn möglich, deren Opferleistung anzuerkennen, während die Kinder, auch ihre Eltern mit neuen Augen sehend, diese ebenfalls besser zu verstehen, und, wenn irgend möglich, anzuerkennen lernen. Kommt solch ein Dialog in Gang, führt er in der Regel zu einer Korrektur der Erwartungen und zur Neuverteilung der Aufträge innerhalb der Familie.

Die knapp 14jährige Elvira und ihre Familie illustrieren wesentliche Aspekte solcher Dynamik.

Elvira erschien mit ihren Eltern allein zum Familiengespräch. (Ihre einzige, sieben Jahre ältere Schwester, die auch hätte mitkommen sollen, mußte ihren kranken Verlobten pflegen.) Der Termin für das Gespräch war von der Mutter bereits mehrfach ausgemacht und dann wieder verschoben worden: Jedes Mal, wenn das Gespräch hätte stattfinden sollen, war Elvira gerade wieder ausgerissen. Schließlich erschienen aber doch alle drei – Ehemann, Mutter und Elvira – zu einer Sitzung.

Darin präsentierte sich Elvira als eine aufgedonnerte Lolita, mit Stöckelschuhen, enganliegenden Jeans, grell geschminkten Lippen, lockiger Zausfrisur. Die Mutter, eine gelernte Sekretärin, die seit vielen Jahren als Hausfrau arbeitete, hatte, offenbar infolge zahlreicher schlafloser Nächte, tiefe Ringe unter den Augen. Elviras Vater, ein 58jähriger Sägewerksbesitzer, schaute streng und zugleich seltsam unbeteiligt in den Raum.

Die Mutter berichtete zunächst von den zahllosen Sorgen, die Elvira ihren Eltern im letzten Jahr bereitet habe. Sie sei in der Schule abgerutscht, mit Rausschmiß bedroht, gelte als schlechter Einfluß auf andere Kinder und schlimmer noch: riskiere durch ihr nächtliches Herumtreiben mit verschiedensten, zwielichtigen Männern Schwangerschaft und Geschlechtskrankheiten. Als das Gespräch auf Elviras wirkliche oder mutmaßliche Männer-Eskapaden kam, schwand jedoch im Gesicht der Mutter der Ausdruck von Sorge und Ermüdung: Im Gegenteil: sie schien vitalisiert, lächelte ihre Tochter immer wieder an, ließ keine Spur von Tadel mehr spüren. Der Vater mit seinem strengen und doch teilnahmslosen Gesicht schien von der Kameraderie der beiden Frauen ausgeschlossen.

Bereits in dieser ersten Stunde ließ sich der ungestillte sexuelle Hunger der Mutter zur Sprache bringen. Ihr Mann war kriegsverletzt und hatte Hochdruck, erfuhr ich. Durch sein kleines Unternehmen war er voll beansprucht und hatte in der Freizeit neben dem Fernsehen seinen regelmäßigen Stammtisch. Das war ihm genug. Die Frau fühlte sich auf dem Abstellgleis, verdammt zu einem Leben ohne Zukunft, ohne sinnvolle, ausfüllende Tätigkeit und ohne erotische Spannung. Für die sorgte nun Elvira. Allerdings mischten sich in die Spannung, die Elvira anlieferte, auch zunehmend Elemente von Trotz, Provokation und Rache, wie dies im Rahmen unseres Delegationsmodelles zu erwarten ist.

Als sich nach einigen Familiensitzungen – sie fanden jeweils im Abstand von drei bis vier Wochen statt – der Gesprächsfokus weg von den sexuellen Eskapaden Elviras hin zu den Schwierigkeiten der Ehepartner verlagert hatte, war Elvira in ihrem Äußeren kaum wiederzuerkennen. Sie trug normale Halbschuhe, bequemere, weniger eng anliegende Jeans, die ihr Gesäß nicht mehr in Falten schnürten, erschien ohne jedes Make-up mit ungewaschenem Struwwelhaar zur Sitzung. Sie wirkte wie ein »normaler«, etwas kindlicher Teenager, der sich für verschiedenste altersangemessene, aber bisher vernachlässigte Dinge, wie Kochen, Pflege von Meerschweinchen und – last not least – gute Schulnoten interessierte. Aber auch die Mutter wirkte jünger und unverkrampfter, nachdem sie mit ihrem Gatten ausgehandelt hatte, daß sie sich ein eigenes kleines Gebrauchtauto kaufen, in der nahegelegenen Stadt eine Halbtagsbeschäftigung suchen und dort einen Freundeskreis aufbauen konnte.

Die vierte Hauptperspektive: *Vermächtnis und Verdienst*

Diese vierte Hauptperspektive ist im ursprünglichen Text ebenfalls noch nicht als eigener Hauptgesichtspunkt enthalten. Sie wurde im wesentlichen von Ivan Boszormenyi-Nagy (1972) entwickelt, der auch die Bedeutung unsichtbarer Loyalitätskonflikte herausstellte, wie sie sich in der vorgehend beschriebenen Delegationsdynamik zum Ausdruck bringen.
In Delegationen bezeugen sich häufig – und dies verknüpft die Delegations- mit der Mehrgenerationenperspektive – Vermächtnisse, die über Generationen weitergereicht werden. Dazu kann das Vermächtnis gehören, die Familienehre zu wahren bzw. eine Familienschande auszulöschen, sich für bestimmte – weltliche oder religiöse – Werte einzusetzen, besondere politische, wissenschaftliche, sportliche oder finanzielle Erfolge zu erringen. Solche Vermächtnisse können gleichsam ich-synton in einer Person integriert sein, sie können aber auch tiefste Konflikte bedingen. Diese stellen sich zum Beispiel immer dort ein, wo in den Worten Ivan-Boszormenyi-Nagys ein »Vermächtnis gespaltener Loyalität« zum Tragen kommt. Das betreffende Individuum muß in seiner Person Konflikte austragen, die ihm nicht nur von ausweglos zerstrittenen Eltern, sondern ganzen zerstrittenen Familien-Clans delegiert wurden. Ein Beispiel liefert das tragische Schicksal von Romeo und Julia. Die klinische Erfahrung hat mich gelehrt, daß sich viele schizophrene Störungen nicht nur als Folge und

Ausdruck einer massiven Bindungs- und Delegationsdynamik, sondern auch eines solchen Vermächtnisses gespaltener Loyalität verstehen lassen.

Innerhalb dieser Mehrgenerationenperspektive wird neben dem Begriff des Vermächtnisses der des Verdienstes zentral. Nach Ivan Boszormenyi-Nagy bestimmt sich die Dynamik wesentlicher Beziehungen durch eine »Verdienstbuchführung« (»ledger of merits«). Er mißt dem Verdienst – bzw. dem Bewußtsein des Verdienstes – eine ähnlich motivierende Kraft bei, wie individuum-zentrierte psychodynamische und insbesondere psychoanalytische Theorien diese dem Trieb oder Bedürfnis zuerkennen. Je nachdem, ob Vermächtnisse erfüllt oder nicht erfüllt wurden, zeigt jedes Familienmitglied einen negativen oder positiven »Verdienstkontenstand« auf. Sein Bewußtsein von Selbstwert und Integrität, sein Gefühl, gerecht oder ungerecht behandelt zu werden, Ansprüche an andere zu haben oder nicht zu haben, ein sinnvolles oder sinnloses Leben zu führen, sind davon bestimmt.

Solch Begriff der Verdienstkonten schließt die Vorstellung eines über Generationen wirkenden, alle Familienmitglieder treffenden Zwanges ein, Rechenschaft über (bestehende oder fehlende) Verdienste sowohl selbst abzulegen wie von anderen zu fordern. Wird keine Rechenschaft gegeben, so besteht die Gefahr des Kommunikationsabbruches, des Vertrauensschwundes, der dauernden Ausbeutung einzelner Mitglieder und der Korruption des ganzen Systems: der Dialog stagniert, an die Stelle einer positiven tritt eine negative Gegenseitigkeit.

Aus der genannten Perspektive ergibt sich als Therapieziel, in den neu oder wieder zu ermöglichenden Dialog, falls notwendig, auch die Großelterngeneration einzubeziehen und in solchem Dialog vor allem widersprüchliche Vermächtnisse und unausgeglichene Verdienstkonten zur Sprache zu bringen.

Erna z. B., eine junge Medizinstudentin, lebte im Konfliktfeld widersprüchlicher, mehrgenerational bedingter Vermächtnisse. Vor ihrem medizinischen Vorexamen (Physikum) war sie immer gespannter und ängstlicher geworden. Unfähig, sich

zu konzentrieren, verzweifelte sie daran, das Medizinstudium je durchstehen zu können. Eines Tages meldete sie ihren Eltern, sie sei schwanger, wolle das Studium aufgeben und ihren Freund heiraten.
Bei dem folgenden Familiengespräch stellte sich heraus, daß ihre Eltern aus sehr unterschiedlichen Verhältnissen stammten. Die Eltern und Großeltern der Mutter waren Ärzte gewesen, der Vater kam dagegen aus einem Arbeitermilieu. Die Wirren der Nachkriegszeit – beide waren Ostflüchtlinge – hatten die Eltern zusammengeführt. Als ältestes Kind war Erna delegiert worden, das zu erreichen, was der Mutter selbst versagt geblieben war: Ärztin zu werden. Dem Vater waren dagegen Universität und Medizinstudium fremde Welten. Er war wärmer als die leistungsorientierte und verbitterte Mutter, und Erna war dankbar für die Zuwendung, die er ihr schenkte. Zur Familie des Vaters gehörten neben dessen Eltern noch ein Onkel und eine Tante. Auch von diesen Verwandten des Vaters fühlte sich Erna emotional getragen. Schon früh hatte der Vater Erna seine Befürchtung merken lassen, sie würde sich durch ein Medizinstudium ihm und seiner Welt entfremden. Ernas Eltern und deren Eltern hatten nie über ihre unterschiedlichen Beziehungen zu, und Erwartungen für, ihre Tochter gesprochen. Das geschah erst, als Ernas »Krise« sie zu einem Familiengespräch bei mir zusammenführte. In diesem Gespräch wurde deutlich, wie stark Erna durch die widersprüchlichen, aber bisher niemals offen diskutierten Familienverhältnisse belastet worden war. Zugleich brachte das Gespräch einen lange überfälligen Dialog zwischen den Eltern in Gang, in dem deren Verdienstkonten thematisiert und ein Gerechtigkeitsausgleich angestrebt werden konnte.

Die fünfte Hauptperspektive: *Status der Gegenseitigkeit*

Diese Perspektive wurde erst relativ spät in das Heidelberger familiendynamische Modell einbezogen. Die Basis dafür wurde jedoch schon früh, vor allem von Gregory Bateson, geschaffen. Bereits 1949 beschrieb dieser Autor Beziehungsstrukturen bzw. -kontexte, die »unweigerlich das komplexe, menschliche Beziehungen überlicherweise kennzeichnende Wertspektrum auf sehr einfache, ja lineare und monotone Elemente reduzieren«. Hier geraten, vereinfacht ausgedrückt, alle Beziehungen in den Sog eines Machtkampfes. Solchen Machtkampf bezeichnete Bateson auch als »symmetrische Eskalation«. Sie zeigt sich etwa beim Wettrüsten, wo der sich im Rückstand glaubende Protagonist stets von neuem versucht, den anderen zu überrunden, was diesen wiederum zu gesteigerten Rüstungsanstrengungen veranlaßt – und so ad infinitum. Autoren wie J. Haley (1963), P. Watzlawick (1967) und insbesondere M. Selvini-Palazzoli (1975) untersuchten in der Folge das Wesen und die Folgen eines solchen Wettrüstens und Machtkampfes in Paar- und Familienbeziehungen.

Mit Hilfe des von mir 1971 entwickelten Konzeptes der negativen Gegenseitigkeit ließen sich wesentliche Elemente dieser fünften Perspektive präzisieren. Negative Gegenseitigkeit bezeichnet ein dynamisches Geschehen bzw. eine Beziehungsdialektik, die sich der positiven Gegenseitigkeit gegenüberstellen läßt. Im Rahmen einer positiven Gegenseitigkeit bestätigen und anerkennen sich die Partner auf immer komplexeren und existentiell bedeutsameren Ebenen. Das gestattet ihnen eine wirkliche Konfrontation und schließliche Versöhnung. Im Falle einer negativen Gegenseitigkeit scheitert dagegen solche dialogische Bewegung; anstatt sich gegenseitig anzuerkennen, disqualifizieren die Partner einander, und die Möglichkeiten für eine wirkliche Konfrontation und Versöhnung fehlen oder schränken sich stark ein. Die extreme Form einer zum Machtkampf entarteten negativen Gegenseitigkeit nannte ich *maligne Verklammerung*. Das System erstarrt hier total: Trotz möglicherweise dramatischer äußerer Bewegtheit bewegt sich in der Beziehung nichts, die Mitglieder des Systems befinden sich im Clinch.

Auch in diese letzte Hauptperspektive fließen Elemente der vier bereits genannten Perspektiven ein. Zugleich zeigt sich eine neue Beziehungsgestalt, eine überwiegend im Hier und Jetzt zum Zuge kommende Beziehungsdynamik, eben das, was ich maligne Verklammerung genannt habe. Um diese Gestalt und Beziehungsdynamik zu verdeutlichen, läßt sich das Bild vom Clinch im Boxkampf ausbauen. Bei solchem Clinch sind die Kämpfer miteinander verklammert, schlagen noch häufig wild aufeinander los und bringen dennoch den Kampf nicht von der Stelle. Aus eigener Kraft vermögen sie weder den Clinch zu lösen noch den Kampf voranzutreiben. Zugleich nivelliert sich der Kampf: Die unterschiedlichen, differenzierten Strategien, in denen sich bislang die individuellen Vorstellungen, Ziele, Erfahrungen und Lebensgeschichten der Boxer widerspiegelten, kommen im Clinch nicht mehr zum Tragen.

Anders als beim Boxkampf ist jedoch der Clinchcharakter vieler Beziehungskämpfe schwer zu erkennen. Denn einmal legt eine traditionelle, individuumzentrierte Sehweise nahe, nur jeweils einen Protagonisten scharf ins Blickfeld zu bringen, während die übrigen Systemmitglieder und deren Beziehungen zueinander ausgeblendet bleiben. Zum anderen sorgen im eskalierenden Beziehungsmachtkampf die verwendeten Waffen für Varietät. Dazu rechnen etwa das Hilflos-Machen und Unter-Schulddruck-Setzen des Gegners durch das Ausspielen von Symptomen, Schwäche, Unfähigkeit. Dazu rechnen weiter das Disqualifizieren der eigenen und fremden Kommunikation, das Auslegen von »double-binds«, d. h. von Beziehungsfallen, das Vermeiden einer Definition der Beziehung, das Ausweichen vor Führerrolle und Eigenverantwortung, eben das ganze Arsenal jener oft subtilen Macht-, Verunsicherungs-, Abwertungs- und Demaskierungstaktiken, mit denen uns eine wachsende Familienliteratur vertraut gemacht hat. Besonders Familien mit schizophrenen, anorektischen (an einer Pubertätsmagersucht leidenden) und chronisch psychosomatisch kranken Jugendlichen demonstrieren einen solchen Clinch bzw. eine maligne Verklammerung. Bei solchen Familien ergibt sich als wichtigstes Therapieziel, den Clinch aufzubrechen und damit den auf Wachstum, auf Veränderung, auf gegenseitige Abgrenzung und Individuation hinsteuernden Beziehungskräften eine neue Chance zu geben. Das Bild vom Clinch der Boxkämpfer erlaubt uns auch einige therapeutische Konsequenzen dieser Perspektive zu skizzieren.

Beim Boxkampf löst gewöhnlich der Schiedsrichter den Clinch auf. Unter Umständen greift er aktiv und energisch durch und setzt dabei, in einem fast wörtlichen Sinne, das Gewicht seiner Person ein. Durch solchen aktiven, persönlichen Einsatz bringt er den Boxkampf wieder in Bewegung und verschafft er dem Spiel der unterschiedlichen Individualitäten, Strategien etc. einen Entfaltungsraum, der solange fehlte, als der Clinch anhielt.

In ähnlich aktiver Weise muß nun auch, so meine ich, ein Familien- oder Paartherapeut das Gewicht seiner Persönlichkeit bzw. seine Autorität zum Einsatz bringen. Diese Autorität bezeugt sich vor allem in dem, was ich 1959 als »die Realität der stärkeren Persönlichkeit« bezeichnet habe. Sie läßt sich wirkungsvoll ins Spiel bringen, wenn der Therapeut alles vermeidet, was die im Clinch festgefahrenen und verängstigten, verunsicherten und scham- und schuldbeladenen Patienten noch mehr verängstigen oder verunsichern könnte. Daher der Wert dessen, was M. Selvini die positive Konnotation, die positive Bedeutungsgebung genannt hat – der Fähigkeit, ja Kunst des Therapeuten, sich jeder, auch noch so feinen oder versteckten Tadeltendenz, Angst- und Schuldmacherei zu enthalten und statt dessen (fast) alles, was die Patienten tun und sagen, gutzuheißen. Beides, die aktiv eingesetzte »stärkere« Realität des Therapeuten und das Vermeiden jeder Angst- und Schuldmacherei, schafften eine optimale Ausgangslage für das Aufbrechen des malignen Clinches und Machtkampfes.

Zwei familientherapeutische Grundmodelle: *Heilung durch Begegnung versus Heilung durch Systemänderung*

Die genannten fünf Systemperspektiven stecken einen Rahmen für die therapeutische Arbeit mit Jugendlichen und ihren

Familien ab. Im einzelnen kann sich diese Arbeit jedoch sehr unterschiedlich gestalten. Für die Familientherapie gibt es bis heute kein Standard-Setting und keine Standardmethode, die denen der Psychoanalyse vergleichbar wären. Familientherapeuten sind sich bis heute nur einig in einer Grundannahme – daß selbst dort, wo ein Einzelpatient interviewt wird, stets das System, in welches er eingebettet ist, mitzuberücksichtigen und, wenn möglich, mitzubehandeln ist.

Familientherapie ist demnach ein Grundkonzept, in dem – je nach Phase des therapeutischen Prozesses und je nach Zielsetzung der therapeutischen Intervention – auch für verschiedene Formen der Einzel- und Gruppentherapie Platz ist.

Allerdings: Wenn irgend möglich, arbeiten wir von Anfang an mit allen Mitgliedern des betroffenen Systems, also vor allem den Eltern, den zum Patienten erklärten Jugendlichen und seinen Geschwistern.

In unserer Heidelberger familientherapeutischen Arbeit leiten uns heute wesentlich zwei Grundmodelle bzw. Konzepte: Die Modelle »Heilung durch Begegnung« und »Heilung durch Systemveränderung«. Demgemäß sprechen wir kurz von familientherapeutischer Begegnungs- oder Systemarbeit. Die Modelle weisen Gemeinsamkeiten sowie Unterschiede auf. Beide verlangen vom Therapeuten eine Haltung der »Allparteilichkeit« (multidirectional partiality): Er muß sich in die Notlage eines jeden Familienmitgliedes einfühlen, sich die Position eines jeden zu eigen machen, diesen auf irgendeine Weise gern haben und dies auch vermitteln können. Und das heißt hier in erster Linie: Er muß sowohl den Eltern wie den Jugendlichen gerecht zu werden suchen. Beide Modelle verlangen vom Therapeuten weiter, daß er – viel stärker als etwa in einer Psychoanalyse – das Familiengeschehen während der Sitzung strukturiert, destruktive Muster bereits im Ansatz unterbindet, als aktiver Regisseur die Sitzung lenkt. Und sie erfordern schließlich, daß der Therapeut wo immer möglich das Positive betont und dadurch Angst, Scham und Schuld, vor allem bei den Eltern, abbaut.

Die Unterschiede zwischen den Modellen ergeben sich aus unterschiedlichen Zielsetzungen, die bereits die Führung des Erstinterviews prägen.

Beim Begegnungsmodell geht es darum, möglichst schnell in der Familiensitzung einen befreienden, individuierenden, innerfamiliären Dialog in Gang zu bringen: Der Therapeut macht es den Mitgliedern möglich, miteinander über bisher tabuisierte, da massiv angst- und schambesetzte, Dinge zu sprechen – z. B. Familiengeheimnisse, enttäuschte Erwartungen, vorenthaltene Gerechtigkeit, abgewehrte, nicht geteilte Trauer. Er vermittelt, oft weniger durch seine Worte als durch seine Handlungen und Haltung: Wir können über alles sprechen, können alle Ängste durchstehen.

Wir können auch sagen: Durch sein Vorbild und seinen Willen, den, wie Carl Whitacker es nennt, »Kampf um die Struktur« (the battle for structure) zu gewinnen, ermöglicht der Therapeut die bisher vermiedene intrafamiliäre Auseinandersetzung, Wiedervereinigung und Versöhnung. Dabei geht es in der Regel um zentrale, als überfordernd und ausbeutend erlebte Delegationen und Vermächtnisse, unausgeglichene Schuld- und Verdienstkonten, Kränkungen und Entfremdungen. Solche Aufarbeitung der Kränkungen, Aufträge, Vermächtnisse und Konten verlangt häufig den Einbezug von drei Generationen.

Die skizzierte Begegnungsarbeit ähnelt in wichtiger Hinsicht der psychoanalytischen Arbeit: Bühne und Motor der Veränderung sind hier wie dort die relativ häufig stattfindenden therapeutischen Sitzungen. (Die psychoanalytische Sitzung findet in der Regel viermal, die Familiensitzung einmal wöchentlich statt.) Das gilt in diesem Maße nicht für die Systemarbeit.

Dabei habe ich die Art von Systemarbeit im Auge, die unser Heidelberger Team vorwiegend ausübt. Sie hat vieles gemeinsam mit der Arbeit des Mailänder familientherapeutischen Teams um M. Selvini, weniger mit der Arbeit von »Systemtherapeuten« wie S. Minuchin (1974) oder J. Haley (1976) (obschon sie auch diesen verpflichtet ist).
Ziel der von uns praktizierten Systemarbeit ist die möglichst schnelle Erfassung der wesentlichen, in der Familie zum Zuge kommenden Beziehungs- bzw. Systemkräfte und deren Veränderung durch maximale Ausnutzung der Ressourcen eines eingearbeiteten Therapeuten- und Beobachterteams, wobei die Beobachter jeweils eine Metaposition gegenüber den Therapeuten und der Familie einnehmen. Sie beobachten etwa das Familiengespräch hinter einer Einwegscheibe und erfassen die Reaktionen sowohl der Interviewer (Therapeuten) als auch der Familienmitglieder. Die schließliche, auf eine Systemänderung abzielende, gemeinsam erarbeitete Intervention hat häufig die Form einer paradoxen Verschreibung*. Systemarbeit im genannten Sinne erscheint vor allem angezeigt, wenn ein massiver maligner Clinch (im Sinne der fünften Perspektive des Heidelberger Konzeptes) vorliegt.
Das obige Ziel – schnelle Erfassung der Beziehungsdynamik, Erarbeitung und Ausführung einer »systemsprengenden« Intervention – läßt sich unserer Erfahrung nach am ehesten erreichen, wenn Interviewer bzw. Therapeuten jegliche Deutung bis zum Ende des Interviews zurückstellen. Wo immer sie Widerstand spüren, unterwandern sie ihn oder schwimmen gleichsam mit diesem mit. Sie suchen vor allem Informationen zu gewinnen, die Licht darauf werfen, wie dic Mitglieder ihre Beziehung zueinander definieren und wie sie miteinander bzw. gegeneinander Koalitionen bzw. Triangulationen bilden. Dabei stellt sich auch die Frage: Sind diese

* Deren Wesen kann hier nicht näher ausgeführt werden. Ich verweise den Leser vor allem auf diesbezügliche Arbeiten von P. Watzlawick (1967, 1974), J. Haley (1963, 1976) und M. Selvini-Palazzoli et. al. (1977).

Koalitionen offen oder verdeckt, wechseln sie oder sind sie beständig? Solche Informationen erhält man oft rasch, wenn man jedes Familienmitglied bittet, seine Ideen hinsichtlich der Beziehungspositionen der anderen Mitglieder mitzuteilen.
Im Gegensatz zum Modell »Heilung durch Begegnung« sieht unser Modell »Heilung durch Systemänderung« relativ lange (vier- bis sechswöchige) Intervalle zwischen den therapeutischen Sitzungen vor. Ist einmal die Ladung angebracht, die das System am Punkte PS aus den Angeln heben soll, muß dem System auch Zeit gegeben werden, sich zu verändern. Eine stagnierte Familie, die bislang jede Ablösung ihrer heranwachsenden Kinder blockierte, wird möglicherweise massiven Stürmen ausgesetzt: Das bisher anorektische Mädchen verliebt sich, experimentiert mit der Sexualität, bleibt von zu Hause fort; die alleingelassenen Eltern, die nicht mehr auf die Kinder als Problemlieferanten zurückgreifen können, müssen sich ihren eigenen Problemen stellen, ihre Midlife-Crisis durchstehen, etc.
Solche massiven, »Clinch-sprengenden« Interventionen sind meiner Erfahrung nach vor allem bei stark verklammerten und stark gebundenen Familien angezeigt. Dazu gehören viele Familien, in denen ein Mitglied – in der Regel ein Jugendlicher – als schizophren oder magersüchtig (anorektisch) diagnostiziert wurde. Es läßt sich hier von besonders verhärteten und stagnierten Systemen sprechen, die sich immer wieder im Sinne einer negativen Gegenseitigkeit zu stabilisieren neigen.
Ist ein solches System einmal gesprengt, bleibt abzuwarten, wie weit die in der Familie freigesetzten, auf positive Veränderung und allseitige Individuation gerichteten Kräfte ohne Außenhilfe zum Zuge kommen. Möglicherweise hat nun eine neue Phase der Therapie einzusetzen, bei der es für den Jugendlichen vor allem darum gehen muß, versäumte soziale wie praktische Fertigkeiten zu lernen und versäumte Erfahrungen nachzuholen. Eine Gruppen- oder Einzeltherapie kann dafür geeignet sein. Die Eltern brauchen unter Umständen Hilfe als Paar, um mit ihren Problemen, von denen sie

bisher durch die Probleme ihres Kindes abgelenkt waren, zurechtzukommen.

Systemänderung und Ermöglichung des Dialoges

Letzten Endes dient auch die beschriebene Systemarbeit oder vielleicht richtiger: Systemsprengung, der Ermöglichung eines befreienden Dialoges bzw. einer positiven Gegenseitigkeit. In vielen Fällen läßt sich somit Systemarbeit als Einleitung einer – mit oder ohne therapeutische Hilfe ausgeführten – Begegnungsarbeit verstehen.

Je nach Phase des therapeutischen Prozesses, familiendynamischer Grundkonstellation (wie sie sich in den fünf Hauptperspektiven offenbart) und verwendetem therapeutischen Modell (Begegnungsmodell oder Systemmodell) gestaltet sich also die Therapie verschieden. So verschieden sie sich aber auch gestaltet, sie ist in der Regel kürzer und konzentrierter als eine individuum-zentrierte, insbesondere eine psychoanalytische Therapie. Das hat mehrere Gründe.

Vor allem beinhaltet das Konzept der Familientherapie neue Vorstellungen über die Art und den Zeitaufwand der notwendigen Therapie. Der Vergleich mit der Psychoanalyse macht dies deutlich. Die Psychoanalyse beispielsweise verwendet einen Energiebegriff, der eher einer Newtonschen als Einsteinschen Weltsicht entspricht. In der Newtonschen Sicht steht gleichsam Kraft gegen Kraft: Um eine Kraft zu verändern, bedarf es einer entsprechenden, in Arbeit meßbaren Gegenkraft bzw. Energie. Innerhalb solcher Vorstellung siedelt sich das an, was man das psychoanalytische »Durcharbeitungsmodell« nennen könnte: Neurotische Strukturen und Verhaltensmuster verstehen sich darin als etwas, das sich nur gegen starken Widerstand unter großem Zeit- und Energieaufwand in einem mehr oder weniger langen Prozeß der Übertragung und Gegenübertragung, d. h. einem Prozeß des Durcharbeitens, auflösen läßt. Je tiefer in der Persönlichkeit verankert und je verfestigter diese Strukturen, um so mehr therapeutische Arbeit bzw. Durcharbeitung ist notwendig.

Solchem »Durcharbeitungsmodell« läßt sich ein »Feldveränderungsmodell« entgegensetzen. Anstatt zur Mechanik hat es Beziehung zur Informationstheorie bzw. Kybernetik. Die Grundvorstellung ist hier: Soweit sich überhaupt von Energien sprechen läßt, müssen wir sie uns als (im einzelnen und im System) blockierte bzw. fehlgeleitete Energien vorstellen. Es kommt daher nicht auf eine neue massive Zufuhr von Energien, sondern von Informationen an, die die Blockierung bzw. Fehlverteilung aufzulösen vermag. Eine Information ist Gregory Bateson zufolge weniger eine Sache der Energie als eine Sache des Unterschiedes, der einen Unterschied bewirkt (of a difference that makes a difference).

Die genannte Sicht schließt weiter ein, daß pathologisch und destruktiv anmutende Beziehungsmuster häufig Ausdruck positiver, wenn auch fehlgeleiteter, wenn man will: pervertierter Antriebe sind. Machen wir uns diese Sicht zu eigen, so zeigt sich etwa ein auf den ersten Blick bindend, eindringend ausbeuterisch, vereinnahmend etc. anmutendes Verhalten eines Mitgliedes bei näherer Betrachtung als Ausdruck einer tiefen Loyalität, Opferbereitschaft, ja Liebe. Dem Therapeuten stellt sich daher die Aufgabe, solche positiven Kräfte »freizulegen«, sie anzuerkennen bzw. ihnen zur Anerkennung zu verhelfen und damit brachliegende oder fehlgeleitete Ressourcen in der Familie zu mobilisieren. Auch hier zeigt sich ein Unterschied zum psychoanalytischen Behandlungsmodell: Ein Psychoanalytiker, überhaupt ein mit einzelnen Patienten arbeitender Therapeut, muß dem, was sich zwischen ihm und dem Patienten abspielt (und was sich als Dynamik von Übertragung und Gegenübertragung begrifflich fassen läßt), viel mehr Beachtung schenken als ein Familien- bzw. ein Systemtherapeut, der sich ständig fragt: wo und wie lassen sich brachliegende Familien-Ressourcen – z. B. an Einsatz- und Opferbereitschaft, an Bereitschaft zur Konfrontation und Versöhnung – erkennen und mobilisieren?

Zur Systemarbeit noch ein kurzes Beispiel (das allerdings die wirklichen komplexen Verhältnisse stark vereinfacht): Der 22jährige Peter war während der letzten Jahre schon mehrfach in einer psychiatrischen Anstalt hospitalisiert worden, da er sich bizarr und manieriert verhalten, seine Arbeit als Lehrling plötzlich aufgegeben, unverantwortlich viel Geld ausgegeben hatte. Seine zwei Jahre ältere Schwester Margot erschien dem gegenüber tüchtig und zielstrebig; sie wohnte noch im elterlichen Hause. Im selben Haushalt lebte ferner die 80jährige Großmutter Peters, die Mutter seiner Mutter, die schon seit vielen Jahren wegen eines chronischen Leidens von ihrer Tochter gepflegt wurde. Diese Großmutter und deren Pflege, stellte sich nun heraus, war Lebensinhalt der Mutter Peters. Die Aussicht, daß die alte Frau sterben könne, erfüllte sie mit immerwährender tiefer unaussprechbarer Angst. Von dieser Angst ließ sie sich nur so lange ablenken, als Peter ihr Grund zur Sorge gab und ihre sowie der Familie Aufmerksamkeit auf sich lenkte. Bei näherer Betrachtung zeigte sich nun, daß Peter das Verhalten und die Symptome der Großmutter in seinen eigenen Symptomen in mehrfacher Weise nachahmte: Er sprach wie sie häufig mit fistelnder Stimme, gab sich wie sie albern, verschwendete wie sie das Geld der Familie. Hier bot sich daher als systemsprengende Deutung an, daß Peter sich darauf vorbereitete, für die Mutter den Platz der todesgeweihten Großmutter einzunehmen, er also für die Mutter und die ganze Familie eine Opferleistung brachte.

Die Krisen des Jugendalters haben demnach, wie dieses Beispiel zeigt, einen Doppelaspekt: Sie zeigen an, daß der notwendige wechselseitige Individuations- und Versöhnungsprozeß auf die eine oder andere Weise blockiert und fehlgelaufen, eine negative anstelle einer positiven Gegenseitigkeit getreten, der Dialog zwischen den Generationen gestört ist. Zugleich offenbart sich in ihnen die Suche nach einer Lösung. Sie kann – ja muß oft – beinhalten, daß sich die Familienmitglieder neue Regeln, neue Sichtweisen, neue Weisen der Problembewältigung und Kommunikation und damit neue Beziehungsmuster zu eigen machen, die alle dazu beitragen, den Dialog wieder in Gang zu bringen. Ihnen beim Finden solcher Lösung zu helfen, sehe ich als wesentliche Aufgabe eines Familientherapeuten an.

Abschließende Bemerkung zum Dialog zwischen den Generationen

In unserer heutigen westlichen Welt erweist sich solcher Dialog schwieriger als jemals zuvor. Der sich beschleunigende gesellschaftliche Wandel – Folge und Ausdruck weltweiten technischen Fortschrittes, wirtschaftlicher Interdependenz, zunehmend anonymer Verwaltungsstrukturen, Verstädterung, Bevölkerungsvermehrung, Expansion der Massenmedien, Informationsüberflutung – veränderte und verändert den Kontext unseres Lebens und unserer Beziehungen radikal. Er macht Traditionen, Werte, Denkwerkzeuge und Orientierungen, die die ältere der jüngeren Generation glaubt vermitteln zu können oder zu müssen, problematisch, wenn nicht obsolet. Er trennt die Erlebniswelten der Generationen und erschwert die Aufgabe, einen gemeinsamen Aufmerksamkeitsfokus und eine gemeinsame Sprache als Basis des Dialoges zu finden. Und dennoch: So schwierig sich dieser Dialog für alle Beteiligten – Eltern, Jugendliche und Therapeuten – auch gestalten mag, so notwendig erscheint er gerade heute, um dem Drama von Trennung und Versöhnung im Jugendalter die Chance eines guten Ausganges zu geben.

Literaturverzeichnis

Adelson, J.: The political imagination of the young adolescent. *Daedalus, 100:* 1013–1050, 1971.

Ambrosino, L.: *Runaways.* Boston 1971.

Baldwin, J. M.: *Mental Development in the Child and the Race.* New York 1895.

Baldwin, J. M.: *Social and Ethical Interpretation in Mental Development.* New York 1899.

Baldwin, J. M.: *Genetic Theory of Reality.* New York 1915.

Bateson, G.: »Double Bind, 1969.« Paper presented at the Symposium on the Double Bind, Annual Meeting of the American Psychological Association, Washington, D. C., September 2, 1969.

Bateson, G., Jackson, D., Haley, J., and Weakland, J.: A note on the double bind. *Fam. Proc., 2:* 154–161, 1963.

Bateson, G., Jackson, D., Haley, J., und Weakland, J.: »Auf dem Wege zu einer Schizophrenie-Theorie.« In: Bateson et al., *Schizophrenie und Familie.* Frankfurt 1969.

Becker, E.: *The Birth and Death of Meaning: A Perspective in Psychiatry and Anthropology.* New York 1962.

Becker, E.: *The Revolution in Psychiatry.* New York 1964.

Blos, P.: *The Young Adolescent/Clinical Studies.* New York 1970.

Blos, P.: *Adoleszenz. Eine psychoanalytische Interpretation.* Stuttgart 1973.

Boszormenyi-Nagy, I.: »The Concept of Change in Conjoint Family Therapy.« In: A. S. Friedman et al. (eds.): *Psychotherapy for the Whole Family.* New York 1965 (a), pp. 305–319.

Boszormenyi-Nagy, I.: »Intensive Family Therapy as Process.« In: I. Boszormenyi-Nagy and J. L. Framo (eds.): *Intensive Family Therapy.* New York 1965 (b), pp. 87–142.

Boszormenyi-Nagy, I.: From family therapy to a psychology of relationships: Fictions of the individual and fictions of the family. *Compr. Psychiat., 7:* 408–423, 1966.

Boszormenyi-Nagy, I.: Loyalty implications of the transference model in psychotherapy. *Arch. gen. Psychiat., 27:* 374–380, 1972.

Boszormenyi-Nagy, I., and Framo, J. L. (eds.): *Intensive Family Therapy.* New York 1965.

Boszormenyi-Nagy, I., and Spark, G.: *Invisible Loyalties.* New York 1973.

Bowen, M.: The family as a unit of study and treatment. *Am. J. Orthopsychiat., 31:* 40–60, 1961.

Bowen, M.: »Family Psychotherapy with Schizophrenia in the Hospital and in Private Practice.« In: I. Boszormenyi-Nagy and J. L. Framo (eds.): *Intensive Family Therapy*. New York 1965, pp. 213–243.

Bowen, M.: The use of family theory in clinical practice. *Compr. Psychiat., 7:* 345–374, 1966.

Brecht, B.: *Gesammelte Werke I*. Frankfurt 1967.

Brodey, W. M.: Some family operations and schizophrenia. A study of five hospitalized families each with a schizophrenic member. *Arch. gen. Psychiat., 1:* 379–402, 1959.

Brown, C.: *Manchild in the Promised Land*. New York 1965.

Bruch, H.: Conceptual confusion in eating disorders. *J. nerv. ment. Dis., 133:* 46–54, 1961.

Bruch, H.: Falsification of bodily needs and body concepts in schizophrenia. *Arch. gen. Psychiat., 6:* 18–24, 1962.

Bruch, H.: »Eating Disorders and Schizophrenic Development.« In: G. L. Usdin (ed.): *Psychoneurosis and Schizophrenia*. Philadelphia 1966.

Butler, R., and Lewis, M. I.: *Aging and Mental Health: Positive Psychosocial Approaches*. St. Louis 1973.

Cole, L.: »Notes from Ralph.« In: L. Cole (ed.): *Street Kids*. New York 1970.

Erikson, E.: *Identität und Lebenszyklus*. Frankfurt 1966.

Erikson, E.: *Kindheit und Gesellschaft*. Stuttgart 1971.

Fenichel, O.: *Psychoanalytische Neurosenlehre*. Olten 1974.

Fisher, S., and Mendell, D.: The communication of neurotic patterns over two and three generations. *Psychiatry, 19:* 41–46, 1956.

Freud, A.: *Das Ich und die Abwehrmechanismen*. München o. J.

Freud, S.: *Das Ich und das Es*. In: *G. W.* XIII. Frankfurt 1969.

Freud, S.: *Neue Folge der Vorlesungen zur Einführung in die Psychoanalyse*. In: *G. W.* XV. Frankfurt 1969.

Goffman, E.: *Wir alle spielen Theater. Die Selbstdarstellung im Alltag*. München 1969.

Goffman, E.: *Interaktionsrituale*. Frankfurt 1971.

Goldfarb, W.: »Families of Schizophrenic Children.« In: L. C. Kolb et al. (eds.): *Mental Retardation*. Baltimore 1962. pp. 256–269.

Goldfarb, W.: The subclassification of psychotic children: Application to a study of longitudinal change. *J. Psychiat. Res.*, 6 (Suppl. 1): 333–343, 1968.

Goldfarb, W., Mintz, I., and Strock, K. W.: *A Time to Heal; Corrective Socialization: A Treatment Approach to Childhood Schizophrenia*. New York 1969.

Haley, J.: The family of the schizophrenic. A model system. *J. nerv. ment. Dis., 129:* 357–374, 1959.
Hartmann, H.: Bemerkungen zur psychoanalytischen Theorie des Ichs. In: *Psyche* XVIII, 330–353 (1965).
Hegel, G. W. F.: *Phänomenologie des Geistes; Ges. Werke Bd. 3.* Frankfurt 1970.
Hendin, H.: *Black Suicide.* New York 1969.

Inhelder, B., and Piaget, J.: *The Growth of Logical Thinking from Childhood to Adolescence.* New York 1958.

Jaques, E.: Death and the mid-life crisis. *Int. J. Psycho-Anal., 46:* 502–514, 1965.
Jenkins, R.: The runaway reaction. *Am. J. Psychiat., 128:* 168–173, 1971.
Johnson, A., and Szurek, S. A.: The genesis of antisocial acting out in children and adults. *Psychoanal. Quart., 21:* 332–343, 1952.

Kagan, J.: A conception of early adolescence. *Daedalus, 100:* 997–1012, 1971.
Kilian, H.: *Das enteignete Bewußtsein.* Neuwied 1971.
Koestler, A.: *Darkness at Noon.* New York 1941.
Kohlberg, L., and Gilligan, C.: The adolescent as a philosopher: The discovery of the self in a postconventional world. *Daedalus, 100:* 1051–1086, 1971.
Kohut, H.: Forms and transformations of narcissism. *J. Am. Psychoanal. Assn., 14:* 243–272, 1966.
Kohut, H.: *Narzißmus.* Frankfurt 1973.

Laing, R. D.: Series and nexus in the family. *New Left Review, 15:* 7–14, 1962.
Laing, R. D.: »Mystifizierung, Konfusion und Konflikt.« In: Bateson et al., *Schizophrenie und Familie.* Frankfurt 1969.
Laing, R. D.: *Das Selbst und die Anderen.* Köln 1973.
Laing, R. D., Phillipson, H., und Lee, A. R.: *Interpersonelle Wahrnehmung.* Frankfurt 1971.
Lessard, S.: America's time traps: The youth cult, the work prison, the emptiness of age. *The Washington Monthly, 2:* 26–37. February 1971.
Levi, L. D., Stierlin, H., and Savard, R. J.: Fathers and sons: The interlocking crises of integrity and identity. *Psychiatry, 35:* 48–56, 1972.
Lidz, T.: *Familie und psychosoziale Entwicklung.* Frankfurt 1971.
Lidz, T.: *The Origin and Treatment of Schizophrenic Disorders.* New York 1973.
Lidz, T., Fleck, S., and Cornelison, A. R.: *Schizophrenia and the Family.* New York 1965.

Lidz, T., Cornelison, A. R., Fleck, S., und Terry, D.: »Spaltung und Strukturverschiebung in der Ehe.« In: Bateson et al., *Schizophrenie und Familie*. Frankfurt 1969.
Lidz, T., Cornelison, A. R., Singer, M. T., Schafer, S., and Fleck, S.: »The Mothers of Schizophrenic Patients.« In: T. Lidz, S. Fleck, and A. R. Cornelison (eds.): *Schizophrenia and the Family*. New York 1965.

Mahler, M.: *Symbiose und Individuation*, Bd. 1: *Psychosen im frühen Kindesalter*. Stuttgart 1972.
Malcolm X.: *Autobiography of Malcolm X*. New York 1965.
Mendell, D., and Fisher, S.: An approach to neurotic behavior in terms of a three generation family model. *J. nerv. ment. Dis., 123:* 171–180, 1956.
Mendell, D., and Fisher, S.: A multi-generation approach to treatment of psychopathology. *J. nerv. ment. Dis., 126:* 523–529, 1958.
Meyers, D., and Goldfarb, W.: Psychiatric appraisal of parents and siblings of schizophrenic children. *Am J. Psychiat., 113:* 902–915, 1962.
Minuchin, S., Montalvo, B., Guerney, B., Rosman, B., and Schumer, F.: *Families of the Slums*. New York 1967.

Nameche, G., Waring, M., and Ricks, D.: Early indicators of outcome in schizophrenia. *J. nerv. ment. Dis., 139:* 232–240, 1964.

Odier, C.: *Anxiety and Magic Thinking*. New York 1956.

Paul, N., and Grosser, G.: Operational mourning and its role in conjoint family therapy. *Community Mental Health Journal, 1:* 339–345, 1965.
Pavenstedt, E.: A comparison of the child-rearing environment of upper-lower and very low-lower-class families. *Am J. Orthopsychiat., 35:* 89–98, 1965.
Piaget, J.: *Das moralische Urteil beim Kinde*. Frankfurt 1973.
Proust, M.: I. Bd. *Auf der Suche nach der verlorenen Zeit*. Frankfurt, Werkausgabe edition suhrkamp, 1964.

Reich, C.: *Die Welt wird jung*. München 1971.
Reiss, D.: *Personal communication*, 1970.
Reiss, D.: Varieties of consensual experience: Contrast between families of normals, delinquents, and schizophrenics. *J. nerv. ment. Dis., 152:* 73–95, 1971.
Ricks, D. F., and Berry, J. C.: »Family and Symptom Patterns that Precede Schizophrenia.« In: M. Roff and D. F. Ricks (eds.): *Life History Research in Psychopathology*. Minneapolis 1970.
Ricks, D. F., and Nameche, G.: Symbiosis, sacrifice, and schizophrenia. *Mental Hygiene, 50:* 541–551, 1966.
Ricœur, P.: *Freud and Philosophy*. New Haven, London 1970.

Richter, H. E.: Die narzißtischen Projektionen der Eltern auf das Kind. Jahrbuch d. Psychoanal. Bd. I, 1960.
Richter, H. E.: Eltern, Kind und Neurose. Stuttgart 1963.

Sager, C., et al.: The marriage contract. *Fam. Proc., 10:* 311–326, 1971.
Schatzman, M.: Paranoia or persecution: The case of Schreber. *Fam. Proc., 10:* 177–207, 1971.
Scott, R. D., and Ashworth, P. L.: The ›axis value‹ and the transfer of psychosis. A scored analysis of the interaction in the families of schizophrenic patients. *Brit. J. med. Psychol., 38:* 97–116, 1965.
Scott, R. D., and Ashworth, P. L.: ›Closure‹ at the first schizophrenic breakdown: A family study. *Brit. J. med. Psychol., 40:* 109–145, 1967.
Scott, R. D., and Ashworth, P. L.: The shadow of the ancestor: A historical factor in the transmission of schizophrenia. *Brit. J. med. Psychol., 42:* 13–31, 1969.
Scott, R. D., and Montanez. A.: »The Nature of Tenable and Untenable Patient-Parent Relationships and Their Connection with Hospital Outcome.« In: D. Rubinstein and Y. O. Alanen (eds.): *Psychotherapy of Schizophrenia.* Amsterdam 1972, pp. 226–242.
Shainberg, D.: It really blew my mind. A study of adolescent cognition. *Adolescence, 5:* 17–36, 1970.
Shapiro, R.: »Action and Family Interaction in Adolescence.« In: J. Marmor (ed.): *Modern Psychoanalysis.* New York 1968.
Singer, M. T., and Wynne, L. C.: Principles for scoring communication defects and deviances in parents of schizophrenics: Rorschach and TAT scoring manuals. *Psychiatry, 29:* 260–288, 1966.
Spitz, R.: Hospitalism: An inquiry into the genesis of psychiatric conditions in early childhood. *Psychoanalytic Study Child, 1:* 53–74, 1945.
Stierlin, H.: The adaptation to the »stronger« person's reality. *Psychiatry, 22:* 143–152, 1959.
Stierlin, H.: Bleulers Begriff der Schizophrenie im Lichte unserer heutigen Erfahrung. In: *Psyche* 18: 630–642 (1965).
Stierlin, H.: Bleuler's concept of schizophrenia: A confusing heritage. *Am. J. Psychiat., 123:* 996–1001, 1967.
Stierlin, H.: *Conflict and Reconciliation.* New York 1969.
Stierlin, H.: Die Funktion innerer Objekte. In: *Psyche* 25: 81–99 (1971).
Stierlin, H.: Hölderlins dichterisches Schaffen im Lichte seiner schizophrenen Psychose. In: *Psyche* 26: 530–548 (1972).
Stierlin, H.: Die Objektbeziehungen im Lebenslauf eines schizophrenen Vierlings. In: *Psyche* 27: 850–869 (1973) a.
Stierlin, H.: Interpersonal aspects of internalizations. *Int. J. Psychoanal., 54:* 203–213, 1973 b.
Stierlin, H., Levi, L. D., and Savard, R. J.: Parental perceptions of separating children. *Fam. Proc. 10:* 411–427, 1971.

Stierlin, H., Levi, L. D., and Savard, R. J.: »Centrifugal versus Centripetal Separation in Adolescence: Two Patterns and Some of Their Implications.« In: S. Feinstein and P. Giovacchini (eds.): *Annals of the American Society for Adolescent Psychiatry, Vol. II: Developmental and Clinical Studies.* New York 1973, pp. 211–239.

Time magazine: »The Old in the Country of the Young.« August 3, 1970, 49–54.

Wein, B.: *The Runaway Generation.* New York, 1970.

Welldon, R. M. C.: The »shadow-of-death« and its implications in four families, each with a hospitalized schizophrenic member. *Fam. Proc., 10:* 281–302, 1971.

Winnicott, D. W.: »Aggression in Relation to Emotional Development.« In: *Collected Papers.* New York 1958, pp. 204–218.

Wynne, L. C.: »Some Indications and Contraindications for Exploratory Family Therapy.« In: I. Boszormenyi-Nagy and J. L. Framo (eds.): *Intensive Family Therapy.* New York 1965, pp. 289–322.

Wynne, L. C.: Personal communication, 1971.

Wynne, L. C.: »The Injection and the Concealment of Meaning in the Family Relations and Psychotherapy of Schizophrenics.« In: D. Rubinstein and Y. O. Alanen (eds.): *Psychotherapy of Schizophrenia.* Amsterdam 1972, pp. 180–193.

Wynne, L. C.: Schizophrenics and their families: I. Research re-directions. In press, *Brit. J. Psychiat.*, 1973.

Wynne, L. C., und Singer, M. T.: Denkstörung und Familienbeziehung bei Schizophrenen, Teil 1: Eine Forschungsstrategie. In: *Psyche* XIX, 82–95 (1965) a.

Wynne, L. C., und Singer, M. T.: Denkstörung und Familienbeziehung bei Schizophrenen. Teil 2: Eine Klassifizierung von Denkformen. In: *Psyche* XIX, 96–108 (1965) b.

Wynne, L. C., und Singer, M. T.: Denkstörung und Familienbeziehung bei Schizophrenen. Teil 3: Methode der Rohrschach-Technik. In: *Psyche* XIX, 109–135 (1965) c.

Wynne, L. C., und Singer, M. T.: Denkstörung und Familienbeziehung bei Schizophrenen. Teil 4: Die Ergebnisse und ihre Bedeutung. In: *Psyche* XIX, 136–160 (1965) d.

Wynne, L. C., and Singer, M. T.: Schizophrenics and their families: II. Recent research methods. *Brit. J. Psychiat.*, 1973 (a).

Wynne, L. C., and Singer, M. T.: Schizophrenics and their families: III. Recent Rohrschach communication findings. *Brit. J. Psychiat.*, 1973 (b).

Wynne, L. C., Ryckoff, I. M., Day, J., und Hirsch, S. I.: »Pseudo-Gemeinschaft in den Familienbeziehungen von Schizophrenen.« In: Bateson et al., *Schizophrenie und Familie.* Frankfurt 1969.

Ergänzung zum Literaturverzeichnis

Bateson, G.: Steps to an Ecology of Mind, New York, 1972.

Freud, S.: Trauer und Melancholie. In: G. W. Band X, S. 428–446, Frankfurt, 1946.

Haley, J.: Strategies of Psychotherapy, New York, 1963.

Haley, J.: Problem-Solving Therapy, San Francisco–Washington–London, 1976.
Deutsch: Direktive Familientherapie, München, 1977.

Minuchin, S.: Structural Family Therapy. In: American Handbook of Psychiatry, Vol. II, 178–192.

Minuchin, S.: Families & Family Therapy, Cambridge, 1974.
Deutsch: Familien und Familientherapie, Freiburg, 1978.

Minuchin, S. et. al.: Psychosomatic Families. Anorexia Nervosa in Context, Cambridge, 1978.

Selvini-Palazzoli, M., L. Boscolo, G. Cecchin und G. Prata: Paradoxon und Gegenparadoxon, Stuttgart, 1977.

Stierlin, H.: Delegation und Familie, Frankfurt, 1978.

Stierlin, H. et al.: Das erste Familiengespräch, 2. Auflage, Stuttgart, 1980.

Watzlawick, P., J. H. Beavin und D. D. Jackson: Pragmatics of Human Communication, New York, 1967.
Deutsch: Menschliche Kommunikation, Bern–Stuttgart–Wien, 1969.

Watzlawick, P., J. H. Weakland und R. Fish: Change, New York, 1974.
Deutsch: Lösungen, Bern, 1974.

Namenregister

Sachregister

Von Helm Stierlin
erschienen im Suhrkamp Verlag

Adolf Hitler. Familienperspektiven. Mit einem Vorwort von Alexander Mitscherlich. 1975. *suhrkamp taschenbuch* Band 236
Das Tun des Einen ist das Tun des Andern. Eine Dynamik menschlicher Beziehungen. 1976. *suhrkamp taschenbuch* Band 313
Delegation und Familie. Beiträge zum Heidelberger Familiendynamischen Konzept. 1978. Kart.
Eltern und Kinder. Das Drama von Trennung und Ablösung. Erweiterte Ausgabe. 1980. *suhrkamp taschenbuch* Band 618

Verständigungstexte
im Suhrkamp Taschenbuch Verlag

»Verständigungstexte sind Texte unter Leuten, die sich und anderen Mut machen müssen, weil es gefährlich ist zu leben und so aussieht, als könne es noch viel gefährlicher werden.«

Andere Verhältnisse. Verständigungstexte von Homosexuellen. Hg. Jens Michelsen. st 1038

Ansprüche. Verständigungstexte von Frauen. Hg. Eva-Maria Alves. st 887

Der Ernst des Lebens. Hg. R.-E. Geiger und H. Klenke. st 771

Frauen, die pfeifen. Hg. R. Geiger, H. Holinka, C. Rosenkranz, S. Weigel. es 968

Innen-Welt. Verständigungstexte Gefangener. Hg. K. Kreiler. es 716

In irrer Gesellschaft. Verständigungstexte über Psychotherapie und Psychiatrie. Hg. K. Kreiler, C. Reinhardt, Peter Sloterdijk. es 435

Komm, schwarzer Panther, lach noch mal. Verständigungstexte über Drogen und Abhängigkeit. Hg. R. Müller-Schwefe und E. Schott. st 714

Liebesgeschichten. Hg. Christel Göbelsmann und Jochen Schimmang. st 847

Männersachen. Hg. H.-U. Müller-Schwefe. es 717

Nachwehen. Hg. Michael Klaus. st 855

»Plötzlich brach der Schulrat in Tränen aus.« Verständigungstexte von Schülern und Lehrern. Hg. U. Zimmermann und C. Eigel. es 429

76/1/8.84

Suhrkamp Taschenbücher Materialien

»Der Suhrkamp Verlag hat der älteren Idee, rund um einen gewichtigen Autor biographische und essayistische Texte zusammenzustellen, mit seiner Reihe ›suhrkamp taschenbücher materialien‹ neuen Schwung verliehen.«

(Frankfurter Allgemeine Zeitung)

Herbert Achternbusch. Hg. J. Drews. st 2015
Samuel Beckett. Hg. H. Engelhardt. st 2044
Thomas Bernhard, Werkgeschichte. Hg. J. Dittmar. st 2002
Brasilianische Literatur. Hg. M. Strausfeld. st 2024
Brechts ›Aufhaltsamer Aufstieg des Arturo Ui‹. Hg. R. Gerz. st 2029
Brechts ›Gewehre der Frau Carrar‹. Hg. K. Bohnen. st 2017
Brechts ›Guter Mensch von Sezuan‹. Hg. J. Knopf. st 2021
Brechts ›Leben des Galilei‹. Hg. W. Hecht. st 2001
Brechts ›Mann ist Mann‹. Hg. C. Wege. st 2023
Brechts ›Mutter Courage und ihre Kinder‹. Hg. D. Müller. st 2016
Brechts Romane. Hg. W. Jeske. st 2042
Brechts ›Tage der Commune‹. Hg. W. Siegert. st 2031
Brochs ›Verzauberung‹. Hg. P. M. Lützeler. st 2039
Die deutsche Kalendergeschichte. Ein Arbeitsbuch von Jan Knopf. st 2030
Hans Magnus Enzensberger. Hg. R. Grimm. st 2040
Frischs ›Homo faber‹. Hg. W. Schmitz. st 2028
Frischs ›Andorra‹. Hg. E. Wendt u. W. Schmitz. st 2053
Geschichte als Schauspiel. Hg. W. Hinck. st 2006
Hesses ›Siddhartha‹. Hg. V. Michels. 2 Bände. st 2048/2049
Hermann Hesse. Rezeption 1978-1983. Hg. V. Michels. st 2045
Ludwig Hohl. Hg. J. Beringer. st 2007
Ödön von Horváth. Hg. T. Krischke. st 2005
Ödön von Horváth. Der Fall E. oder Die Lehrerin von Regensburg. Hg. J. Schröder. st 2014
Horváths ›Geschichten aus dem Wiener Wald‹. Hg. T. Krischke. st 2019
Horváths ›Jugend ohne Gott‹. Hg. T. Krischke. st 2027
Kafka: Der Schaffensprozeß. Hg. H. Binder. st 2026
Der junge Kafka. Hg. G. Kurz. st 2035
Alexander Kluge. Hg. T. Böhm-Christl. st 2033
Franz Xaver Kroetz. Hg. O. Riewoldt. st 2034
Literarische Utopie-Entwürfe. Hg. H. Gnüg. st 2012
Karl May. Hg. H. Schmiedt. st 2025
Friederike Mayröcker. Hg. S. J. Schmidt. st 2043
E. Y. Meyer. Hg. B. von Matt. st 2022

55/1/8.84

Suhrkamp Taschenbücher Materialien

Plenzdorfs ›Die neuen Leiden des jungen W.‹ Hg. P. J. Brenner. st 2013

Rilkes ›Duineser Elegien‹. Drei Bände. Hg. U. Fülleborn. st 2009/2010/2011

Schillers Briefe über die ästhetische Erziehung. Hg. J. Bolten. st 2037

Spectaculum. Deutsches Theater 1945-1975. Hg. M. Ortmann. st 2050

Martin Walser. Hg. K. Siblewski. st 2003

Weimars Ende. Im Urteil der zeitgenössischen Literatur und Publizistik. Hg. T. Koebner. st 2018

Ernst Weiß. Hg. P. Engel. st 2020

Peter Weiss. Hg. R. Gerlach. st 2036

Peter Weiss: ›Ästhetik des Widerstands‹. Hg. A. Stephan. st 2032

55/2/8.84

2/2/8.86

2/3/8.86

2/4/8.86

2/5/8.86

2/6/8.86

2/7/8.86